高等职业教育汽车专业"岗课赛证"融通活页式创新教材

汽车底盘电控系统检测与维修

（活页式）

主　编　王　新　李晶华
副主编　李　昊　李小龙
参　编　成起强　于文涛　陈　娟

机械工业出版社

《汽车底盘电控系统检测与维修（活页式）》是以汽车动力与驱动系统工作领域、汽车转向悬架与制动安全系统工作领域关键岗位的典型工作任务为载体，整合、转化成适合教学及培训的学习任务，将职业技能等级标准要求、职业道德等融入其中，并在技术、技能学习训练中融入职业素养、职业道德、劳模精神、劳动精神及工匠精神的新型活页式教材。本书内容共有 11 个学习任务，涵盖了汽车底盘电控系统检测与维修的主流技术和方法。同时，本书配套了对应的教学课件、零部件总成结构原理动画、标准操作视频等多类数字化、信息化资源，并以二维码的形式立体化呈现。

　　本书可作为中、高等职业技术院校汽车检测与维修技术、汽车运用与维修技术等相关专业（专业群）的教学用书，也可供汽车检测与维修技术人员学习和参考。

图书在版编目（CIP）数据

汽车底盘电控系统检测与维修：活页式 / 王新，李晶华主编 . — 北京：机械工业出版社，2022.9（2025.2 重印）
高等职业教育汽车专业 "岗课赛证"融通活页式创新教材
ISBN 978-7-111-71892-5

Ⅰ.①汽… Ⅱ.①王… ②李… Ⅲ.①汽车 – 底盘 – 电气控制系统 – 检测 – 高等职业教育 – 教材 ②汽车 – 底盘 – 电气控制系统 – 车辆修理 – 高等职业教育 – 教材 Ⅳ.①U472.41

中国版本图书馆CIP数据核字（2022）第199887号

机械工业出版社（北京市百万庄大街22号　邮政编码100037）
策划编辑：李　军　　　　　责任编辑：李　军　徐　霆
责任校对：陈　越　贾立萍　　封面设计：张　静
责任印制：郜　敏
中煤（北京）印务有限公司印刷
2025 年 2 月第 1 版第 3 次印刷
184mm × 260mm · 13.75 印张 · 263 千字
标准书号：ISBN 978-7-111-71892-5
定价：59.90元

电话服务　　　　　　　　　　网络服务
客服电话：010–88361066　　　机　工　官　网：www.cmpbook.com
　　　　　010–88379833　　　机　工　官　博：weibo.com/cmp1952
　　　　　010–68326294　　　金　书　网：www.golden-book.com
封底无防伪标均为盗版　　　　机工教育服务网：www.cmpedu.com

丛书序

随着"职教二十条"的深入人心，对接岗位、课证融通、以赛促教的"岗课赛证"融通课程体系建设及课程资源开发已成为职业院校积极探索的焦点。汽车产业作为建设制造强国的重要支撑和国民经济的重要支柱，目前正处于转型升级和由大变强的关键时刻，因此，需加强实施"岗课赛证"融通四位一体培养方案，将岗位技术需求、行业技能证书或企业认证证书内容、行业或企业技术技能竞赛内容融入教学课程内容与课程评价体系，转化为学生的技术素养与能力要求。

高等职业教育汽车专业"岗课赛证"融通活页式创新教材依托发动机机械、发动机电控、底盘机械、底盘电控、汽车电气、汽车网络、汽车空调模块化课程开发，实现岗位引领、技证合一，做到学校所学即行业所用，学校所得即就业所持，为实现学生高质量就业与行业经济高质量发展发挥重要作用。

本系列教材是一种全新的学习材料，与传统教材相比，它能帮助学生更好地了解现在、未来的工作及其要求。教材按照"以学生为中心、学习成果为导向、促进自主学习"思路进行开发设计，弱化"教学材料"的特征，强化"学习资料"的功能，通过教材引领，构建深度学习管理体系。将"企业岗位（群）任职要求、职业技能标准要求"等作为教材主体内容，将"立德树人、劳模精神、劳动精神、工匠精神"有机融合到教材中，提供丰富、适用和引领创新作用的多种类型立体化、信息化课程资源，实现教材多功能作用，并构建深度学习的管理体系。

本系列教材由校企合作共同开发，企业的深度参与可保证开发建设的课程资源符合企业需求和岗位需求；新技术、新工艺和新方法的融入，能够保证人才培养的质量和适应行业发展的要求；同时，能够促进汽车专业教师技能的提高、可持续发展及双师型教师的成长。

在内容方面，本系列教材将汽车各系统构造原理等知识技能的传授与综合素养的提升有机融为一体，注重实践技能与劳模劳动精神相结合、职业素养与工匠精神相结合、基础知识与先进技术相结合，为读者构筑持续发展的知识与技能平台。

前　言

本书按照"以学生为中心、学习成果为导向、促进自主学习"思路进行开发设计，弱化"教学材料"的特征，强化"学习资料"的功能，通过本书引领，构建深度学习管理体系。将"企业岗位（群）任职要求、职业技能标准要求"等作为教材主体内容，将"职业素养、职业道德、劳模精神、劳动精神、工匠精神"有机融合到教材中，实现理论与实践教学融通、课程与职业技能等级证书融通、能力培养与工作岗位融通。

与传统教材相比，本书是一种全新的学习材料，它能帮助学生更好地了解现在和未来的工作及其要求。通过学习，可以使学生掌握汽车动力与驱动系统工作领域、汽车转向悬架与制动安全系统工作领域中重要的、典型的工作任务所需的技术技能，增强学生的职业素养与社会责任感，促进学生的综合能力发展，使学生有可能在短时间内成为合格的汽车动力与驱动系统领域、汽车转向悬架与制动安全系统领域的技术能手。

在内容方面，本书将汽车底盘电控系统构造原理等知识技能的传授与综合素养的提升有机融为一体，注重实践技能与劳模劳动精神相结合、职业素养与工匠精神相结合、基础知识与先进技术相结合，为读者构筑持续发展的知识与技能平台。

本书由天津职业大学王新、李晶华任主编，天津职业大学李昊、李小龙任副主编，具体编写分工如下：王新负责学习任务2至学习任务5的编写；李晶华负责学习任务11的编写；李小龙负责学习任务1的编写；李昊负责学习任务6至学习任务10的编写。此外，全书内容、形式等方面的改进与优化、职业技能点的提炼与完善、立德树人融入点的改进与完善等方面由天津职业大学、天津交通职业学院、天津机电职业技术学院等院校的专家共同完成（见下表）。

姓名	职称	所属单位	承担任务
成起强	副教授	天津市职业大学	教材形式的改进与优化
于文涛	讲师	天津市职业大学	教材形式的改进与优化
陈娟	助教	天津市职业大学	立德树人融入点的改进与完善
贾启阳	副教授	天津交通职业学院	教材任务中职业技能点的提炼与完善
张士涛	讲师	天津机电职业技术学院	教材任务中职业技能点的提炼与完善
官海兵	教授	江西交通职业技术学院	教材内容的改进与优化
李丕毅	副教授	上海交通职业技术学院	教材内容的改进与优化
文爱民	教授	南京交通职业技术学院	教材内容的改进与优化
王毅	教授	贵州交通职业技术学院	教材形式的改进与优化
黄艳玲	副教授	辽宁省交通高等专科学校	立德树人融入点的改进与完善
陈清	副教授	四川交通职业技术学院	立德树人融入点的改进与完善

由于作者水平有限，书中难免有疏漏和不妥之处，敬请广大读者批评指正。

编　者
2023年1月

活页式教材使用注意事项

01 根据需要,从教材中选择需要夹入活页夹的页面。

02 小心地沿页面根部的虚线将页面撕下。为了保证沿虚线撕开,可以先沿虚线折叠一下。注意:一次不要同时撕太多页。

03 选购孔距为80mm的双孔活页文件夹,文件夹要求选择竖版,不小于B5幅面即可。将撕下的活页式教材装订到活页夹中。

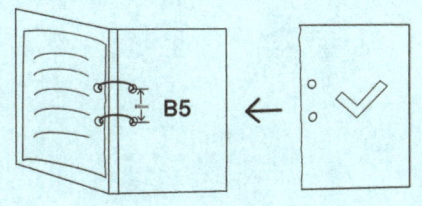

04 也可将课堂笔记和随堂测验等学习资料,经过标准的孔距为80mm的双孔打孔器打孔后,和教材装订在同一个文件夹中,以方便学习。

温馨提示:在第一次取出教材正文页面之前,可以先尝试撕下本页,作为练习

目 录

丛书序
前　言

绪　论

一、教材授课目标 / 001
二、教材使用方法 / 002
三、学习任务设计 / 003
四、教材配套信息化资源 / 004

学习任务 1　自动变速器检测与维修

一、任务说明 / 008
二、任务学习与实施 / 009
　（一）任务引导与学习 / 009
　（二）任务计划与实施 / 025
　（三）任务评价反馈 / 033
三、任务拓展信息 / 036

学习任务 2　液压助力转向系统检测与维修

一、任务说明 / 037
二、任务学习与实施 / 038
　（一）任务引导与学习 / 038
　（二）任务计划与实施 / 044
　（三）任务评价反馈 / 048
三、任务拓展信息 / 051

学习任务 3　电子助力转向系统检测与维修

一、任务说明 / 052
二、任务学习与实施 / 053
　（一）任务引导与学习 / 053
　（二）任务计划与实施 / 058
　（三）任务评价反馈 / 062
三、任务拓展信息 / 065

学习任务 4 电控悬架系统检测与维修

一、任务说明 / 066
二、任务学习与实施 / 067
 （一）任务引导与学习 / 067
 （二）任务计划与实施 / 070
 （三）任务评价反馈 / 075
三、任务拓展信息 / 077

学习任务 5 空气悬架系统检测与维修

一、任务说明 / 078
二、任务学习与实施 / 079
 （一）任务引导与学习 / 079
 （二）任务计划与实施 / 089
 （三）任务评价反馈 / 092
三、任务拓展信息 / 095

学习任务 6 防抱死制动系统检测与维修

一、任务说明 / 096
二、任务学习与实施 / 097
 （一）任务引导与学习 / 097
 （二）任务计划与实施 / 108
 （三）任务评价反馈 / 118
三、任务拓展信息 / 121
 （一）汽车驱动防滑系统 / 121
 （二）车身电子稳定系统 / 124

学习任务 7 汽车安全气囊系统检测与维修

一、任务说明 / 133
二、任务学习与实施 / 134
 （一）任务引导与学习 / 134
 （二）任务计划与实施 / 150
 （三）任务评价反馈 / 158
三、任务拓展信息 / 161

学习任务 8
全车防碰撞预警系统检测与维修

一、任务说明 / 162
二、任务学习与实施 / 163
　　（一）任务引导与学习 / 163
　　（二）任务计划与实施 / 170
　　（三）任务评价反馈 / 174

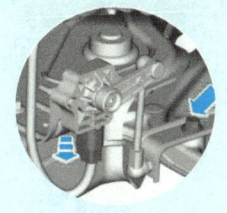

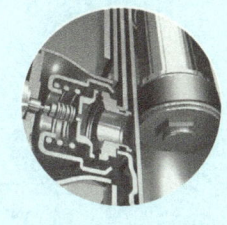

学习任务 9
车道保持系统检测与维修

一、任务说明 / 177
二、任务学习与实施 / 178
　　（一）任务引导与学习 / 178
　　（二）任务计划与实施 / 180
　　（三）任务评价反馈 / 183

学习任务 10
防盗系统检测与维修

一、任务说明 / 186
二、任务学习与实施 / 187
　　（一）任务引导与学习 / 187
　　（二）任务计划与实施 / 190
　　（三）任务评价反馈 / 193

学习任务 11
巡航控制系统检测与维修

一、任务说明 / 196
二、任务学习与实施 / 197
　　（一）任务引导与学习 / 197
　　（二）任务计划与实施 / 204
　　（三）任务评价反馈 / 207

绪 论

一、教材授课目标

1. 素养目标

- 弘扬一丝不苟、精益求精的工匠精神，培养爱岗敬业、认真负责的价值观
- 强化高尚的职业道德和环保意识，培养诚信、勤劳的人文精神
- 培养良好的沟通能力、表达能力
- 培养独立工作能力与团队合作能力
- 培养能运用所学知识分析解决实际问题与持续学习不断创新的能力
- 了解底盘电控系统维修的相关政策、法规和维修标准

2. 知识目标

- 掌握底盘电控各系统的基本结构与工作原理
- 熟悉底盘电控系统故障诊断常用工具、仪器的使用方法
- 熟悉检测和维修自动变速器
- 熟悉检测和维修助力转向系统
- 熟悉检测和维修电控悬架系统
- 熟悉检测和维修防抱死制动系统
- 掌握检测和维修汽车安全气囊系统
- 掌握检测和维修全车防碰撞预警系统
- 掌握检测和维修车道保持系统
- 掌握检测和维修防盗系统
- 掌握检测和维修巡航控制系统
- 掌握底盘电控系统检测维修的规范、要求及方法

3. 技能目标

- 能根据需求进行相关资料查阅与整理
- 能执行小组工作任务
- 能对底盘电控系统的主要部件进行拆装与检测维修

- 能制订完整的维修计划
- 能根据制订的维修计划实施正确的维修
- 能开展自我评估和互相评估并对测量检测结果进行有效分析

二、教材使用方法

在正式开始使用学习之前请仔细阅读以下内容，做好相应的学习准备。

1. 主动学习

在学习过程中，学生将获得与以往完全不同的学习体验，与传统教材的本质区别在于学生将是教材学习的主体，自主学习将成为本教材的主旋律。实际工作过程中获取的知识最为牢固，而教师在学习和工作过程中只能对学生进行方法的指导，为学生的学习与工作提供帮助。主动学习将伴随学生的职业生涯成长，它可以使学生快速适应新工艺新技术。

2. 用好工作活页

首先，学生要理解学习任务的职业技能（能力）要求描述，通过标准与要求指导自己的学习并评价自己的学习效果；其次，学生要明确学习内容的结构，在引导问题的帮助下，尽量独立地去学习并完成包括填写工作活页内容在内的整个学习任务；同时，也可以在教师和同学的帮助下，通过查阅相关的维修手册或技术资料，学习重要的工作过程知识；再次，学生应当积极参与小组讨论，去尝试解决复杂和综合性的问题，进行工作质量的自检和小组互检，并注意操作规范和安全要求，在多种技术实践活动中形成自己的技术思维方式；最后，在完成一个工作任务后，反思是否有更好的方法或用更少的时间来完成工作目标。

3. 团队协作

课程的每个学习任务都是一个工作过程，大部分的工作需要团队协作才能完成，教师会进行学习小组划分，但要求各小组成员在组长的带领下，制订可行的学习与工作计划，并能合理安排学习与工作时间，分工协作、互相帮助、互相学习，广泛开展交流，大胆发表自己的观点和见解，按时、保质、保量地完成任务。

4. 把握好学习过程和学习资源

学习过程是由学习准备计划与实施评价反馈所组成的展示过程。学生要养成理论与实践紧密结合的习惯，教师引导、同学交流、学习中的观察与独立思考、动手操作和评价反思都是专业技术学习的重要环节。

学习资源可以参考每个学习任务结束后所列的相关知识点或拓展信息。此外，学生也可以通过图书馆、互联网等途径获得更多的专业技术信息，拓展自己的学习视野。

学生在学校的核心任务是在学习中学会工作，这要通过在工作中学会学习来实现。

三、学习任务设计

工作领域	模块课程	学习任务	任务简介	育人元素	育人目标	建议学时
汽车动力与驱动系统	变速器与传动系统检修	学习任务1.自动变速器检测与维修	掌握自动变速器的类型、基础结构及工作过程原理，完成相关自动变速器的拆装、检测及维修	良好的职业素养，为人民服务意识	1.培养良好的职业素养 2.树立为人民服务意识	8
汽车转向悬架与制动安全系统	转向悬架系统检修	学习任务2.液压助力转向系统检测与维修	掌握液压助力转向系统的基本结构及工作原理，完成液压助力转向系统常见故障的检测与维修	爱国精神，民族自信，精益求精	1.弘扬爱国精神，增强学生的民族自豪感 2.树立精益求精、一丝不苟的工匠精神	4
		学习任务3.电子助力转向系统检测与维修	掌握电子助力转向系统的基本结构及工作原理，完成电子助力转向系统常见故障的检测与维修	社会主义核心价值观，精益求精，诚信为本	1.践行社会主义核心价值观 2.树立精益求精、诚信为本的职业精神	4
		学习任务4.电控悬架系统检测与维修	掌握电控悬架系统的基本结构及工作原理，完成电控悬架系统常见故障的检测与维修	吃苦耐劳精神，精益求精，一丝不苟的工匠精神	1.弘扬吃苦耐劳的精神 2.树立精益求精、一丝不苟的工匠精神	4
		学习任务5.空气悬架系统检测与维修	掌握空气悬架系统的基本结构及工作原理，完成空气悬架系统常见故障的检测与维修	环保意识，精益求精，一丝不苟的工匠精神	1.培养环保意识 2.树立精益求精、一丝不苟的工匠精神	4
		学习任务6.防抱死制动系统检测与维修	掌握防抱死制动系统的基本结构及工作原理，完成防抱死制动系统常见故障的检测与维修	安全规范意识，创新精神	1.树立安全规范意识 2.培养创新精神	4

（续）

工作领域	模块课程	学习任务	任务简介	育人元素	育人目标	建议学时
汽车转向悬架与制动安全系统	制动安全系统检修	学习任务7.汽车安全气囊系统检测与维修	掌握汽车安全系统的基本结构及工作原理，完成汽车安全系统常见故障的检测与维修	爱国精神，精益求精，工匠精神	1.弘扬爱国精神 2.树立精益求精、一丝不苟的工匠精神	4
		学习任务8.全车防碰撞预警系统检测与维修	掌握全车防碰撞预警系统的基本结构及工作原理，完成全车防碰撞预警系统常见故障的检测与维修	安全意识，勇于争先的精神	1.树牢安全意识，杜绝安全隐患 2.培养勇于争先的精神	4
		学习任务9.车道保持系统检测与维修	掌握车道保持系统的基本结构及工作原理，完成车道保持系统常见故障的检测与维修	求知探索精神，奋勇争先精神	1.激发求知探索精神 2.培养奋勇争先精神	4
		学习任务10.防盗系统检测与维修	掌握防盗系统的基本结构及工作原理，完成防盗系统常见故障的检测与维修	安全意识，一丝不苟、专注执着精神	1.树立安全意识 2.培养一丝不苟、专注执着精神	4
		学习任务11.巡航控制系统检测与维修	掌握巡航控制系统的基本结构及工作原理，完成巡航控制系统常见故障的检测与维修	工匠精神，耐心韧性	1.弘扬工匠精神 2.培养耐心韧性	4

四、教材配套信息化资源

序号	动画	视频	资源名称	二维码
1		√	自动变速器检测与维修任务案例引入视频	
2	√		液力变矩器结构动画	
3	√		单排行星齿轮机构动画	

（续）

序号	动画	视频	资源名称	二维码
4	√		CVT结构与工作原理动画	
5	√		CVT金属带结构动画	
6	√		双离合自动变速器类型、结构与基本工作原理动画	
7		√	自动变速器工作原理及检修视频	
8		√	液压助力转向系统检测与维修任务案例引入视频	
9		√	液压助力转向系统类型、结构与基本工作原理视频	
10	√		液压助力转向系统结构动画	
11	√		转向控制阀结构动画	
12		√	液压助力转向系统检测与维修视频	
13		√	电子助力转向系统检测与维修任务案例引入视频	
14	√		电子助力转向系统结构动画	
15		√	电子助力转向系统类型、结构与基本工作原理视频	
16	√		无刷直流电动机结构动画	
17		√	电子助力转向系统检测与维修视频	

（续）

序号	动画	视频	资源名称	二维码
18		√	电控悬架系统检测与维修任务案例引入视频	
19	√		电控悬架系统结构动画	
20		√	电控悬架系统检测与维修视频	
21		√	空气悬架系统检测与维修任务案例引入视频	
22	√		空气悬架系统结构动画	
23	√		空气悬架系统减振器结构动画	
24		√	空气悬架系统检测与维修视频	
25		√	防抱死制动系统检测与维修任务案例引入视频	
26	√		防抱死制动系统工作原理动画	
27		√	防抱死制动系统检测与维修视频	
28		√	汽车安全气囊系统检测与维修任务案例引入视频	
29	√		安全气囊系统组成动画	
30	√		安全带张紧器动画	
31		√	汽车安全气囊系统检测与维修视频	

（续）

序号	动画	视频	资源名称	二维码
32	√		充气式安全带动画	
33		√	全车防碰撞预警系统检测与维修任务案例引入视频	
34	√		全车防碰撞预警系统动画	
35		√	全车防碰撞预警系统检测与维修视频	
36		√	车道保持系统检测与维修任务案例引入视频	
37	√		车道保持系统动画	
38		√	车道保持系统检测与维修视频	
39		√	防盗系统检测与维修任务案例引入视频	
40	√		防盗系统动画	
41		√	防盗系统检测与维修视频	
42		√	巡航控制系统检测与维修任务案例引入视频	
43	√		巡航控制系统动画	
44		√	巡航控制系统检测与维修视频	

学习任务 1
自动变速器检测与维修

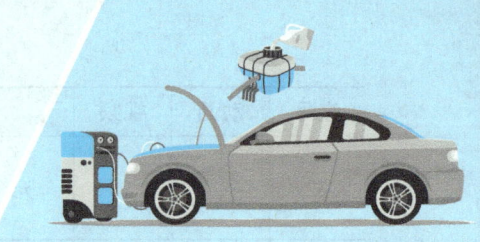

一、任务说明

任务描述	车辆在行驶过程中，踩下加速踏板，发动机转速迅速升高，但车速升高缓慢，通过检测发现属于自动变速器元件的故障

任务案例引入视频

任务所属模块课程	● 动力系统检修　　　　　　　　　　　　（　） ● 变速器与传动系统检修　　　　　　　　（✓） ● 转向悬架系统检修　　　　　　　　　　（　） ● 制动安全系统检修　　　　　　　　　　（　） ● 电器与控制系统检修　　　　　　　　　（　） ● 空调与舒适系统检修　　　　　　　　　（　） ● 动力与底盘网关控制系统检修　　　　　（　） ● 车身与娱乐网关控制系统检修　　　　　（　）
任务对应工作领域	● 汽车动力与驱动系统工作领域　　　　　（✓） ● 汽车转向悬架与制动安全系统工作领域（　） ● 汽车电子电气与空调舒适系统工作领域（　） ● 汽车全车网关控制与娱乐系统工作领域（　）

任务育人目标描述
● 培养良好的职业素养 ● 树立为人民服务意识

职业技能（能力）要求描述	
行为	能对自动变速器相关元件总成进行拆装与检测
条件	车辆/设备：福特车型 6F35 变速器 工具及场地要求： 维修工位 4 个、相关车型的自动变速器配套维修手册 4 本、工具箱（内包含扳手、棘轮、套筒、钳子等通用手动工具）4 个、零件车 4 个、工作灯 4 个、手套若干、抹布若干、维修工作台 4 个
标准与要求	●树立分析问题、解决问题的信心；提高沟通协调、团队合作的能力；强化安全生产、规范操作的意识 ●能掌握自动变速器的类型、基础结构及工作过程原理，了解常见故障及掌握检查方法 ●能阅读并理解不同车型自动变速器的基本原理 ●能掌握相关自动变速器的检修方法并进行检修
成果	完成自动变速器的相关元件总成的拆装、检查与测量分析

二、任务学习与实施

（一）任务引导与学习

引导问题 1：液力变矩器的作用是什么？

引导问题 2：液力变矩器与液力耦合器的区别是什么？

引导问题 3：液力变矩器结构如图 1-1 所示，参考此图，说明液力变矩器零件的具体功用。

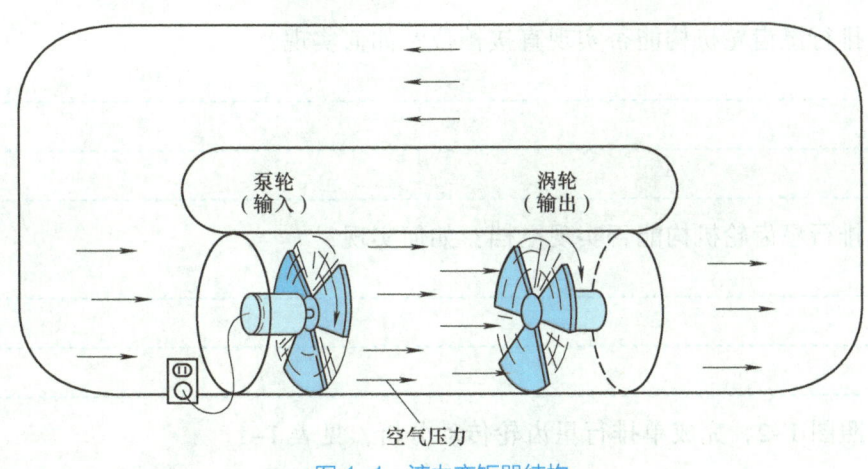

图 1-1　液力变矩器结构
1—涡轮　2—导轮　3—泵轮

涡轮：

导轮：

泵轮：

引导问题4：自动（AT）变速器的主要组成有哪几部分？

_____
_____
_____

引导问题5：拉威挪式自动变速器与辛普森式自动变速器有何区别？

_____
_____
_____

引导问题6：单排行星齿轮机构如图1-2所示，观察其结构，完成下列内容。

1）对照图1-2填写单排行星齿轮中的部件名称。

部件1：_____

部件2：_____

部件3：_____

部件4：_____

部件5：_____

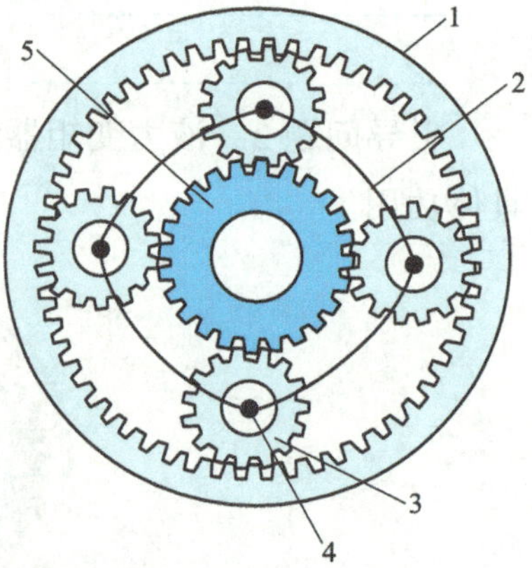

2）单排行星齿轮机构的齿数有如下规律：

行星架齿数＝（　　　）齿数＋（　　　）齿数＞（　　　）齿数＞（　　　）齿数

3）观察图1-2所示单排行星齿轮机构，完成以下问题。

图1-2　单排行星齿轮机构

①单排行星齿轮机构能否实现直接档位？如何实现？

_____
_____
_____
_____

②单排行星齿轮机构能否实现空档？如何实现？

_____
_____
_____
_____

③对照图1-2，完成单排行星齿轮传动分析，见表1-1。

表1-1　单排行星齿轮传动分析

固定件	主动件	从动件	传动比及效果	从动件转动方向
太阳轮	行星架	齿圈	$i<1$，加速	
	齿圈	行星架		

（续）

固定件	主动件	从动件	传动比及效果	从动件转动方向
齿圈	行星架	太阳轮		
	太阳轮	行星架		
行星架	齿圈	太阳轮		
	太阳轮	齿圈		

引导问题 7：某种行星齿轮机构如图 1-3 所示，结合图 1-3 完成相关题目。

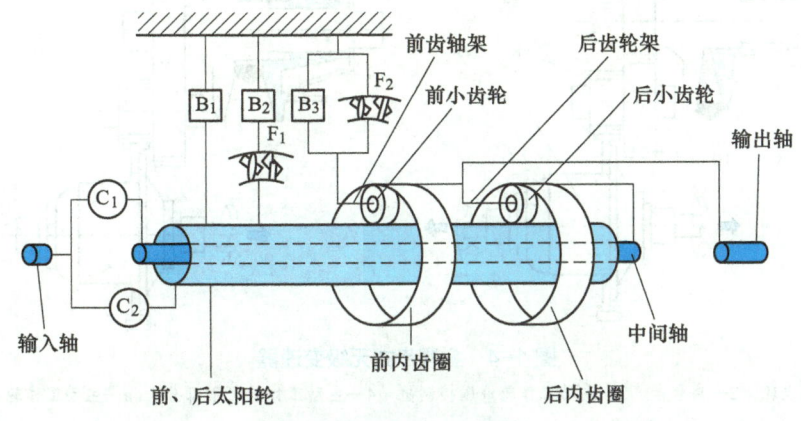

图 1-3　单排行星齿轮机构

1）图 1-3 中的行星齿轮机构为何种类型？有何特点？

2）图 1-3 中 C_1、B_1、F_1 分别代表什么？三者的作用分别是什么？

引导问题 8：CVT 变速器的主要组成有哪几部分？各部分的主要作用是什么？

引导问题 9：日产 CVT 变速器与大众 CVT 变速器有何区别？

引导问题10：金属带式无级变速器结构如图1-4所示，其工作原理是什么？

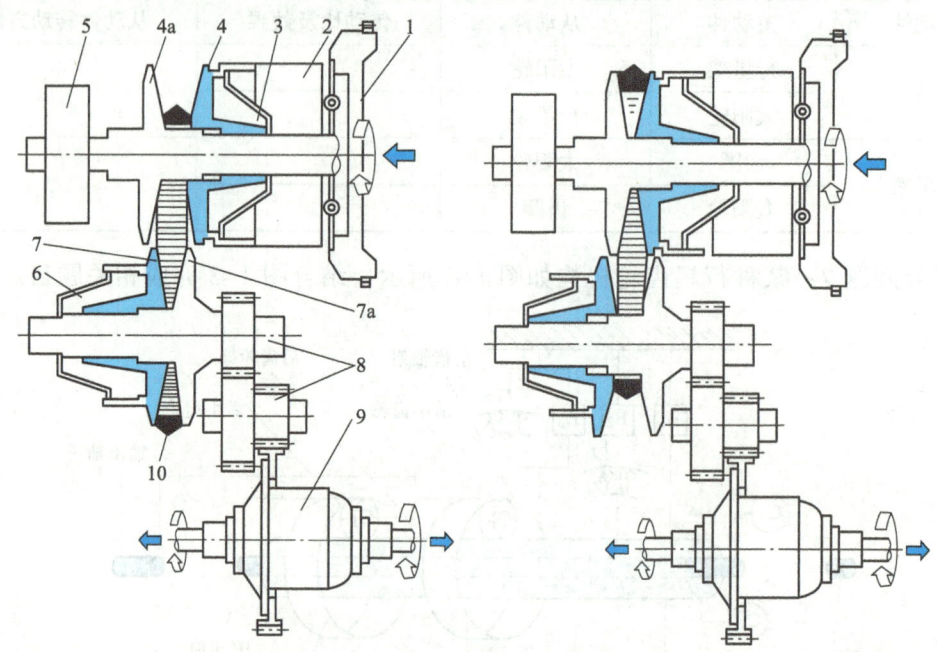

图1-4　金属带式无级变速器

1—发动机飞轮　2—离合器　3—主动工作轮液压控制缸　4—主动工作轮可动部分　4a—主动工作轮固定部分
5—油泵　6—从动工作轮液压控制缸　7—从动工作轮可动部分　7a—从动工作轮固定部分
8—中间减速器　9—主减速器与差速器　10—金属带

引导问题11：双离合变速器结构如图1-5所示，其工作原理是什么？

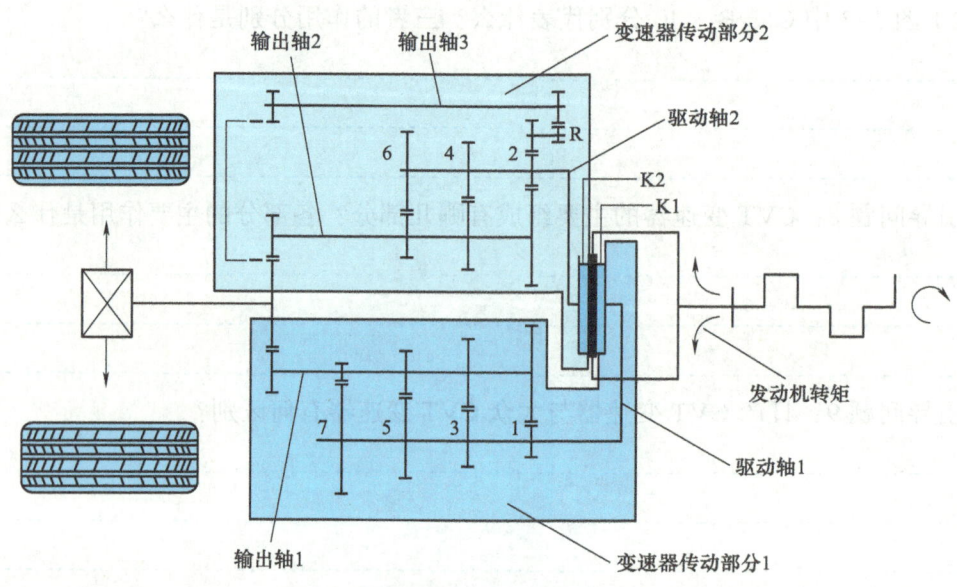

图1-5　双离合变速器

引导问题 12：AT 变速器、CVT 变速器、双离合变速器各有什么特点？

> **知识链接**

1. 自动变速器简介

自动变速器是指能够根据发动机工况及汽车运行速度自动选档和换档的变速器。它能够克服机械变速器的动载荷大、易使零件磨损以及频繁地操纵离合器等缺点，从而减轻驾驶人的劳动强度，提高行车安全性。

（1）自动变速器的类型

1）按齿轮变速机构分类。自动变速器按齿轮变速机构可分为平行轴式和行星齿轮式两种。

平行轴式自动变速器采用普通齿轮啮合传动，通过换档离合器改变不同齿轮的搭配，实现传动比（档位）的变换。平行轴式自动变速器体积较大，使用车型少。广汽本田汽车有限公司生产的雅阁轿车所使用的变速器就是平行轴式自动变速器。

行星齿轮式自动变速器采用行星齿轮传动，通过换档执行元件实现档位的变换。它具有结构紧凑、体积小的特点，是目前绝大多数汽车采用的自动变速器。

2）按控制方式分类。自动变速器按控制方式可分为液控液力自动变速器和电控液力自动变速器。

液控液力自动变速器主要工作原理是在手动控制阀选定位置后，由反映节气门开度的节气门阀和反映车速的调速器阀把节气门开度和车速转换为液力信号，在换档点，这些液力信号直接控制换档阀，使换档执行机构（换档离合器、换档制动器和单向离合器）进行换档。液力控制系统控制自动换档的信息有三个：变速杆位置、节气门开度（表征发动机负荷）和车速。当驾驶人选定变速杆的位置之后，控制系统将根据节气门的开度和车速实现自动换档变速，如图 1-6 所示。

电控液力自动变速器如图 1-7 所示，在手控制阀选定位置后，由反映节气门开度的节气门位置传感器和反映车速的车速传感器把节气门开度和车速转变为电信号，这些电信号输入电子控制单元（ECU），由电子控制单元控制液力阀和液力执行机构进行换档。现在越来越多的汽车采用这种方式。

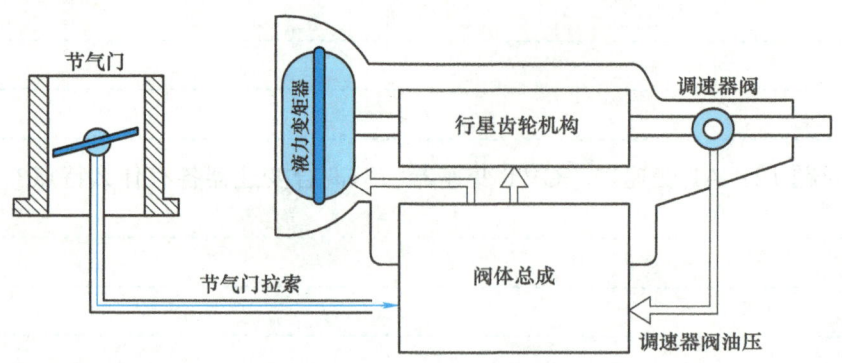

图 1-6 液控液力自动变速器工作示意图

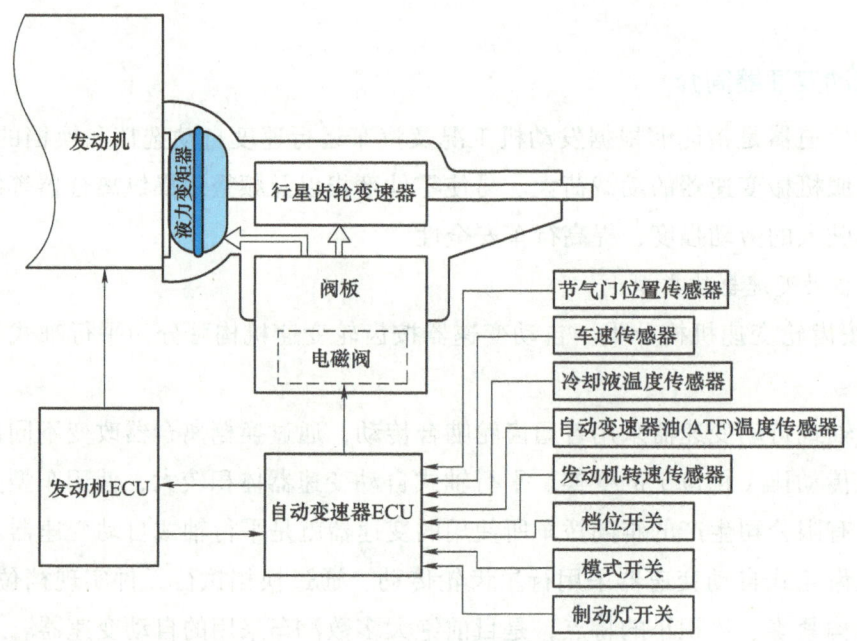

图 1-7 电控液力自动变速器工作示意图

（2）自动变速器的组成

自动变速器主要由液力变矩器、齿轮变速器、液力控制系统、电子控制系统等几部分组成。

1）液力变矩器。液力变矩器位于自动变速器的最前端，它通过螺栓与发动机的飞轮相连。它利用液力传动的原理，将发动机的动力传给自动变速器的输入轴。

2）齿轮变速器。齿轮变速器是自动变速器的主要组成部分，可以使变速器实现不同的传动比，使之处于不同的档位，一般有多个前进档（少则 3~5 个，多则 6~9 个）和 1 个倒档。与液力变矩器配合，可获得由起步至最高车速的整个范围内的自动变速。

3）液力控制系统。液力控制系统由油泵、调压阀、换档阀、减振器等零部件组成。它们通常安装在齿轮变速器下方的油底壳内。液力控制系统接收节气门开度和车速信号,利用液力自动控制原理,实现自动换档。

4)电子控制系统。随着自动变速器的发展,目前采用电控液力自动变速器的车型越来越多。电控液力式控制系统除了阀板及液力管路之外,还包括电子控制单元、传感器、执行器及控制电路等。它们将发动机和汽车的行驶参数转变为电信号,然后送给自动变速器的电子控制单元,电子控制单元接收到这些信号后就根据既定的换档规律实现自动换档。

5)冷却、滤油装置。变速器油在传力和控制过程中,因冲击和摩擦产生的热量使油温升高,从而会降低传动效率。因此,必须使变速器油通过冷却油路和冷却器进行冷却,以保持正常的工作温度(80~90℃)。自动变速器在工作过程中因摩擦产生的金属屑须由滤清器及时地过滤掉,以保持变速器油的清洁。

(3)电控液力自动变速器的基本工作原理

由反映节气门开度的节气门位置传感器和反映车速的车速传感器,把节气门开度和车速(还有发动机转速、冷却液温度、变速器油温度等参数)转变为电信号,这些电信号输入电子控制单元(ECU)。在换档点,ECU向换档电磁阀、油压电磁阀、锁止电磁阀发出电信号,电磁阀再将电信号转变成液力控制信号,液力控制信号控制液力阀体中各换档阀使换档执行机构换档。

电控液力自动变速器由液力变矩器、行星齿轮变速系统(包括换档执行器)、自动换档操纵系统(包括液力操纵系统、电子控制系统)、变速器壳体和冷却系统等组成。液力变矩器和行星齿轮变速系统是构成自动变速器的主要结构,而自动换档控制系统是自动变速器的核心和技术关键。在液力变矩器中,为了避免工作液气蚀及高温带来的不良后果,需要设置油泵将工作液以一定的压力输送到变矩器中,使其在循环圆内保持一定的补偿压力,油泵的另一作用是不断地将工作液从变矩器中引出,送到冷却器或变速器的油底壳进行冷却。

2. 液力耦合器与液力变矩器

(1)液力耦合器

液力耦合器结构如图1-8所示,主要由壳体、泵轮、涡轮三个元件构成。在发动机曲轴的凸缘上固定着耦合器外壳。与外壳刚性连接并随曲轴一起旋转的叶轮,组成耦合器的主动元件,称为泵轮。与从动轴相连的叶轮,为耦合器的从动元件,称为涡轮。泵轮与涡轮统称为工作轮。在工作轮的环状壳体中,径向排列着许多叶片。涡轮装在密封的外壳中,其端面与泵轮端面相对,两者之间留有3~4mm间隙。泵轮与涡轮装合后,通过轴线

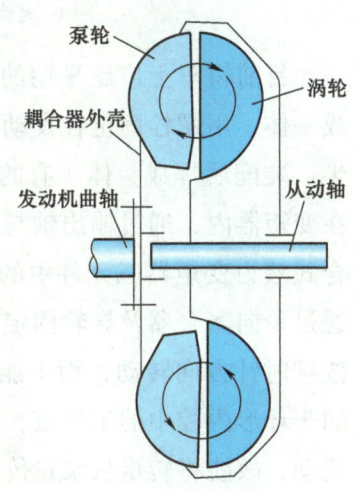

图1-8 液力耦合器结构

的纵断面呈环形,称为循环圆。在环状壳体中储存有工作液。

液力耦合器的壳体和泵轮在发动机曲轴的带动下旋转,叶片间的工作液也被泵轮带动一起旋转。随着发动机转速的提高,离心力作用将使工作液从叶片内缘向外缘流动。因此,叶片外缘处压力较高,而内缘处压力较低,其压力差取决于工作轮半径和转速。

(2)液力变矩器

液力变矩器主要由泵轮4、涡轮3及固定不动的导轮5三个元件组成,如图1-9所示。涡轮、导轮装在密封的变矩器壳2中,涡轮端面与泵轮端面相对。各工作轮采用铝合金精密铸造或用钢板冲压焊接而成。三者之间靠工作液传递动力,它们的叶片端面之间都留有一定间隙。所有工作轮装配后,通过轴线的纵断面呈环形(循环圆)。在环状壳体中储有工作液。为保证液力变矩器性能及液流能够很好地循环,三个工作轮叶片都弯成一定弧度(泵轮可以是直的),叶片断面是弯曲面,且相对于工作半径方向是倾斜排列的。

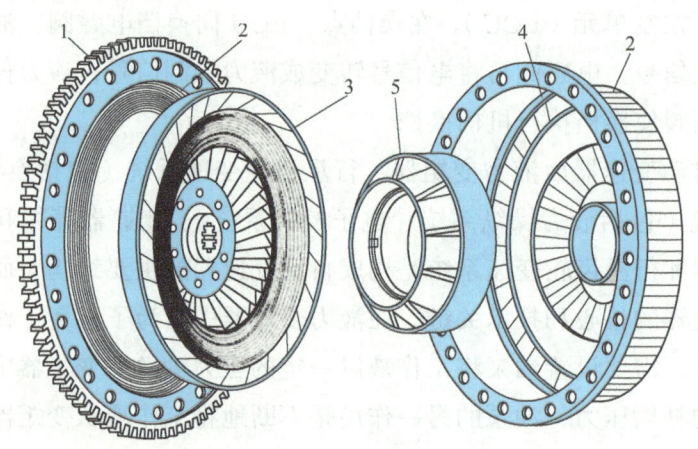

图1-9 液力变矩器的主要零件

1—起动齿圈 2—变矩器壳 3—涡轮 4—泵轮 5—导轮

目前轿车上广泛采用的综合式液力变矩器,如图1-10所示。泵轮与变矩器壳连成一体,用螺栓固定在发动机曲轴后端的凸缘上,为变矩器的主动元件。壳体做成两半,装配后焊成一体(有的用螺栓连接),壳体外面有起动齿圈。涡轮通过轴承安装在变矩器内,通过输出轴与汽车传动系统的其他部件相连,为变矩器的从动元件。综合式液力变矩器三元件中的导轮不是完全固定不动的,导轮安装在泵轮与涡轮之间,通过单向离合器及导轮固定套固定在变速器外壳上。单向离合器的作用是可以使导轮按顺时针方向转动,而不能按逆时针方向转动。与耦合器一样,变矩器正常工作时,储于环形内腔中的工作液,除有绕变矩器轴的圆周运动以外,还有在循环圆中的循环流动,故能将转矩从泵轮传到涡轮上。

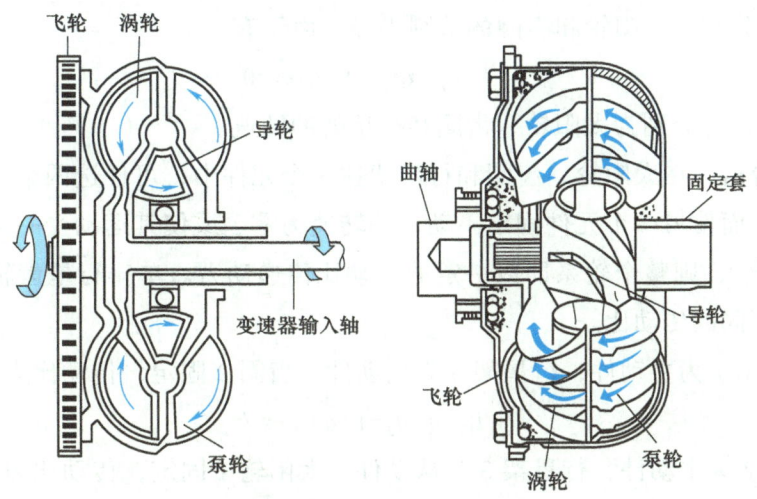

图 1-10 综合式液力变矩器的结构与原理

与耦合器不同的是,变矩器不仅能传递转矩,且能在泵轮转矩不变的情况下,随着涡轮的转速不同而改变涡轮输出转矩的数值。变矩器之所以能起变矩作用,是由于结构上比耦合器多了导轮。在工作液循环流动的过程中,固定不动的导轮给涡轮一个反作用力矩,使涡轮输出的转矩不同于泵轮输入的转矩。

3. 液力机械变速器

液力变矩器虽能传递和增大发动机转矩,但变矩比不大,变速范围不宽,远不能满足汽车使用工况。为进一步增大转矩,扩大其变速范围,提高汽车的适应能力,在液力变矩器后面再装一个机械变速器——有级式齿轮变速器。该变速器多采用单排行星齿轮结构。行星齿轮变速器由行星齿轮机构及离合器、制动器和单向离合器等执行元件组成。行星齿轮机构通常由多个行星排组成,行星排的多少与档位的多少有关。

(1) 单排行星齿轮机构的工作原理

单排行星齿轮机构的受力分析如图 1-11 所示。

单排行星齿轮机构动画

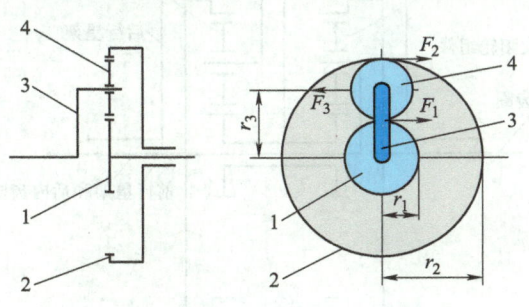

图 1-11 单排行星齿轮机构及作用力
1—太阳轮 2—齿圈 3—行星架 4—行星轮

令齿圈与太阳轮的齿数比为 α,则

$$\alpha = z_2/z_1 = r_2/r_1$$

式中，r_1、r_2 分别为太阳轮和齿圈的节圆半径。由于有

$$n_1+\alpha n_2-(1+\alpha)n_3=0$$

式中，n_1、n_2、n_3 分别为太阳轮、齿圈和行星架的转速。

由此可看出，在太阳轮、齿圈和行星架这 3 个元件中，可任选两个分别作为主动件和从动件，而使另一个元件固定不动（即转速为零）或使其运动受一定的约束（即转速为一定值），则整个轮系即以一定的传动比传递动力。单排行星齿轮机构可以获得如下 4 种不同的传动比。

1）太阳轮 1 为主动件，行星架 3 为从动件，齿圈 2 固定，传动比为

$$i_{13}=n_1/n_3=1+\alpha=1+z_2/z_1$$

2）齿圈 2 为主动件，行星架 3 为从动件，太阳轮 1 固定，传动比为

$$i_{23}=n_2/n_3=(1+\alpha)/\alpha=1+z_1/z_2$$

3）太阳轮 1 为主动件，齿圈 2 为从动件，行星架 3 固定，传动比为

$$i_{12}=n_1/n_2=-\alpha=-z_2/z_1$$

4）如果太阳轮和齿圈连为一体，即 $n_1=n_2$，则

$$n_1=n_2=n_3$$

（2）多排行星齿轮机构的结构与工作原理

在现代汽车行星齿轮变速器中，多采用辛普森式行星齿轮机构和拉威挪式行星齿轮机构。本章主要介绍辛普森式行星齿轮机构的结构与原理。辛普森式行星齿轮机构如图 1-12 所示，主要由结构参数完全相同的两个单级行星排组合而成。其结构特点是：前后两个行星排的太阳轮连为一个整体，即共用太阳轮，称为前后太阳轮组件；前行星排的行星架与后行星排的内齿圈相连作为自动变速器的输出轴；前行星排的内齿圈和太阳轮组件通常作为自动变速器的输入轴。辛普森式行星齿轮机构与不同数量的换档执行元件组合，可构成三档或四档行星齿轮变速系统。

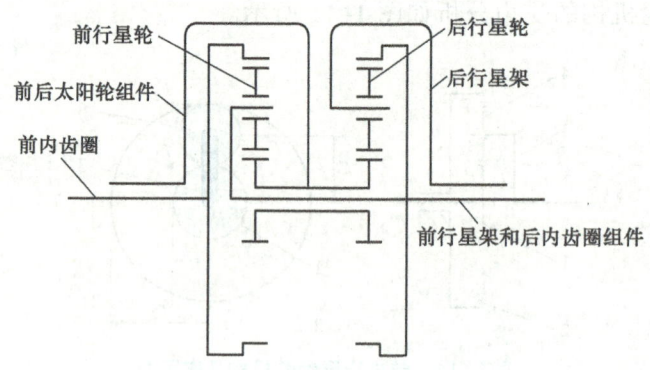

图 1-12 辛普森式行星齿轮机构示意图

拉威挪式行星齿轮机构如图 1-13 所示，由一个单排单级行星齿轮机构和一个单排双级行星齿轮机构组合而成。其结构特点是：前排为单级行星齿轮机构，后排为双

级行星齿轮机构。前后排共用行星架和内齿圈。前排太阳轮称为大太阳轮，与后排长行星轮啮合；后排太阳轮称为小太阳轮，与短行星轮啮合。长、短行星轮互相啮合，共用行星架。通常以前后太阳轮作为输入轴，内齿圈作为输出轴。拉威挪式行星齿轮机构的结构简单、尺寸小，与不同数量的换档执行元件组合可构成三档或四档行星齿轮变速系统。

以丰田 A340E 型变速器为例，说明辛普森式行星齿轮机构的变速原理。

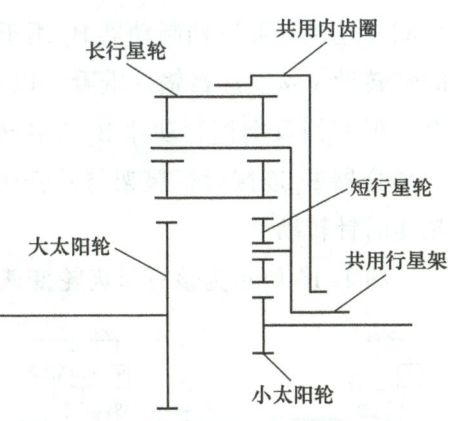

图 1-13 拉威挪式行星齿轮机构示意图

丰田 A340E 型辛普森式三行星排四档行星齿轮变速器结构如图 1-14 所示。超速行星排被安装在行星齿轮变速器的前端，行星架 11 是主动件，与输入轴 1 相连。超速行星排的工作由超速档离合器 C_0、超速档单向离合器 F_0 和超速档制动器 B_0 控制，C_0 和 F_0 都连接超速行星排行星架与太阳轮 2；F_0 的外圈与行星架啮合，内圈固定在太阳轮上，在发动机动力传到输入轴时，太阳轮与行星架结合。B_0 连接壳体与太阳轮，用于制动太阳轮。齿圈 3 为被动件，与中间轴 4 相连。在行星齿轮变速器传动过程中，B_0 放松 C_0 接合时，超速行星排直接传动，传动比为 1；而当 B_0 制动 C_0 分离时，超速行星排则由行星架输入，齿圈输出处于增加转动状态，因而传动比小于 1（超速档）。

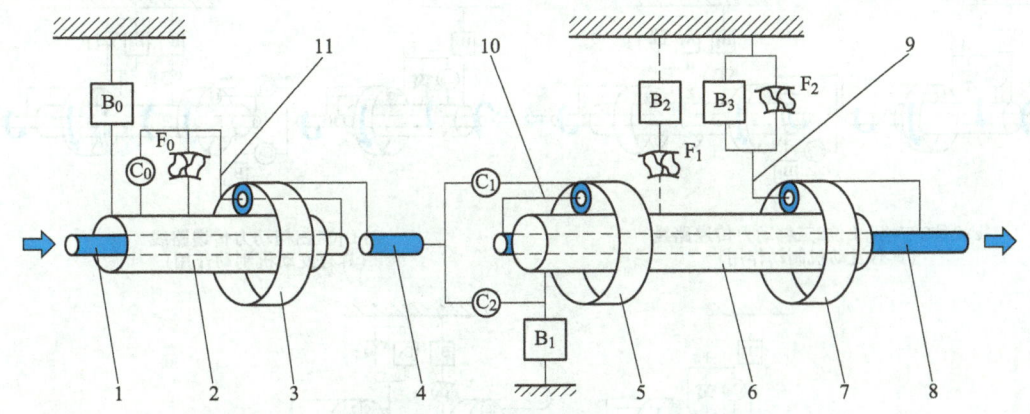

图 1-14 辛普森式三行星排四档行星齿轮变速器结构示意图

1—输入轴 2—超速档太阳轮 3—超速档齿圈 4—中间轴 5—前行星齿圈 6—太阳轮 7—后行星齿圈 8—输出轴 9—后行星架 10—前行星架 11—超速行星架 C_0—超速档离合器 C_1—前进档离合器 C_2—高三档及倒档离合器 B_0—超速档制动器 B_1—Ⅱ三档滑行制动器 B_2—Ⅱ三档制动器 B_3—低三档及倒档制动器 F_0—超速档单向离合器 F_1—Ⅱ三档单向离合器 F_2—低三档单向离合器

前进档离合器 C_1 连接中间轴 4 和前行星齿圈 5，高三档及倒档离合器 C_2 连接中间轴和太阳轮 6，Ⅱ三档滑行制动器 B_1（为带式结构，其余制动器均为多片摩擦式结构）连接变速器壳体与太阳轮，用来制动太阳轮。输出轴 8 与前行星架 10、后行星齿圈 7 连接。Ⅱ三档制动器 B_2 用于固定Ⅱ三档单向离合器 F_1 的外圈，防止太阳轮逆时针转动（从变速器输入端看，以下类同），即太阳轮逆时针旋转时 F_1 的内、外圈接合。低三档及倒档制动器 B_3 连接外壳与后行星架 9，用于制动后行星架。低三档单向离合器 F_2 连接后行星架与外壳（逆时针旋转时 F_2 的内、外圈接合），防止后行星架逆时针转动。

图 1-15 所示为该行星齿轮变速器的各档位动力传递路线图。

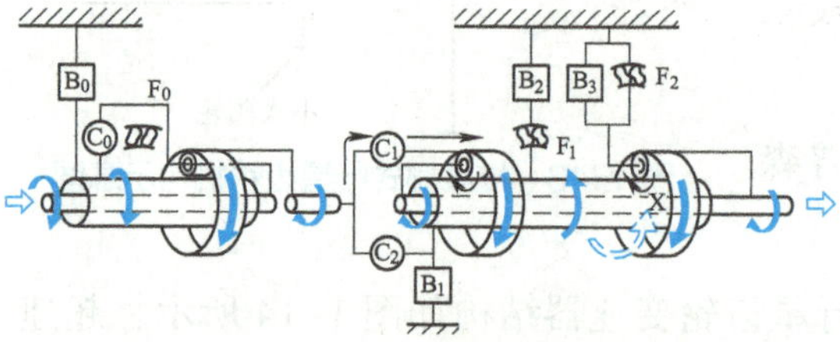

a) D位1三档、2位1三档动力传递路线
（无发动机制动作用）

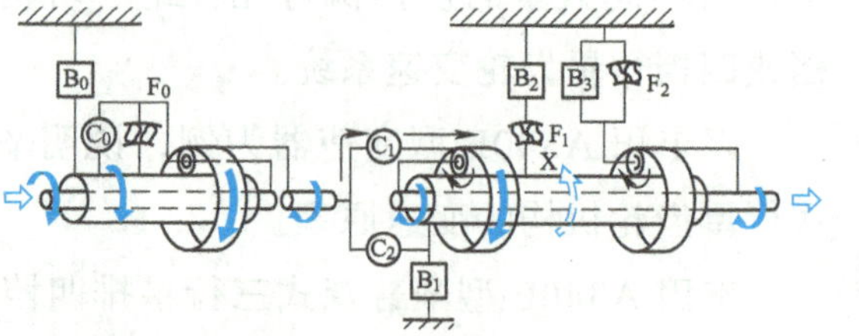

b) D位2三档动力传递路线
（无发动机制动作用）

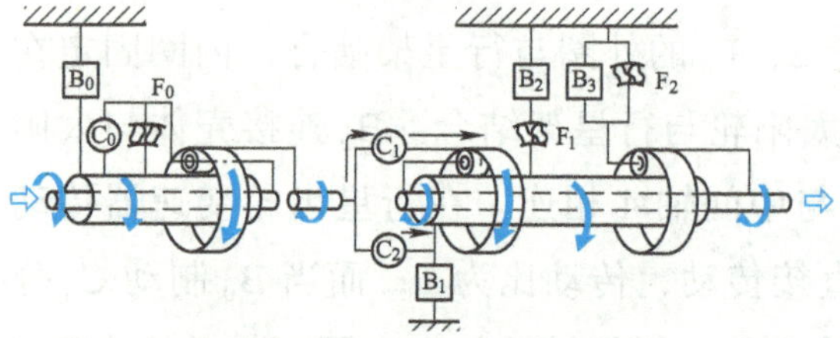

c) D位3三档、2位3三档动力传递路线
（具有发动机制动作用）

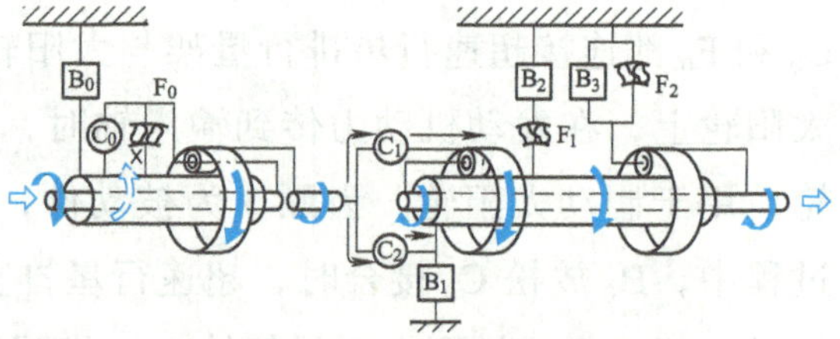

d) D位4三档(0D三档)动力传递路线
（具有发动机制动作用）

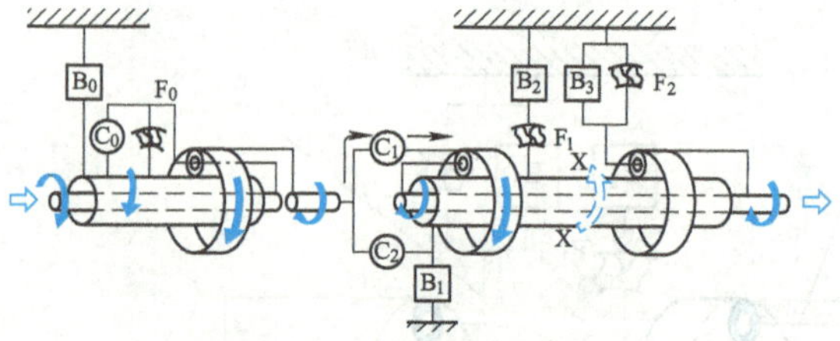

e) 2位2三档、L位2三档动力传递路线
（具有发动机制动作用）

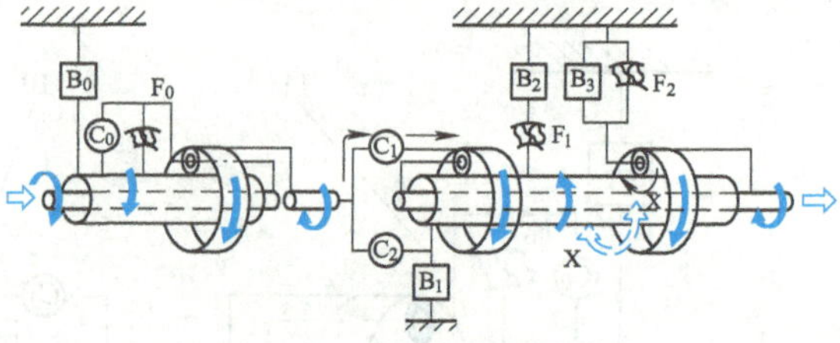

f) L位1三档动力传递路线
（具有发动机制动作用）

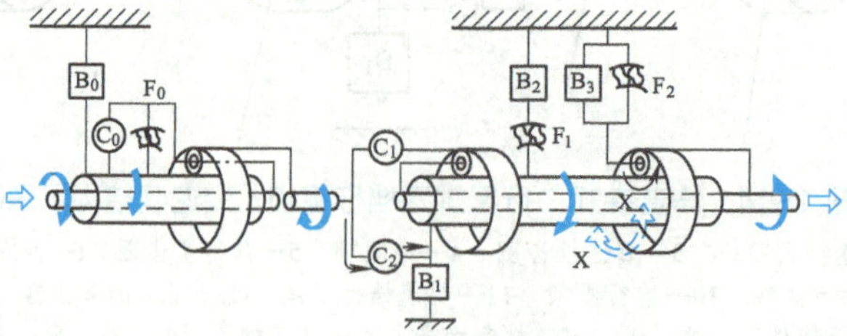

g) R位动力传递路线

图 1-15 三行星排四档行星齿轮变速系统各档位动力传递路线

丰田 A340E 型自动变速器变速杆有六个位置：P、R、N、D、2、L。变速杆在 D 位时，可在一～四档变换，一～四档均无发动机制动；变速杆在 2 位时，可在一～

三档变换,而且二档会产生发动机制动作用;变速杆在 L 位时,可在一~二档变换,并且一、二档均有发动机制动作用。在城市繁华路段,车速不高且加减速频繁,或在山区下坡路段,需要经常利用发动机制动时,可把变速杆置于 2 或 L 位置。

4. 自动变速器的操纵系统

自动换档操纵系统包括动力源、执行机构(离合器和制动器)和控制机构三部分。前两部分均为液力式,整个操纵系统可按控制机构的形式分为液控液力式和电控液力式两种。本学习任务主要介绍电控液力式操纵系统。

电子控制系统由电子控制单元(ECU)、传感器、开关和执行器三部分组成,如图 1-16 所示。传感器将信号传给电子控制单元,电子控制单元控制执行器工作。

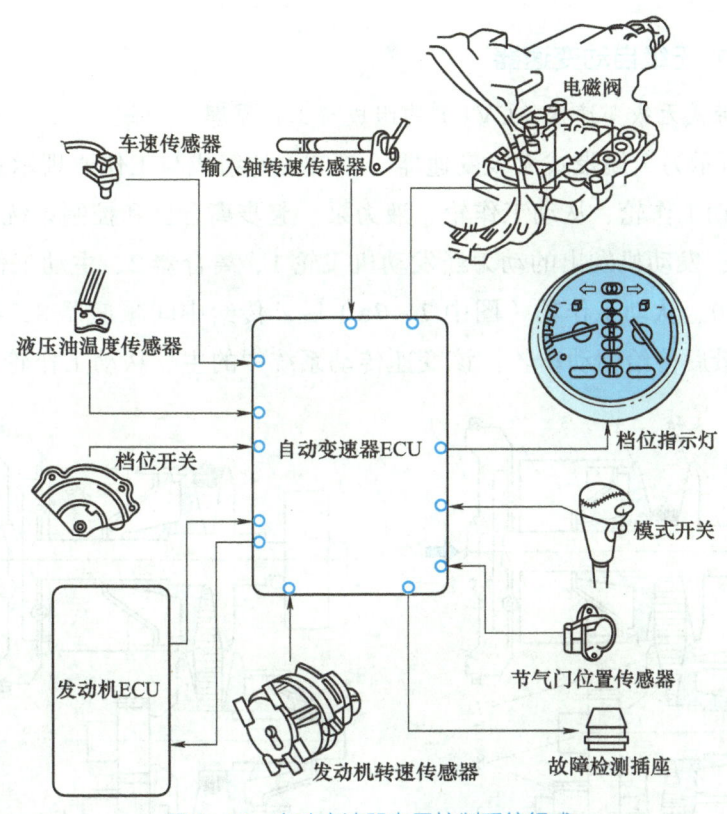

图 1-16 自动变速器电子控制系统组成

(1)电子控制单元(ECU)

电子控制单元是整个电子控制系统的中心,由中央处理器(CPU)、用于储存程序和数据的存储器[随机存储器(RAM)和只读存储器(ROM)]以及与传感器和执行器进行数据交换的输入/输出(I/O)接口三大部分组成。

电子控制单元接收各种相关传感器和控制开关传送来的发动机转速、车速、节气门开度、汽车运行模式等电信号,对其进行计算处理,与设定的换档程序比较之后,向执行器发出指令,操纵液压控制系统中各种控制阀的动作,实现档位的自动变换。它具有换档正时控制、自动模式选择控制、发动机转矩控制、故障自诊断、失效保护等功能。

(2)传感器及开关

该部分由发动机转速传感器、节气门位置传感器及温度传感器、变速器油温传感器、车速传感器、输入轴转速传感器、行驶模式选择开关及空档起动开关等组成。

(3)执行器

电子控制系统的执行器是电磁阀,根据用途的不同,它可分为开关式电磁阀和脉冲式电磁阀。开关式电磁阀主要用于换档控制和锁止控制;脉冲式电磁阀用于油压控制和锁止控制。

5. 金属带式无级自动变速器

(1)金属带式无级变速器(CVT)的组成与工作原理

图1-17所示为金属带式无级变速器(CVT)的组成与工作原理示意图。CVT是由金属带、主动工作轮、从动工作轮、液力泵、起步离合器和控制系统等组成。其动力传递路线是:发动机发出的动力经发动机飞轮1、离合器2、主动工作轮(图中4、4a)、金属带10、从动工作轮(图中7、7a)后,传给中间减速器8,再经主减速器与差速器9,最后传给驱动车轮。该变速传动系统中的主、从动工作轮是由固定部分

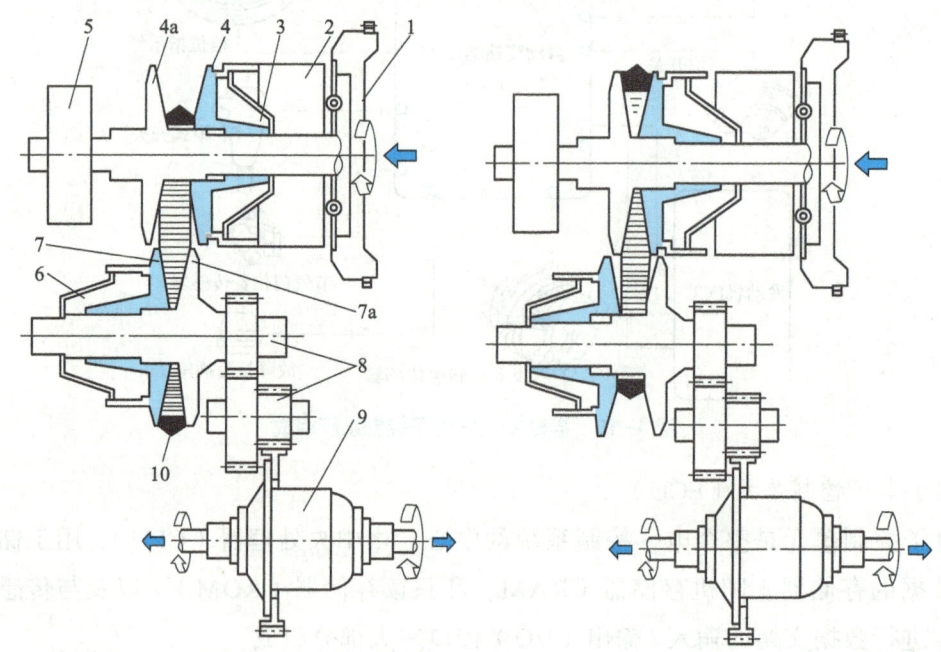

图1-17 金属带式无级变速器(CVT)的组成与工作原理示意图

1—发动机飞轮 2—离合器 3—主动工作轮液压控制缸 4—主动工作轮可动部分 4a—主动工作轮固定部分
5—油泵 6—从动工作轮液压控制缸 7—从动工作轮可动部分 7a—从动工作轮固定部分
8—中间减速器 9—主减速器与差速器 10—金属带

4a、7a和可动部分4、7组成。工作轮的固定部分和可动部分之间形成V形槽。金属带在槽内与工作轮相啮合。当工作轮做部分轴向移动时，即可改变金属带与主、从动工作轮的行驶工况，通过液力控制系统进行连续的调节，实现无级变速传动。

（2）金属带式无级变速器（CVT）的主要部件

1）金属带。金属传动带是由多个（大约280~400片）金属片和两组金属环组成（图1-18）。金属片是用厚为1.5~1.7mm的工具钢片制成。每组金属环是由数片（10~12片）厚度约为0.18mm的带环叠合而成。它对金属片起导向作用。金属带是在两侧工作轮挤压力的作用下而实现动力传递的。

CVT金属带结构动画

2）工作轮。主、从动工作轮的构造和工作原理，如图1-19所示。工作轮的工作表面一般为直母线锥面体。工作轮的可动部分是在液力控制系统的作用下，依靠钢球-滑道结构做轴向移动，使主、从动工作轮，可连续地改变传动带（金属带）的工作半径，以实现无级变速传动。

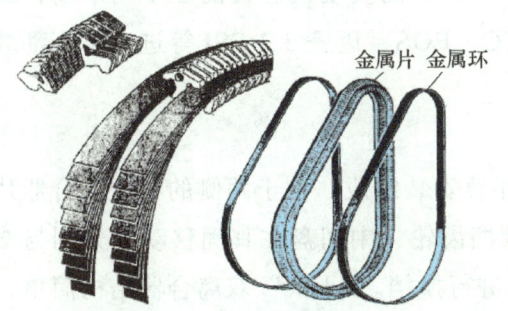

图1-18　金属带的组成

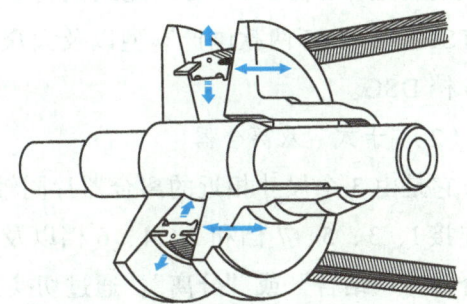

图1-19　工作轮的工作原理

3）液压泵（油泵）。液压泵是液力控制系统的液力源，它和一般液力系统一样，其常用的结构形式有齿轮泵和叶片泵，但近年来流量可控、效率较高的柱塞泵应用最多。

4）控制系统。CVT的控制系统一般是采用机械液力控制和电子液力控制两种。其中，电子液力控制系统由于结构简单、工作可靠而得到广泛应用。

图1-20所示为CVT的电子液力控制系统的工作原理示意图。电子控制单元（ECU）根据发动机的转速、车速、节气门开度和换档控制信号等，向液力控制单元发出指令，控制主、从动工作轮液力油缸中的油液压力，使主、从动工作轮的可动

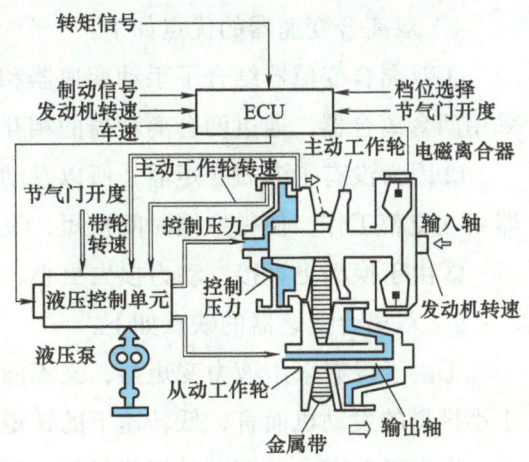

图1-20　CVT电子液力控制系统工作原理示意图

部分轴向移动，进而改变金属带与工作轮间的工作半径，从而实现无级自动变速。

6. 双离合变速器（DSG）

双离合自动变速器类型、结构与基本工作原理动画

双离合变速器采用两个离合器和变速齿轮来实现变速。其原理类似手动变速器，它既兼具手动变速器的传动简便和自动变速器的换档快捷等优点，这使得它在变速器的发展过程中具有重要意义。

双离合变速器通过在没有实现换档之前提前将要换档的档位齿轮结合，当检测到要符合换档要求时，实现离合器的转换从而实现换档。

双离合变速器有"湿式"和"干式"两种类型。

（1）"湿式"双离合器

其双离合器为一大一小两组同轴安装在一起的多片式离合器，分别连接1、3、5档以及倒档和2、4、6档齿轮。"湿式"是指双离合器安装于一个充满液压油的封闭油腔里。这种"湿式"结构具有更好的调节能力和优异的热容性，因此能够传递比较大的转矩。6档DSG可匹配最大转矩350N·m的发动机。目前在中国市场，迈腾1.8TSI和2.0TSI两款国产车型以及大众CC、EOS、迈腾3.2 FSI等进口车型都装备了6档DSG。

（2）"干式"双离合器

它是由3个尺寸相近的离合器片同轴相叠安装组成。位于两侧的2个离合器片分别连接1、3、5、7档和2、4、6档以及倒档齿轮，中间盘在其间移动，分别与2个离合器片"结合"或"分离"，通过切换来进行换档。"干式"双离合器结构简单，因而效率更高。但是"干式"离合器自身结构的固有特性使它能够承受的最大转矩比"湿式"离合器要低。7档DSG可匹配最大转矩250N·m的"较小"的发动机。一般认为，"干式"是较"湿式"更为先进的。

（3）双离合变速器的优缺点

1）双离合变速器的优点如下：

①双离合变速器结合了手动变速器和自动变速器的优点，没有使用变矩器，转而采用两套离合器，通过两套离合器的相互交替工作，来到达无间隙换档的效果。

②因为没有了液力变矩器，所以发动机的动力可以完全发挥出来，同时两组离合器相互交替工作，使得换档时间极短，发动机的动力断层也就非常有限。

③由于换档更直接，动力损失更小，所以其燃油消耗可以降低10%以上。

2）双离合变速器的缺点如下：

①由于没有采用液力变矩器，又不能实现手动变速器"半联动"的动作，所以对于小排量的发动机而言，低转速下的转矩不足的特性就会被完全暴露出来。

②由于双离合采用了计算机控制，属于一款智能型变速器，它在升/降三档的过

程中需要向发动机发出电子信号,经发动机回复后,与发动机配合才能完成升三档与降三档。而大量电子元件的使用,也增加了其发生故障的概率。

> 小贴士
>
> 本任务主要讲解了汽车自动变速器的分类、结构和工作原理,同学们在学习过程中要注重理论联系实际,务必要动手进行操作与检测,避免在今后工作中出现"小病大修"的情况。要展现出自己良好的专业技能和职业素养,从而在汽车售后服务领域更好地服务客户,为行业发展贡献自己的力量。

(二)任务计划与实施

引导问题1:自动变速器拆装过程中的注意事项有什么?

_____
_____
_____

引导问题2:简述自动变速器的检测方法。

_____
_____
_____

任务技能点

自动变速器工作原理及检修视频

自动变速器工作原理及检修

1. 准备工作

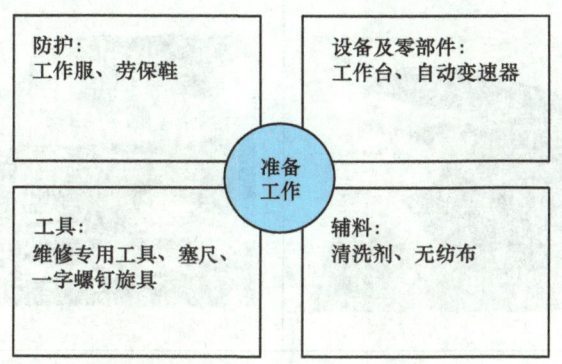

（续）

2. 自动变速器的拆卸过程

下面以福特车型 6F35 变速器为例进行说明

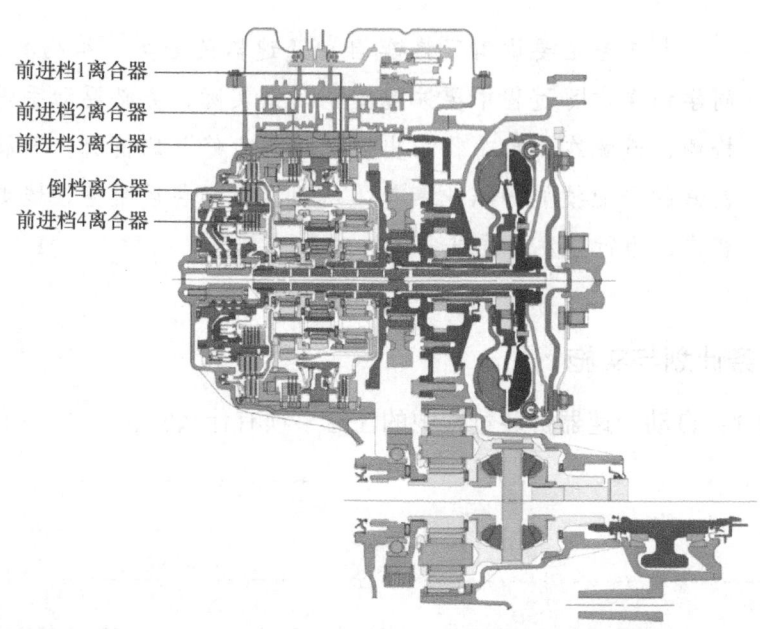

- 前进档1离合器
- 前进档2离合器
- 前进档3离合器
- 倒档离合器
- 前进档4离合器

1）将变速器放置到工作台上，释放掉变速器内的油液，拆卸变速器控制阀体壳

2）断开输入轴传感器插头，断开 TR 传感器插头

3）拆卸控制阀体螺栓

4）拆卸变速器前端盖螺栓，取下前端盖

（续）

5）取下主减速器总成，取下主减速器太阳轮 	9）拆卸驻车棘爪固定销及回位弹簧，取出驻车棘爪 
6）取出链条导油板 	10）用一字螺钉旋具由卡簧开口处开始撬固定卡簧，取出固定卡簧 
7）同时取出驱动链轮、从动链轮及驱动链 	11）取出前太阳轮 
8）拆卸导油板固定支架 	12）取出前进档1离合器片

（续）

13）取出前行星架

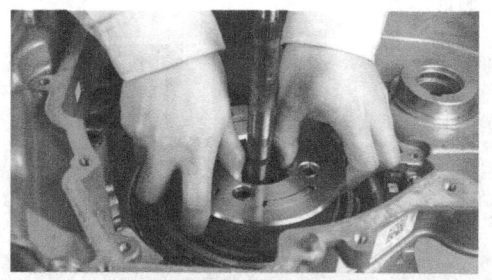

14）取出中间支承，取出前进档2离合器片

15）取出单向离合器

16）取出中间行星架、后行星架及中间太阳轮

17）取出后太阳轮

18）握住输入轴，同时取出前进档4离合器、倒档离合器，取出前进档3离合器片

19）拆卸油泵总成

20）逆时针旋转变速器油滤清器并拆下

3. 自动变速器的检测

1）拆卸电磁阀线路板，取出固定针，取下电磁阀，观察电磁阀滤网是否有堵塞，如果有应清洗

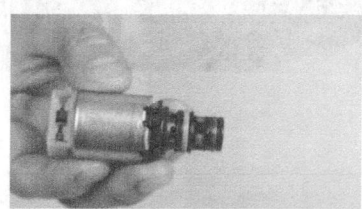

（续）

2）检查主减速器小齿轮转动是否顺畅，检查主减速器行星轮转动是否顺畅，检查行星轮表面是否有损伤

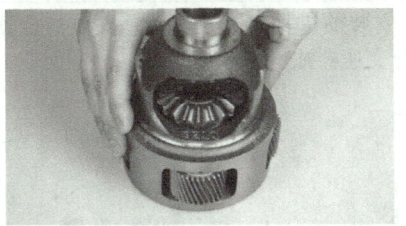

3）检查钢片和摩擦片是否磨损，如有磨损应更换

4）检查行星轮组的齿圈及太阳轮是否有磨损，如有磨损应更换

5）检查传动链是否有磨损，如有磨损应更换

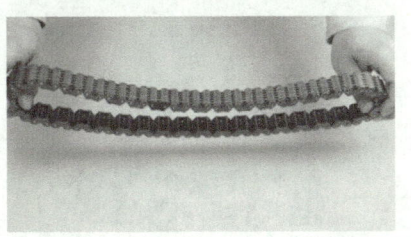

6）检查从动轮齿是否磨损，检查轴承是否顺畅，如有磨损应更换

7）检查主动轮齿是否磨损，如有磨损应更换

8）检查单向离合器工作是否正常

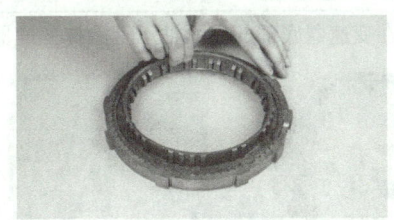

9）拆卸油泵，检查油泵主动齿轮是否磨损，检查从动齿轮是否磨损，选用 0.05mm 的塞尺检查齿轮与上壳之间的间隙，间隙应小于 0.05mm，否则应更换油泵。安装油泵时应按照标准力矩 10N·m 拧紧螺栓

（续）

4. 变速器的安装

1）在变速器油滤清器的胶圈位置涂抹变速器油，并安装变速器油滤清器

2）安装油泵总成，在油泵总成的密封圈处涂抹变速器油并安装，按照20N·m的力矩拧紧螺栓

3）在变速器底部的平面轴承上涂抹变速器油

4）握住输入轴，安装前进档4离合器和倒档离合器

5）安装轴承

6）安装后太阳轮

7）安装前进档3离合器片，安装离合器片时应涂抹变速器油

8）安装单向离合器

9）安装后行星架

10）安装轴承，安装中间太阳轮

（续）

10）安装轴承，安装中间太阳轮（续）	15）安装前行星架，检查轴承，安装前太阳轮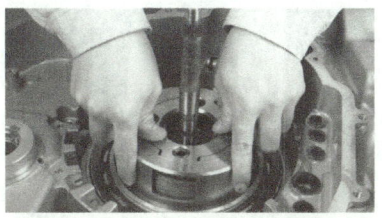
11）安装中间行星架，安装轴承	
12）安装前进档2离合器片	16）安装前进档1离合器片
13）安装中间支承	17）安装新的密封圈，在安装前应涂抹变速器油
14）安装轴承	18）安装固定卡簧

（续）

19）安装驻车棘爪、回位弹簧及固定销

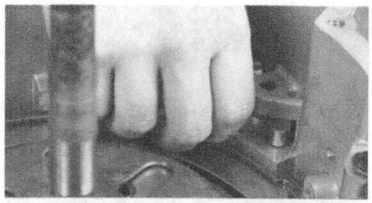
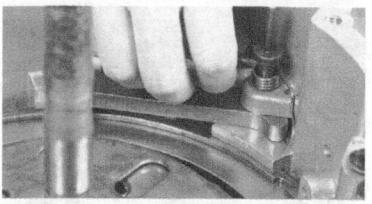

20）安装导油板固定架

21）安装驱动链机构

22）安装完成后应拨动驻车锁止机构，观察工作是否良好

23）安装导油板

24）安装主减速器太阳轮，安装主减速器

25）在变速器壳的结合处涂抹密封胶，密封胶要涂抹均匀；安装变速器壳，安装螺栓，以24N·m的力矩拧紧螺栓

26）安装输入轴转速传感器

27）安装隔板，安装阀体

28）在控制阀体壳上安装新的密封圈，并安装阀体壳，并以12N·m的力矩拧紧螺栓

小提示

1. 检查行星轮表面是否有损伤，如有则应进行更换。
2. 检查行星轮组的齿圈及太阳轮是否有磨损，如有磨损则应更换。
3. 要确保单向离合器能够正常工作。
4. 要按规定力矩拧紧固定螺母及螺栓。

（三）任务评价反馈

1）小组自评表能够让小组成员对各自的信息检索能力、任务认知程度、参与状态、学习方法和工作过程等方面进行评价，从记忆、领会、应用、分析、反馈全方位评估自己对知识的学习及掌握情况。

活动过程评价小组自评表

班级		组名		日期	
评价指标	评价要素			分数	分数评定
信息检索	能有效利用网络资源、工作手册查找有效信息；能用自己的语言有条理地去理解、表述所学知识；能将查找到的信息有效地转换到工作中			10	
任务认知	是否熟悉各自的工作岗位，认同工作价值；在工作中，是否获得满足感			10	
参与状态	与教师、同学之间是否相互尊重、理解、平等相待；与教师、同学之间是否能够保持多向、丰富、适宜的信息交流			10	
	探究学习、自主学习不流于形式，处理好合作学习和独立思考的关系，做到有效学习；能够提出有意义的问题或能发表个人见解；能按要求正确操作；能够倾听、协助分享			10	
学习方法	工作计划、操作技能是否符合规范要求；是否获得了进一步发展的能力			10	
工作过程	遵守管理规程，操作过程符合现场管理要求；平时上课的出勤情况和每次完成学习任务情况；善于多角度思考问题，能主动发现、提出有价值的问题			15	
思维状态	是否能发现问题、提出问题、分析问题、解决问题、创新解决问题方法			10	
自评反馈	按时按质完成学习任务；较好地掌握了专业知识点；具有较强的信息分析能力和理解能力；具有较为全面严谨的思维能力并能条理清晰表述成文			25	
自评分数					
有益的经验和做法					
总结反思建议					

2）小组互评表能够让小组成员从信息检索能力、任务认知程度、参与状态、学习方法和工作过程等方面对其他小组进行评价，通过互相评价环节，学习其他小组的长处，弥补自己小组的不足。

活动过程评价小组互评表

班级		被评组名		日期	
评价指标	评价要素			分数	分数评定
信息检索	该组能有效利用网络资源、工作手册查找有效信息			10	
	该组能用自己的语言有条理地去理解、表述所学知识			5	
	该组能将查找到的信息有效地转换到工作中			5	
任务认知	该组是否熟悉各自的工作岗位，认同工作价值			5	
	该组成员在工作中获得满足感			5	
	该组能处理好合作学习和独立思考的关系，做到有效学习			5	
	该组提出有意义的问题或发表个人见解，按要求正确操作，能够倾听、协助分享			5	
	该组积极参与学习任务，并在过程中综合运用信息技术的能力得到提高			5	
学习方法	该组工作计划、操作技能符合规范要求			5	
	该组获得了进一步发展的能力			5	
工作过程	该组遵守管理规程，操作过程符合现场管理要求			10	
	该组平时上课的出勤情况和每次完成学习任务情况			10	
	该组善于多角度思考问题，能主动发现、提出有价值的问题			10	
思维状态	该组是否能发现问题、提出问题、分析问题、解决问题、创新解决问题方法			5	
自评反馈	该组能严肃认真地对待自评，并能独立完成自测试题			10	
自评分数					
简要评述					

3）教师评价的内容主要包括小组出勤状况、信息收集能力、计划制订是否完善、工作过程是否规范等，能够帮助学生更好地理解学习任务，促进对任务知识点、技能点的消化和吸收。

教师评价表

班级		组名		姓名	
出勤情况					
评价指标	评定要素			分数	分数评定
职业素养	坚持社会主义核心价值观			5	
	具备信息素养			5	
	具备探究学习、终身学习能力			5	
	在实操过程中体现劳模精神、劳动精神、工匠精神			5	
	具备良好的职业道德和环保意识			5	
道德品质	遵守实训场所、场地等公共场所的管理规定，自觉维护秩序			5	
	在公共场所举止文雅、文明礼貌			5	
	爱护公物，保护公共设施			5	
信息检索	能够顺利完成教师安排的任务，快速找到有效信息，并转化到工作中去			5	
任务认知	能够读懂文字的表达内容			5	
	能够满足岗位工作要求、掌握工作流程、熟悉注意事项			5	
参与状态	与教师、同学之间相互尊重、理解			5	
	能够做到独立思考、表达自己想法			5	
	能够按照要求正确操作，能够倾听对方表达的内容，乐于分享			5	
学习方法	能够按照工作内容的紧急情况合理制订计划			5	
	能够按要求完成工作计划，且操作符合规范			5	
工作过程	操作符合安全规定			5	
	操作符合流程规范			5	
	能够协助他人完成工作			5	
思维状态	工作过程思维清晰，对工作结果正确预判，对其他相关工作有帮助			5	
	师评分数				
综合评价					

三、任务拓展信息

自动变速器新技术

本部分主要介绍博世 CVT4EV 电动汽车用无级变速器（图 1-21）。过往的多项研究和案例表明 CVT 可以改善动力传动系统的性能，使得电动汽车对用户更具吸引力。CVT 的变速能力可以使电机始终处于最佳工作状态，提高电机的工作效率，并在不引起转矩中断的情况下，带来更高的加速度，提升最高车速以及爬坡能力。除此之外，CVT 通过避开特定转速和高转速工况，从而实现电机 NVH 的改善。

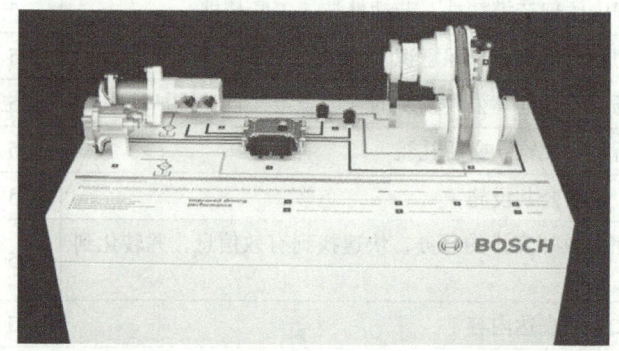

图 1-21　博世 CVT4EV 电动汽车用无级变速器

相较于传统 CVT，CVT4EV 省去了液力变矩器、行星齿轮、离合器等部件，使得结构更加紧凑、效率更高、成本更低；同时，CVT4EV 所承载的转矩远高于传统 CVT。

CVT4EV 的无级调速可对电驱系统的工况点进行优化，进而实现各工况下最优系统效率（电驱+变速器），提升 WLTC 工况下续驶里程约 4%，并且在匀速工况下实现更高的效率，如 60km/h 的匀速工况实现约 7% 续驶里程提升。

CVT4EV 能够通过无间断换档使得电机始终维持在最高功率输出，实现提高整车动力性能约 10%。此外，相较于传统燃油车用 CVT，钢带式 CVT4EV 省去了液力变矩器、行星齿轮、离合器等部件，使得结构更加紧凑、简单，降低内部损耗可达 50% 以上。

学习任务 2
液压助力转向系统检测与维修

一、任务说明

任务描述	车辆转向盘转向沉重，转向助力不足，通过检测发现故障原因为转向助力泵故障		

任务案例引入视频

任务所属模块课程	● 动力系统检修	(	)
	● 变速器与传动系统检修	(	)
	● 转向悬架系统检修	(✓	)
	● 制动安全系统检修	(	)
	● 电器与控制系统检修	(	)
	● 空调与舒适系统检修	(	)
	● 动力与底盘网关控制系统检修	(	)
	● 车身与娱乐网关控制系统检修	(	)
任务对应工作领域	● 汽车动力与驱动系统工作领域	(	)
	● 汽车转向悬架与制动安全系统工作领域	(✓	)
	● 汽车电子电气与空调舒适系统工作领域	(	)
	● 汽车全车网关控制与娱乐系统工作领域	(	)

任务育人目标描述	
● 弘扬爱国精神	
● 树立精益求精、一丝不苟的工匠精神	

职业技能（能力）要求描述		
行为	能对机械转向系统的相关元件总成进行拆装与检测	
条件	车辆/设备：哈弗 H5 SUV	
	工具及场地要求： 维修工位 4 个、发动机配套维修手册 4 本、诊断仪 4 台、工具箱（内包含扳手、棘轮、套筒、钳子等通用手动工具）4 个、零件车 4 个、工作灯 4 个、手套若干、抹布若干、接油盆 4 个、维修工作台 4 个	
标准与要求	● 树立分析问题、解决问题的信心；提高沟通协调、团队合作的能力；强化安全生产、规范操作的意识 ● 能描述液压助力转向系统的基础结构及工作过程原理 ● 能检测与维修液压助力转向系统的常见故障	
成果	完成液压助力转向系统相关元件总成的拆装、检查与测量分析	

二、任务学习与实施

（一）任务引导与学习

引导问题 1：如图 2-1 所示，液压助力转向系统主要包括哪两种？

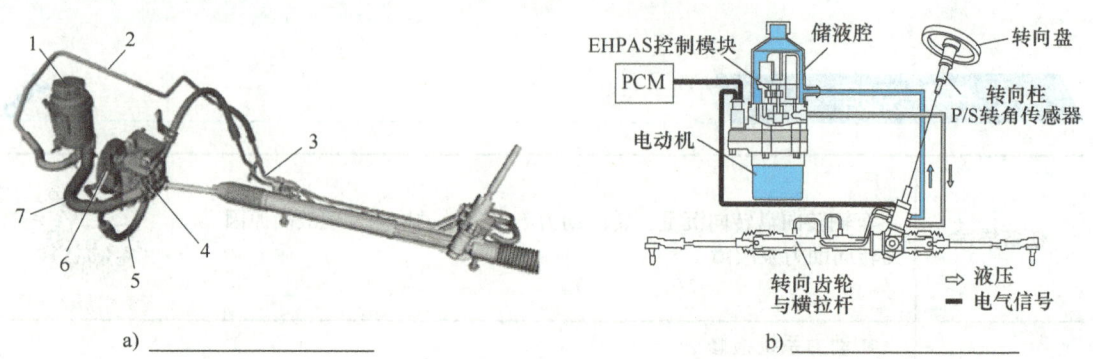

a) _____   b) _____

图 2-1 液压助力转向系统种类

引导问题 2：如图 2-2 所示，液压助力转向系统的组成是什么？

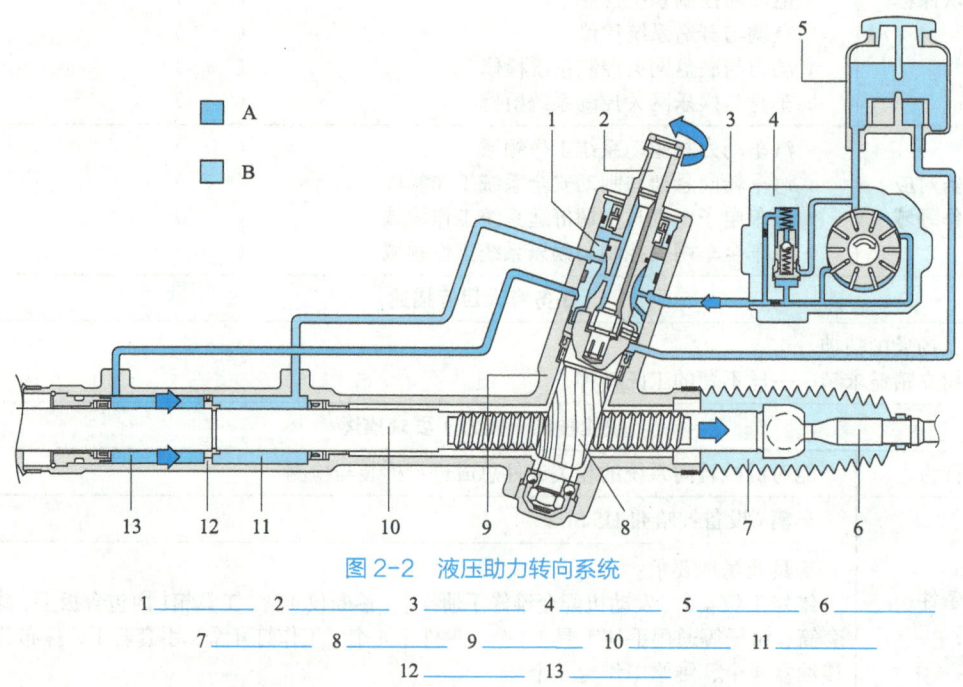

图 2-2 液压助力转向系统

1 _____ 2 _____ 3 _____ 4 _____ 5 _____ 6 _____
7 _____ 8 _____ 9 _____ 10 _____ 11 _____
12 _____ 13 _____

1）液压助力转向系统的工作原理为：

....

....

....

2）根据图 2-2 分析液压助力转向系统助力不足的故障原因：
....
....
....

引导问题 3：结合图 2-3 说明电子液压助力转向系统的工作原理。

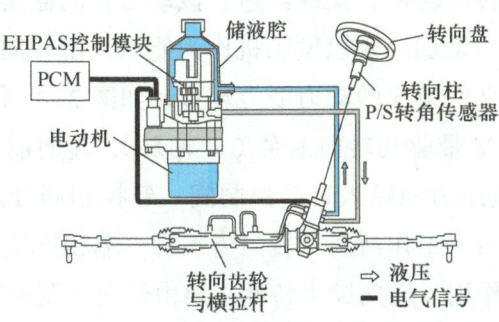

图 2-3 电子液压助力转向系统结构图

....
....

引导问题 4：电子液压助力转向系统相比于传统液压助力转向系统有哪些特点？

1）...
2）...
3）...

知识链接

1. 动力转向系统

液压助力转向系统类型、结构与基本工作原理视频

动力转向系统是将发动机输出的部分机械能转化为压力能，并在驾驶人控制下，对转向传动装置或者转向器中某一传动件施加液压或气压作用力，以减轻驾驶人转向操纵力的一套零部件。在正常情况下，汽车转向时驾驶人提供小部分的能量，动力转向系统提供大部分能量。根据助力能源的不同，动力转向系统分气压助力、液压助力和电动机助力。电动机助力是利用直流电源驱动电动机对转向系统施加助力。

气压助力系统工作压力较低（一般不高于 0.7MPa），尺寸庞大，主要用于前轴最大载质量为 3~7t 并采用气压制动系统的载货汽车。液压助力转向的工作压力可超过 10MPa，其部件尺寸不大、无噪声、工作滞后时间短，而且能吸收来自不平路面的冲击，因此，液压助力转向系统早期在汽车上得到广泛应用。

动力转向系统主要包括机械液压助力转向系统、电子液压助力转向系统、电子助力转向系统三种形式，本学习任务重点学习机械液压助力转向系统、电子液压助力转向系统。

2. 机械液压助力转向系统

液压动力转向系统转向轻便，操纵舒适。该动力转向器实质上是在机械式齿轮齿条转向器上增加一套以发动机作为能源，由转向油泵、转向控制阀和动力油缸等部件组成的动力助力装置，如图2-4所示。工作时，发动机的动力通过V带驱动转向油泵（叶轮泵），转向油泵吸出储油罐中的转向液压油（ATF），并形成压力油输入转向控制阀，经控制阀分配后，压力油进入动力油缸，推动工作活塞。由于工作活塞与转向齿条的一端相连接，因此压力油就通过工作活塞形成了转向助力作用。转向助力特性主要由转向控制阀决定。

液压助力转向系统结构动画

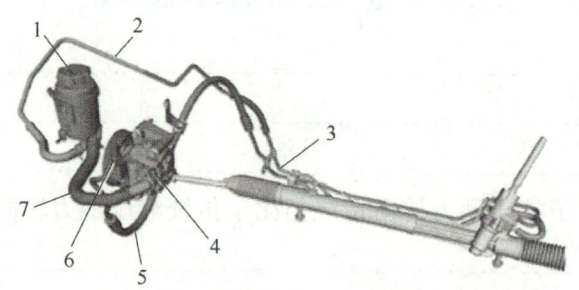

图2-4 机械液压助力转向系统

1—动力转向储油罐　2—动力转向回油管　3—转向齿轮回油管　4—动力转向泵
5—动力转向压力管　6—动力转向压力开关　7—动力转向供油管

（1）转向控制阀

转向控制阀是液压助力转向系统中的控制元件，其能根据转向盘的转动方向控制流向动力缸的液压油的流向。转向控制阀又分为滑阀式和转阀式。

滑阀式转向控制阀是滑阀相对于阀体做直线运动的转向控制阀，靠阀体的移动控制油液流量，图2-5所示为液压助力转向系统中滑阀的结构和工作原理，其中图2-5a为常流式滑阀，图2-5b为常压式滑阀。当直线行驶时，

转向控制阀结构动画

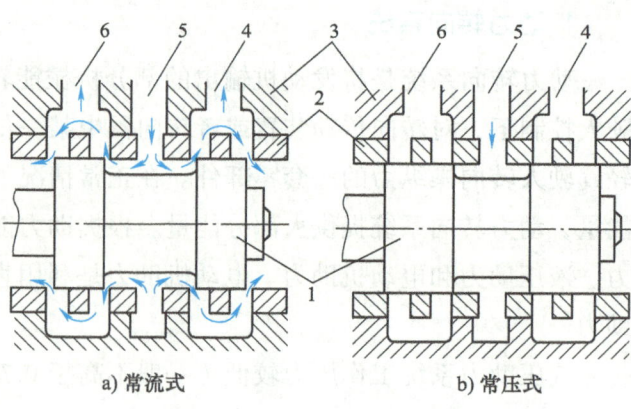

图2-5 滑阀的结构和工作原理

1—阀体　2—阀套　3—壳体
4、6—通动力缸左、右腔的通道
5—通油泵输出管路的通道

动力缸左右两腔相通,不起助力作用。转向时,阀体向一个方向移动,使控制阀的左右两腔压力发生变化,在压力差的作用下,动力缸内的活塞运动,起助力作用。该转向阀需要较大的运动空间。

转阀式转向控制阀是转阀相对于阀体转动的转向控制阀,靠阀体转动控制油液流量,如图2-6所示。转阀具有4个互相连通的进油通道A,出油通道B、C分别与动力缸的左、右腔连通。当转向盘处于中间位置时,油路相通,动力缸左右两腔中的压力相同,不起助力作用。当阀体1顺时针转过一小角度后,从油泵来的高压油经C通道进入动力缸的一腔,而B通道由于不能进油,与其相连的动力缸的另一腔为低压。在压力差的作用下,动力缸内的活塞向左或向右运动,起助力作用。该转向阀体积小,加工要求精度高。

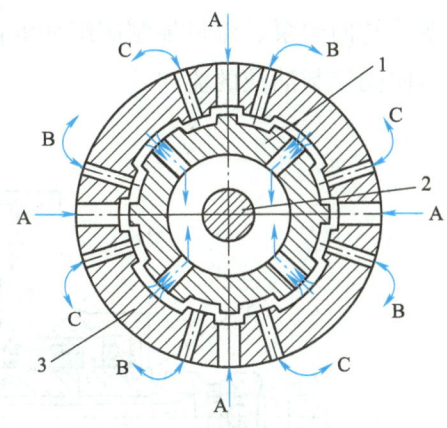

图2-6 转阀的结构和工作原理
1—阀体 2—扭杆 3—壳体
A—通油泵输出管路的通道
B、C—通动力缸左、右腔的通道

(2) 整体式动力转向器

图2-7所示为整体式动力转向器示意图。图中将转阀的剖面图放大,并表示出油路的连接关系。齿轮齿条式转向器、转向控制阀、转向动力缸设计成一体,组成整体式动力转向器。转向动力缸活塞12与转向齿条10制成一体,将动力转向缸9分成左右两腔。

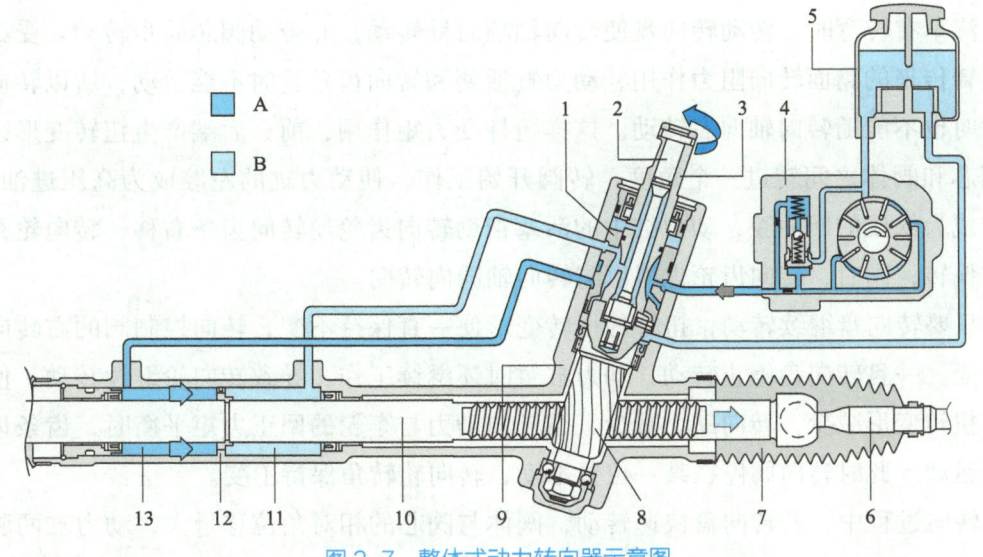

图2-7 整体式动力转向器示意图
1—阀套 2—扭杆 3—阀芯 4—转向油泵 5—转向储油罐 6—转向横拉杆 7—防尘罩
8—转向齿轮 9—动力转向缸 10—转向齿条 11—回油腔 12—动力缸活塞 13—进油腔

转阀构造如图 2-8 所示。扭杆 6 的前端用销 2 与转向齿轮 1 连接，后端用销 7 与转阀的阀芯 5 连接，而阀芯又与转向轴的末端固定在一起，因而转向轴可通过扭杆带动转向齿轮转动。转阀的阀芯与阀体配合构成控制阀，置于转向器壳体内。由转向油罐、转向油泵、流量控制阀组成的供能装置输出的油液经转阀进油口 P 进入阀腔，由转向阀控制油液的流向。

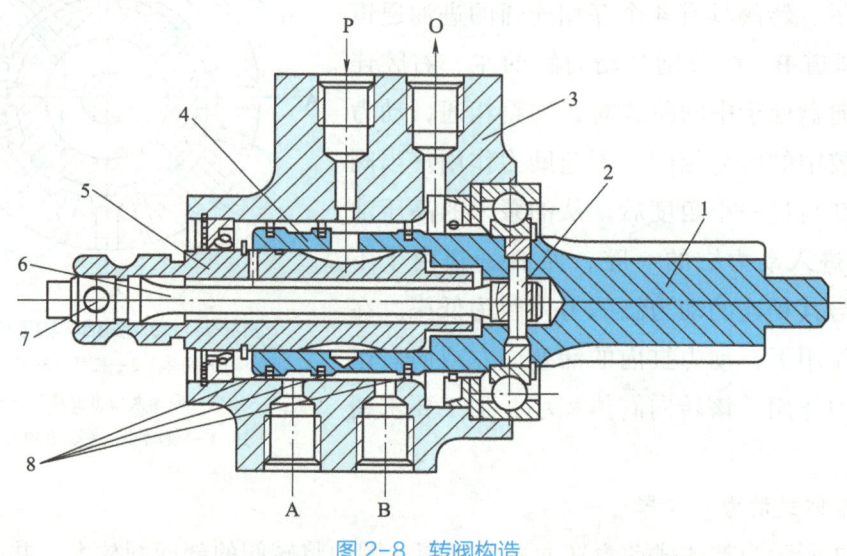

图 2-8　转阀构造

1—转向齿轮　2、7—销　3—阀体　4—阀套　5—阀芯　6—扭杆　8—密封圈
P—转阀进油口　O—转阀出油口　A—通动力缸左腔出油口　B—通动力缸右腔出油口

当汽车直线行驶时，转向阀处于中间位置，动力缸两腔相通，不产生助力作用，为常流式助力转向系统。

汽车右转弯时，转动转向盘使转向轴顺时针转动，并带动阀芯同步转动。受到转向节臂传来的路面转向阻力作用，动力缸活塞和转向齿条暂时不能运动，所以转向齿轮暂时也不能随转向轴向右转动。这样扭杆受力矩作用，前、后端产生扭转变形，转向阀芯和阀体之间转过一个角度，转阀开始工作，使动力缸的左腔成为高压进油腔，右腔成为低压的回油腔，动力缸中的活塞帮助转向齿轮使转向齿条右移，转向轮开始向右偏转；同时，转向齿轮也得以与转向轴同向转向。

只要转向盘继续转动，扭杆的扭转变形便一直保持不变，转向控制阀的右转向位置不变。一旦转向盘停止转动，动力缸暂时还继续工作，导致转向轮继续转动，使扭杆的扭转变形减少，转向助力减少，当转向助力与车轮的回正力矩平衡时，齿条齿轮停止运动。此时转向阀停在某一位置不动，转向轮转角保持不变。

转向过程中，若转向盘快速转动，阀体与阀芯的相对角位移量大，动力缸两腔压力差大，转向助力也随之增大，车轮偏转速度快；若转向盘转动速度慢，助力就小，车轮偏转速度慢；转向盘不动，转向轮转到某一相应的位置也不动，这称为转向控制阀的"渐进随动原理"。

转向后回正时，若驾驶人放松转向盘，阀芯回到中间位置，失去助力作用，车轮在回正力矩的作用下回位。若驾驶人同时逆时针回转转向盘，动力转向器反向助力，帮助车轮回正。

若汽车行驶偶遇外界阻力使车轮发生偏转，则阻力矩通过转向传动机构、转向齿条齿轮作用在阀体上，使阀体、阀芯产生相对角位移，动力缸产生与车轮偏转方向相反的助力作用，使车轮迅速回正，保证汽车直线行驶的稳定性。

一旦液压助力装置失效，助力缸不起作用，驾驶人需施加很大的力，使扭杆产生大的变形，传递更大的力矩，以驱动转向齿轮旋转，此时动力转向器变成机械转向器。

3. 电子液压助力转向系统

电子液压助力转向系统是在传统液压助力转向系统的基础上，增加了一套电子控制装置，使汽车在低速行驶时转向系统助力作用大，驾驶人操纵轻便灵活；高速行驶时转向系统的助力作用减弱，驾驶人的操纵力增大，具有明显的"路感"，既保证了转向操纵的舒适性和灵活性，又提高了高速行驶中转向的稳定性和安全感。根据控制参数的不同，可分为流量控制式（根据压力油流量）、反力控制式（根据油压不同导致反作用力不同）等几种形式。由于工作压力和工作灵敏度较高，外廓尺寸较小，因而获得了广泛的应用，如图2-9所示。

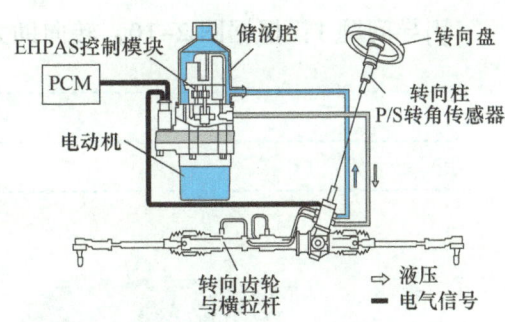

图2-9 电子液压助力转向系统结构图

上海大众生产的POLO轿车，其装备的电动液压助力转向系统是典型的可变助力系统，虽然靠液压力帮助驾驶人转向，但其油泵是通过电动机驱动，与发动机在机械上毫无关系，助力效果只与转向盘速度和行驶速度有关。其结构主要由动力转向器、电动油泵总成和各种传感器组成。电动油泵总成由动力转向器、电动油泵（电动机和油泵）、储油罐和限压阀等集成在一起，用一个消声罩包封，利用橡胶支承弹性地悬挂在支架上，该支架安装在发动机舱左侧的车架纵梁上。

汽车工作时，动力转向ECU接收各传感器传来的信号（如转向盘的转角变化、车速、发动机转速），根据信号控制电动机的转速，从而改变油泵的供油量，调整动力转向器中油压，改变辅助转向力的大小。转向盘转角增量越大或车速越低，电动机的转速越高，油泵供油量也越大。

电子液压助力转向系统的特点是：

1）可根据车速与转向盘转动速度精确地控制转向操作和可变转向辅助。

2）在 EHPAS 油泵及模块总成中，电动机为无刷式直流电动机，其特点是可靠性高，使用寿命长，在需要较大的转向助力时，可以根据控制模块的信号在极短的时间内迅速建立起较高的油压。

3）当 EHPAS 系统出现故障后，在仪表总成的"旅程计算机"中会显示故障信息，能够支持诊断工具诊断。

> **小贴士**
>
> 本任务重点讲解了汽车机械转向系统的类型、结构及工作原理，学习过程中必须要结合实车认清动力转向系统的结构，掌握其工作原理，避免"纸上谈兵"。只有理论与实践相结合，我们才能获得必备的专业技能，为我国汽车行业的发展贡献自己的力量。

（二）任务计划与实施

引导问题 1：根据图 2-10，转向助力泵的作用是什么？

_____

_____

_____

图 2-10　转向助力泵

引导问题 2：根据图 2-11，转向助力泵主要有_____、_____及_____三种类型，均是通过_____实现吸油与压油。密封容积由小变大侧为_____；密封容积由大变小侧为压油，产生_____。

图 2-11　转向助力泵类型

引导问题 3：转向助力泵的检查与更换注意事项是什么？

引导问题 4：液压助力转向系统助力不足的原因是什么？

任务技能点

液压助力转向系统
检测与维修视频

液压助力转向系统检修

1. 准备工作

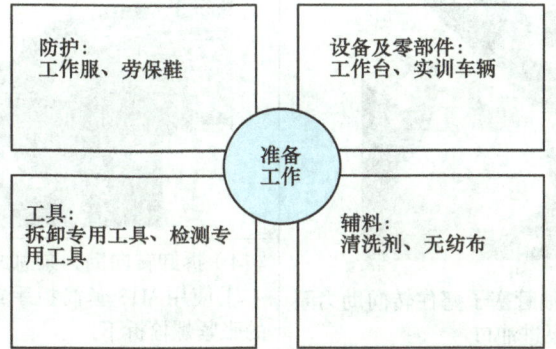

- 防护：工作服、劳保鞋
- 设备及零部件：工作台、实训车辆
- 工具：拆卸专用工具、检测专用工具
- 辅料：清洗剂、无纺布
- 准备工作

2. 检修步骤说明
1）铺设翼子板布及车内防护用品

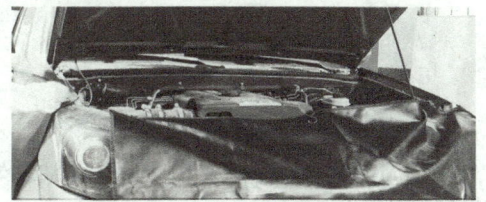

2）检查动力转向储油罐液面是否正常

3）起动发动机，原地左右转动转向盘

3. 转向助力泵的拆卸与安装
1）准备工具拆卸进气管

045

（续）

2）拆卸转向助力泵进油管
①将接油小容器放到转向助力泵下方

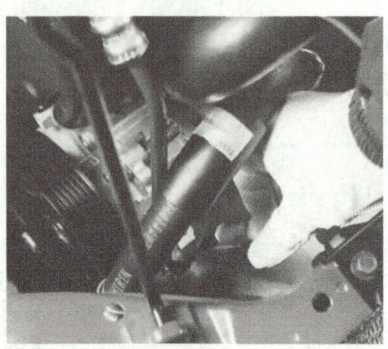

②选用鲤鱼钳将油泵进油管固定卡箍移至适当位置处，拆下油泵进油管

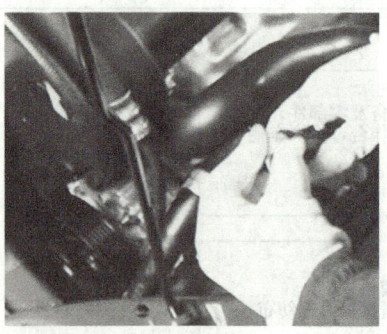

③放出残余油液后用油管塞子塞住转向助力泵进油管管口和转向助力泵进油口

3）断开转向助力泵出油管
①使用 M17 呆扳手拧松转向助力泵出油管固定螺母

②旋出转向助力泵出油管固定螺母，断开转向助力泵出油管

③放出残余油液，然后用油管塞子塞住油泵出油管管口和转向助力泵出油口

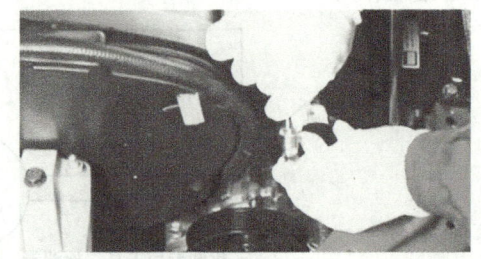

4）拆卸转向助力泵总成
①使用 M13 套筒扳手或 M13 呆扳手将油泵处的张紧螺栓拆下

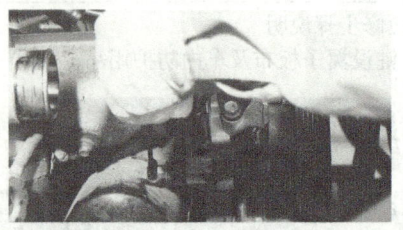

②使用 M10 套筒扳手或 M10 呆扳手将油泵处的紧固螺栓拆下

（续）

③将传动带取下

④取下动力转向油泵

5）检查新的转向助力泵
①检查转向助力泵的零件号，确认新的转向助力泵零件号是否正确

②检查助力转向泵的外观有无损伤，带轮转动是否卡滞

6）安装转向助力泵
①助力泵安装顺序与拆卸顺序相反，应根据维修手册规定力矩进行螺栓紧固
②其中油泵处的张紧螺栓拧紧力矩为（25±3）N·m
③油泵处的紧固螺栓拧紧力矩为（25±3）N·m
④助力泵出油管固定螺母拧紧力矩为（27.5±2.5）N·m

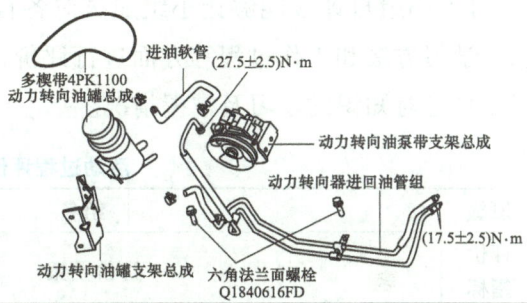

7）整理车内四件套，收起翼子板布，擦拭设备工具

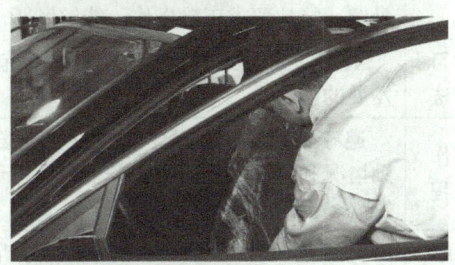

> **小提示**
> 1. 安装转向助力泵出油管密封圈时,应检查新的密封圈零件号是否正确。
> 2. 检查密封圈有无损伤或变形。
> 3. 在新密封圈上涂少许新的转向助力油,将新密封圈安装在出油管接口处。
> 4. 连接转向助力泵进油管时,检查进油管是否有老化现象,若老化予以更换。

(三)任务评价反馈

1)小组自评表能够让小组成员对各自的信息检索能力、任务认知程度、参与状态、学习方法和工作过程等方面进行评价,从记忆、领会、应用、分析、反馈全方位评估自己对知识的学习及掌握情况。

活动过程评价小组自评表

班级		组名		日期	
评价指标	评价要素			分数	分数评定
信息检索	能有效利用网络资源、工作手册查找有效信息;能用自己的语言有条理地去理解、表述所学知识;能将查找到的信息有效地转换到工作中			10	
任务认知	是否熟悉各自的工作岗位,认同工作价值;在工作中,是否获得满足感			10	
参与状态	与教师、同学之间是否相互尊重、理解、平等相待;与教师、同学之间是否能够保持多向、丰富、适宜的信息交流			10	
	探究学习、自主学习不流于形式,处理好合作学习和独立思考的关系,做到有效学习;能够提出有意义的问题或能发表个人见解;能按要求正确操作;能够倾听、协助分享			10	
学习方法	工作计划、操作技能是否符合规范要求;是否获得了进一步发展的能力			10	
工作过程	遵守管理规程,操作过程符合现场管理要求;平时上课的出勤情况和每次完成学习任务情况;善于多角度思考问题,能主动发现、提出有价值的问题			15	
思维状态	是否能发现问题、提出问题、分析问题、解决问题、创新解决问题方法			10	
自评反馈	按时按质完成学习任务;较好地掌握了专业知识点;具有较强的信息分析能力和理解能力;具有较为全面严谨的思维能力并能条理清晰表述成文			25	
自评分数					
有益的经验和做法					
总结反思建议					

2）小组互评表能够让小组成员从信息检索能力、任务认知程度、参与状态、学习方法和工作过程等方面对其他小组进行评价，通过互相评价环节，学习其他小组的长处，弥补自己小组的不足。

活动过程评价小组互评表

班级		被评组名		日期	
评价指标	评价要素			分数	分数评定
信息检索	该组能有效利用网络资源、工作手册查找有效信息			10	
	该组能用自己的语言有条理地去理解、表述所学知识			5	
	该组能将查找到的信息有效地转换到工作中			5	
任务认知	该组是否熟悉各自的工作岗位，认同工作价值			5	
	该组成员在工作中获得满足感			5	
	该组能处理好合作学习和独立思考的关系，做到有效学习			5	
	该组提出有意义的问题或发表个人见解，按要求正确操作，能够倾听、协助分享			5	
	该组积极参与学习任务，并在过程中综合运用信息技术的能力得到提高			5	
学习方法	该组工作计划、操作技能符合规范要求			5	
	该组获得了进一步发展的能力			5	
工作过程	该组遵守管理规程，操作过程符合现场管理要求			10	
	该组平时上课的出勤情况和每次完成学习任务情况			10	
	该组善于多角度思考问题，能主动发现、提出有价值的问题			10	
思维状态	该组是否能发现问题、提出问题、分析问题、解决问题、创新解决问题方法			5	
自评反馈	该组能严肃认真地对待自评，并能独立完成自测试题			10	
自评分数					
简要评述					

3）教师评价的内容主要包括小组出勤状况、信息收集能力、计划制订是否完善、工作过程是否规范等，能够帮助学生更好地理解学习任务，促进对任务知识点、技能点的消化和吸收。

教师评价表

班级		组名		姓名	
出勤情况					
评价指标	评定要素			分数	分数评定
职业素养	坚持社会主义核心价值观			5	
	具备信息素养			5	
	具备探究学习、终身学习能力			5	
	在实操过程中体现劳模精神、劳动精神、工匠精神			5	
	具备良好的职业道德和环保意识			5	
道德品质	遵守实训场所、场地等公共场所的管理规定，自觉维护秩序			5	
	在公共场所举止文雅、文明礼貌			5	
	爱护公物，保护公共设施			5	
信息检索	能够顺利完成教师安排的任务，快速找到有效信息，并转化到工作中去			5	
任务认知	能够读懂文字的表达内容			5	
	能够满足岗位工作要求、掌握工作流程、熟悉注意事项			5	
参与状态	与教师、同学之间相互尊重、理解			5	
	能够做到独立思考、表达自己想法			5	
	能够按照要求正确操作，能够倾听对方表达的内容，乐于分享			5	
学习方法	能够按照工作内容的紧急情况合理制订计划			5	
	能够按要求完成工作计划，且操作符合规范			5	
工作过程	操作符合安全规定			5	
	操作符合流程规范			5	
	能够协助他人完成工作			5	
思维状态	工作过程思维清晰，对工作结果正确预判，对其他相关工作有帮助			5	
	师评分数				
综合评价					

三、任务拓展信息

四轮转向系统

四轮转向系统（4WS），是指后轮也和前轮相似，具有一定的转向功能，不仅可以与前轮同方向转向，也可以与前轮反方向转向。

四轮转向系统的主要作用如下：

1）提高汽车在高速行驶或在侧向风力作用时的操作稳定性。

2）能在整个车速范围内提高车辆对转向输入的响应速度。

3）改善在低速下的操纵轻便性，以及减小汽车转弯半径，改善汽车机动性。

配备四轮转向系统的汽车在低速转弯时，前后车轮逆相位转向，可减小车辆的转弯半径；在高速转弯时，前后轮主要做同相位转向，能减少车辆质心侧偏角，降低车辆横摆率的稳态超调量，进一步提高车辆操纵稳定性（图2-12）。

低速下，前后车轮转向相反，以提高车辆灵活性

高速下，前后车轮转向相同，以提高车辆稳定性

图2-12　四轮转向系统工作原理

学习任务 3
电子助力转向系统检测与维修

一、任务说明

任务描述	车辆转向盘转向沉重，转向助力不足，通过检测发现故障原因为转矩传感器故障	
任务所属 模块课程	● 动力系统检修	（ ）
	● 变速器与传动系统检修	（ ）
	● 转向悬架系统检修	（ ✓ ）
	● 制动安全系统检修	（ ）
	● 电器与控制系统检修	（ ）
	● 空调与舒适系统检修	（ ）
	● 动力与底盘网关控制系统检修	（ ）
	● 车身与娱乐网关控制系统检修	（ ）
任务对应 工作领域	● 汽车动力与驱动系统工作领域	（ ）
	● 汽车转向悬架与制动安全系统工作领域	（ ✓ ）
	● 汽车电子电气与空调舒适系统工作领域	（ ）
	● 汽车全车网关控制与娱乐系统工作领域	（ ）

任务案例引入视频

任务育人目标描述
● 践行社会主义核心价值观 ● 树立精益求精、诚信为本的职业精神

职业技能（能力）要求描述	
行为	能对电子助力转向系统的相关元件总成进行拆装与检测
条件	车辆/设备：迈腾轿车 工具及场地要求： 维修工位 4 个、发动机配套维修手册 4 本、诊断仪 4 台、工具箱（内包含扳手、棘轮、套筒、钳子等通用手动工具）4 个、零件车 4 个、工作灯 4 个、手套若干、维修工作台 4 个
标准与要求	● 树立分析问题、解决问题的信心；提高沟通协调、团队合作的能力；强化安全生产、规范操作的意识 ● 能描述电子助力转向系统的基础结构及工作过程原理 ● 能检测与维修液压助力转向系统的常见故障
成果	完成电子助力转向系统相关元件总成的拆装、检查与测量分析

二、任务学习与实施

（一）任务引导与学习

引导问题 1：图 3-1 所示为电子助力转向系统，简述其结构组成。

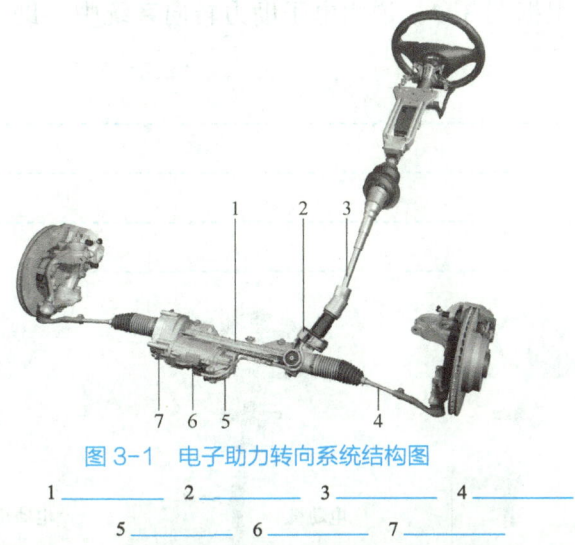

图 3-1　电子助力转向系统结构图

1_____　2_____　3_____　4_____
5_____　6_____　7_____

引导问题 2：根据图 3-2，说明电子助力转向系统的工作原理。

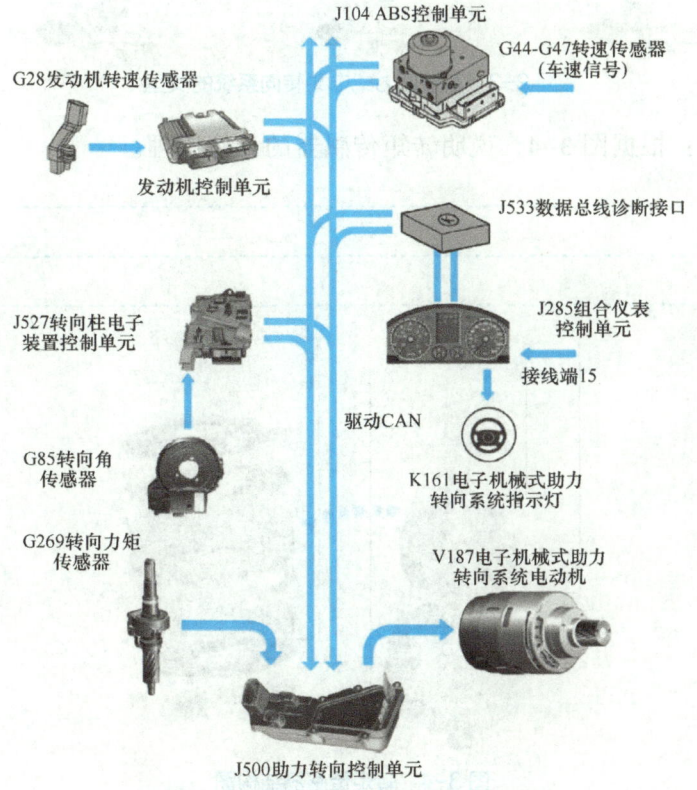

图 3-2　大众电子助力转向系统结构图

引导问题 3：根据图 3-3，说明电子助力转向系统中，助力电动机的布置部位有哪三种？

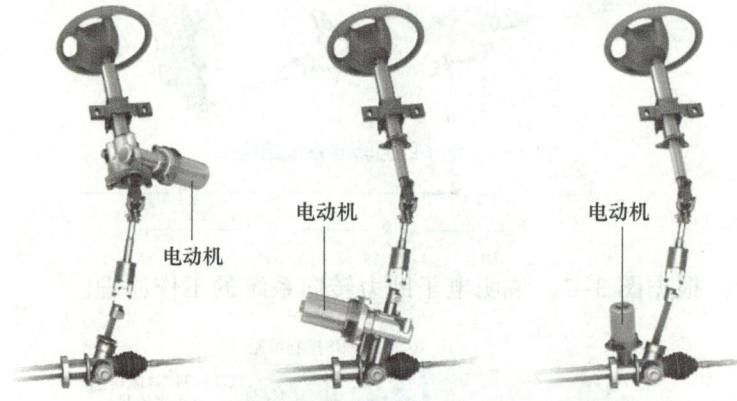

图 3-3　直接助力式电动转向系统的类型

引导问题 4：根据图 3-4，说明转矩传感器的工作原理。

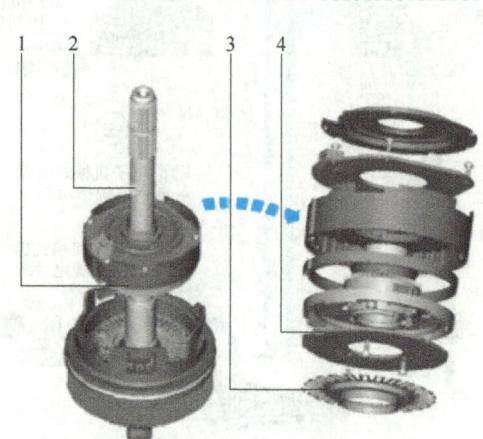

图 3-4　转矩传感器结构图

引导问题 5：电子助力转向系统的故障模式分为哪两种？故障原因分别是什么？

> 知识
> 链接

电子助力转向系统

液压助力转向系统的缺点是结构复杂、消耗功率大、容易产生泄漏、转向力不易有效控制等。电子助力转向系统是一种直接依靠电动机提供辅助力矩的动力转向系统，它没有动力缸、液压油泵、转向控制阀、液压油管等液压元件，且只在转向时供能，能源消耗率低。

（1）电子助力转向系统结构与基本工作原理

电子助力转向系统是在传统机械式转向系统的基础上，增加了转矩传感器、减速机构、离合器、电动机、电子控制单元（ECU）和车速传感器等。其利用电动机作为助力源，根据车速和转向参数等，由 ECU 完成助力控制。其原理如下：当操纵转向盘转动时，装在转向轴上的转矩传感器不断地测出转向轴上的转矩信号，该信号与车速信号同时输入到 ECU。ECU 根据信号决定电动机的旋转方向和助力电流的大小，并将指令传递给电动机，电动机的转矩由电磁离合器通过减速机构减速增矩后，加在汽车的转向机构上，使之得到一个与汽车工况相适应的转向作用力，从而完成实时控制的助力转向，如图 3-5 所示。

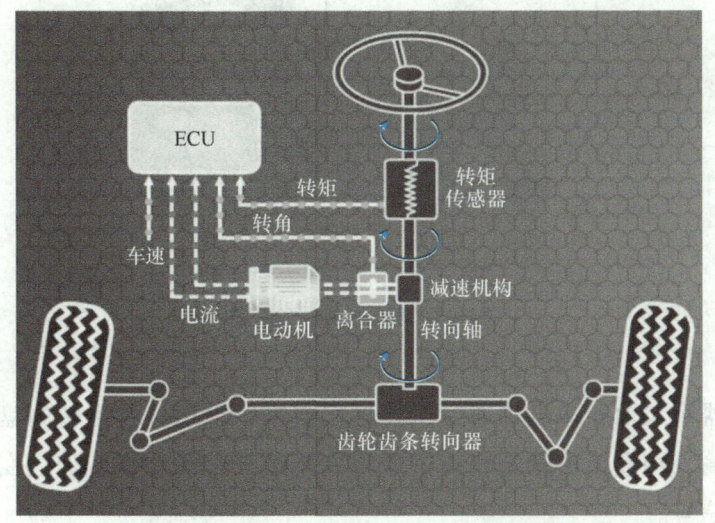

图 3-5　电子助力转向系统示意图

按照电动机安装位置不同，电子助力转向系统可分为转向轴助力式、齿轮助力式和齿条助力式，如图3-6所示。

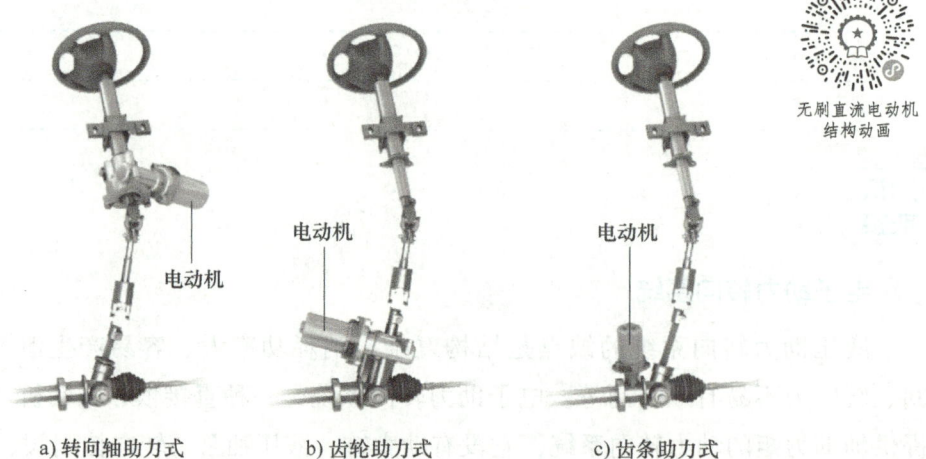

a) 转向轴助力式　　b) 齿轮助力式　　c) 齿条助力式

图3-6　直接助力式电动转向系统的类型

电子助力转向系统结构紧凑、质量轻，无油渗漏等现象，工作可靠，系统易于布置。由于采用电子控制，它改善了液压助力的滞后性、反应敏感性较差、随动性不够等不足，优化了助力控制特性。

（2）转矩传感器结构及工作原理

转矩传感器主要由扭力杆、转矩传感器转子及转矩传感器定子等组成，其结构如图3-7所示。

图3-7　转矩传感器结构图

1—转矩传感器总成　2—扭力杆　3—转矩传感器转子　4—转矩传感器定子

转矩传感器输入轴和输出轴通过扭杆连接起来，当扭杆受到转向盘的转动力矩而发生扭转时，输入轴和输出轴的相对位置将发生改变，磁感强度随之变化，并通过线圈转化为电压信号。

非接触式转矩传感器的工作原理如下：

1）输入轴和输出轴由扭杆连接起来，输入轴上有花键，输出轴上有键槽。

2）当扭杆受转向盘的转动力矩应用发生扭转时，输入轴上的花键和输出轴上键槽之间的相对位置将发生改变，如图 3-8 所示。

3）花键和键槽的相对位移改变量等于扭转杆的扭转量，使得花键上的磁感强度改变，磁感强度的变化通过线圈转化为电压信号。

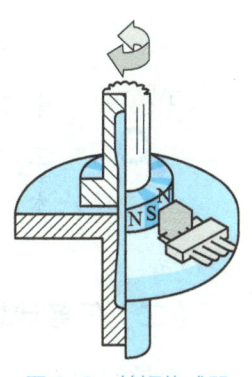

图 3-8　转矩传感器工作原理示意图

4）信号的高频部分由检测电路滤波，仅有转矩信号部分被放大，转矩传感器信号波形如图 3-9 所示。

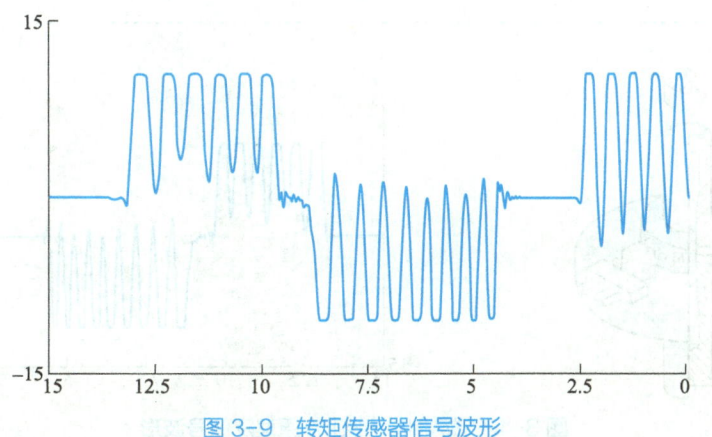

图 3-9　转矩传感器信号波形

（3）电子助力转向系统的故障模式

1）转向助力减弱模式。当助力转向控制模块（PSCM）检测出蓄电池电压低或高以及温度过高故障时，电子助力转向系统进入转向助力减弱模式。为保护内部元件，系统控制减少转向助力，因此，会造成转向比正常时较重的感觉（图 3-10）。

2）手动转向模式（不提供电子转向辅助）。当系统检测到一个被认为是关键的安全问题时，如传感器信号丢失或失真，系统会进入手动转向故障模式。在手动转向模式中，系统不提供电子转向助力。车辆仅具有机械转向操作，会使转向操作沉重（图 3-11）。

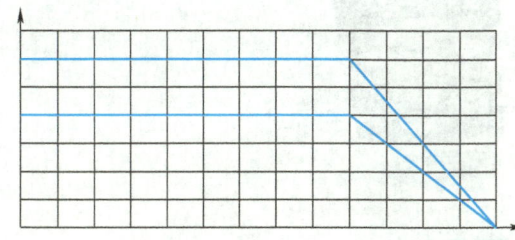

图 3-10　转向助力减弱模式

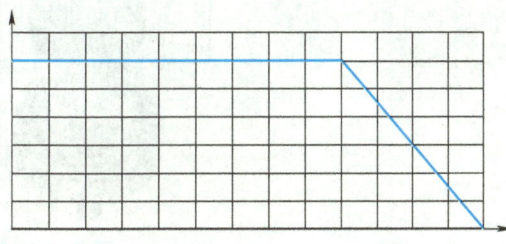

图 3-11　手动转向模式

> **小贴士**
>
> 本任务重点讲解了汽车电子助力转向系统的结构及工作原理，学习过程中必须要结合实车认清电子助力转向系统的结构，掌握其工作原理，避免出现汽车故障的误诊及"小病大修"，做到诚信为本，应时刻展现出汽车维修工的职业素养和专业技能。

（二）任务计划与实施

引导问题1：根据图3-12，简述转矩传感器的工作原理。

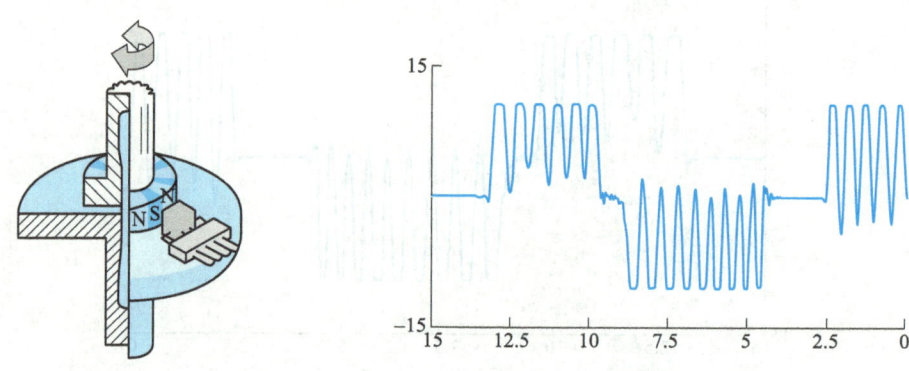

图3-12　转矩传感器工作原理及信号波形

引导问题2：根据图3-13，简述转矩传感器组成。

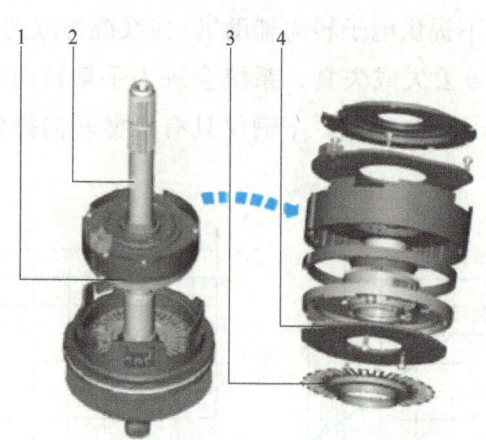

图3-13　转矩传感器组成

引导问题3：电子助力转向系统的检查流程是什么？
_____
_____

引导问题4：电子助力转向系统的检查注意事项有哪些？
_____
_____

引导问题5：电子助力转向系统助力不足或无助力的原因是什么？
_____
_____

**任务技能点**

电子助力转向系统检测与维修视频

电子助力转向系统检修

1. 准备工作

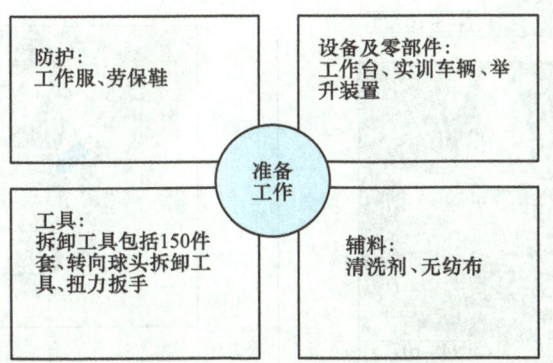

2. 转向器总成的检查与更换

1）电子助力转向系统的检查
连接诊断仪读取故障码和数据流

2）更换转向器总成
①铺设防护用品并准备拆装工具

（续）

②锁止转向盘，将转向盘转到正前打直位置并拔出点火钥匙，以锁止转向盘

③断开转向轴万向节，拧出紧固螺栓，向上脱开万向节

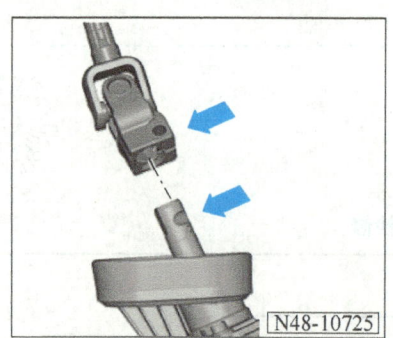

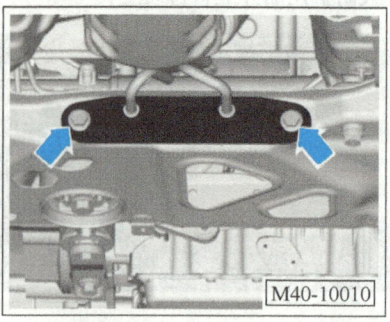

④拆卸车轮及下部隔声垫，脱开副车架与排气装置的连接

⑤拆卸发动机后部悬置点连接螺栓

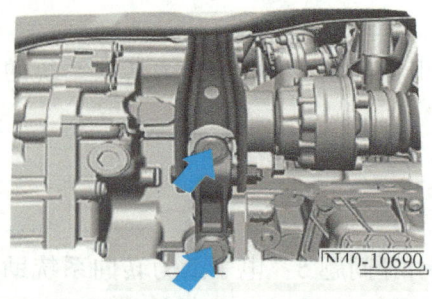

⑥拆卸横向稳定杆连接螺栓

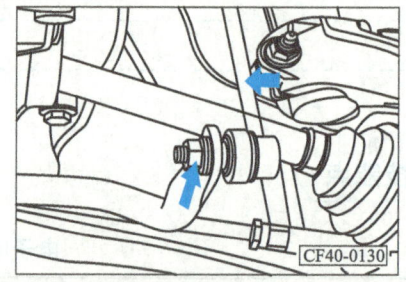

⑦拆卸下摆臂球头

⑧应用专用工具拆卸转向横拉杆球头

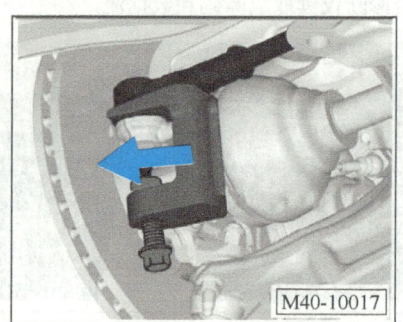

（续）

⑨断开左前、右前高度传感器连接插头，拆卸高度传感器

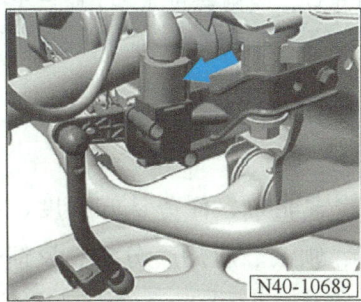

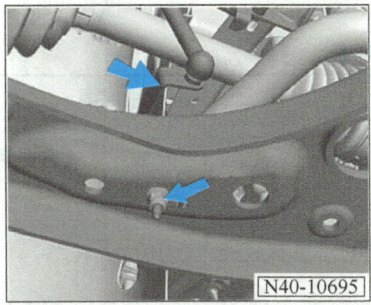

⑩脱开转向器线束在副车架上的连接卡扣

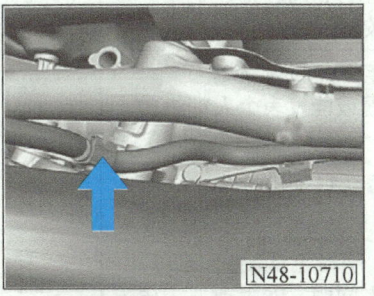

⑪拆卸转向器与副车架连接螺栓

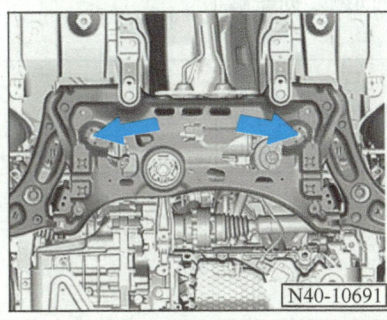

⑫拆卸副车架连接螺栓，并利用举升装置拖下副车架及转向器总成，并根据转向器线束长度略微降低副车架，大约10cm

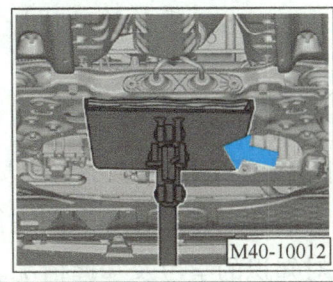

⑬取下转向器隔板，断开转向器连接插头并取下转向器总成

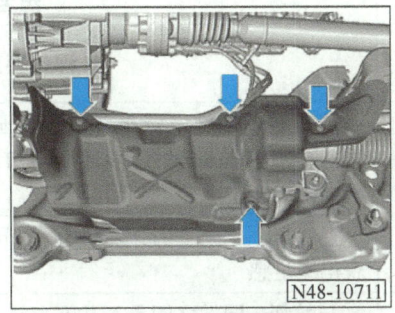

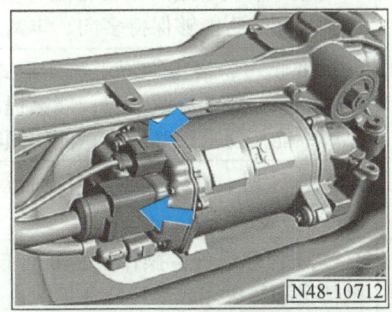

⑭检查新的转向器总成，并确认新的转向器总成零件号是否正确、转向器总成的外观有无损伤、输入轴转动是否卡滞

⑮整理车内四件套，收起翼子板布

> **小提示**
> 1. 在安装转向器前，先在转向器的密封件上涂抹润滑剂，例如润滑皂。
> 2. 转向器安装到传动轴后请注意，转向器的密封件应无弯折地紧贴在装配板上，并且正确封住脚部空间的开口，否则会进水和/或产生噪声。
> 3. 注意密封面应干净。

（三）任务评价反馈

1）小组自评表能够让小组成员对各自的信息检索能力、任务认知程度、参与状态、学习方法和工作过程等方面进行评价，从记忆、领会、应用、分析、反馈全方位评估自己对知识的学习及掌握情况。

活动过程评价小组自评表

班级		组名		日期	
评价指标	评价要素			分数	分数评定
信息检索	能有效利用网络资源、工作手册查找有效信息；能用自己的语言有条理地去理解、表述所学知识；能将查找到的信息有效地转换到工作中			10	
任务认知	是否熟悉各自的工作岗位，认同工作价值；在工作中，是否获得满足感			10	
参与状态	与教师、同学之间是否相互尊重、理解、平等相待；与教师、同学之间是否能够保持多向、丰富、适宜的信息交流			10	
	探究学习、自主学习不流于形式，处理好合作学习和独立思考的关系，做到有效学习；能够提出有意义的问题或能发表个人见解；能按要求正确操作；能够倾听、协助分享			10	
学习方法	工作计划、操作技能是否符合规范要求；是否获得了进一步发展的能力			10	
工作过程	遵守管理规程，操作过程符合现场管理要求；平时上课的出勤情况和每次完成学习任务情况；善于多角度思考问题，能主动发现、提出有价值的问题			15	
思维状态	是否能发现问题、提出问题、分析问题、解决问题、创新解决问题方法			10	
自评反馈	按时按质完成学习任务；较好地掌握了专业知识点；具有较强的信息分析能力和理解能力；具有较为全面严谨的思维能力并能条理清晰表述成文			25	
	自评分数				
有益的经验和做法					
总结反思建议					

2）小组互评表能够让小组成员从信息检索能力、任务认知程度、参与状态、学习方法和工作过程等方面对其他小组进行评价，通过互相评价环节，学习其他小组的长处，弥补自己小组的不足。

活动过程评价小组互评表

班级		被评组名		日期	
评价指标	评价要素			分数	分数评定
信息检索	该组能有效利用网络资源、工作手册查找有效信息			10	
	该组能用自己的语言有条理地去理解、表述所学知识			5	
	该组能将查找到的信息有效地转换到工作中			5	
任务认知	该组是否熟悉各自的工作岗位，认同工作价值			5	
	该组成员在工作中获得满足感			5	
	该组能处理好合作学习和独立思考的关系，做到有效学习			5	
	该组提出有意义的问题或发表个人见解，按要求正确操作，能够倾听、协助分享			5	
	该组积极参与学习任务，并在过程中综合运用信息技术的能力得到提高			5	
学习方法	该组工作计划、操作技能符合规范要求			5	
	该组获得了进一步发展的能力			5	
工作过程	该组遵守管理规程，操作过程符合现场管理要求			10	
	该组平时上课的出勤情况和每次完成学习任务情况			10	
	该组善于多角度思考问题，能主动发现、提出有价值的问题			10	
思维状态	该组是否能发现问题、提出问题、分析问题、解决问题、创新解决问题方法			5	
自评反馈	该组能严肃认真地对待自评，并能独立完成自测试题			10	
自评分数					
简要评述					

3）教师评价的内容主要包括小组出勤状况、信息收集能力、计划制订是否完善、工作过程是否规范等，能够帮助学生更好地理解学习任务，促进对任务知识点、技能点的消化和吸收。

教师评价表

班级		组名		姓名	
出勤情况					
评价指标	评定要素			分数	分数评定
职业素养	坚持社会主义核心价值观			5	
	具备信息素养			5	
	具备探究学习、终身学习能力			5	
	在实操过程中体现劳模精神、劳动精神、工匠精神			5	
	具备良好的职业道德和环保意识			5	
道德品质	遵守实训场所、场地等公共场所的管理规定，自觉维护秩序			5	
	在公共场所举止文雅、文明礼貌			5	
	爱护公物，保护公共设施			5	
信息检索	能够顺利完成教师安排的任务，快速找到有效信息，并转化到工作中去			5	
任务认知	能够读懂文字的表达内容			5	
	能够满足岗位工作要求、掌握工作流程、熟悉注意事项			5	
参与状态	与教师、同学之间相互尊重、理解			5	
	能够做到独立思考、表达自己想法			5	
	能够按照要求正确操作，能够倾听对方表达的内容，乐于分享			5	
学习方法	能够按照工作内容的紧急情况合理制订计划			5	
	能够按要求完成工作计划，且操作符合规范			5	
工作过程	操作符合安全规定			5	
	操作符合流程规范			5	
	能够协助他人完成工作			5	
思维状态	工作过程思维清晰，对工作结果正确预判，对其他相关工作有帮助			5	
	师评分数				
综合评价					

三、任务拓展信息

自适应转向系统

自适应转向系统结构如图 3-14 所示

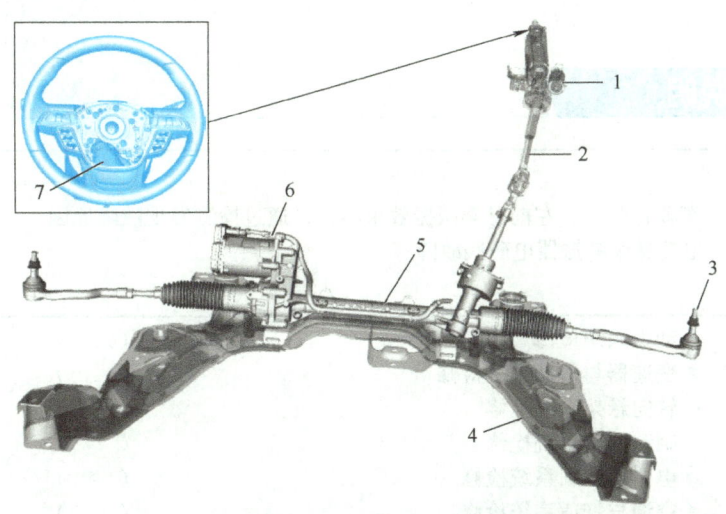

图 3-14 自适应转向系统结构图
1—转向柱　2—转向轴　3—横拉杆接头　4—副车架
5—转向齿轮　6—电动机　7—电子控制模块

装备自适应转向系统的车辆转弯时，转向角传动比根据车速和转向角动态变化，转向更加灵敏和直接；可减少车轮从一个极限位置转动到另一个极限位置所需的转向盘圈数。

不具备自适应转向功能的车辆进行同样转弯行驶时，所需的转向盘转动圈数较多，车辆的驾驶舒适性较差。

自适应转向系统与传统转向系统相比，优点如下：

1）低速时：实现舒适性，减小转向盘转角，使转向轻便。

2）高速时：实现安全性，增大转向盘转角，防止转向过于敏锐，保证转向安全性。

学习任务 4
电控悬架系统检测与维修

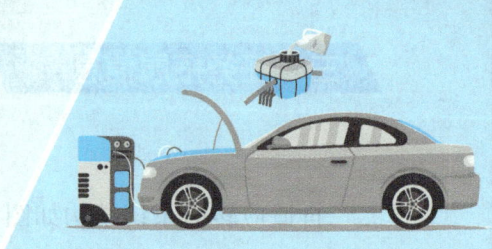

一、任务说明

任务描述	车辆行驶时，左前悬架减振效果不良，通过检测发现故障原因为电控悬架减振器电磁阀故障  任务案例引入视频
任务所属模块课程	● 动力系统检修　　　　　　　　　（　） ● 变速器与传动系统检修　　　　　（　） ● 转向悬架系统检修　　　　　　　（√） ● 制动安全系统检修　　　　　　　（　） ● 电器与控制系统检修　　　　　　（　） ● 空调与舒适系统检修　　　　　　（　） ● 动力与底盘网关控制系统检修　　（　） ● 车身与娱乐网关控制系统检修　　（　）
任务对应工作领域	● 汽车动力与驱动系统工作领域　　　　　　　（　） ● 汽车转向悬架与制动安全系统工作领域　　（√） ● 汽车电子电气与空调舒适系统工作领域　　（　） ● 汽车全车网关控制与娱乐系统工作领域　　（　）
任务育人目标描述	● 弘扬吃苦耐劳的精神 ● 树立精益求精、一丝不苟的工匠精神
职业技能（能力）要求描述	
行为	能对电控悬架系统的相关元件总成进行拆装与检测
条件	车辆/设备：大众迈腾 工具及场地要求： 维修工位4个、底盘配套维修手册4本、诊断仪4台、工具箱（内包含扳手、棘轮、套筒、钳子等通用手动工具）4个、零件车4个、工作灯4个、手套若干、抹布若干、维修工作台4个
标准与要求	● 树立分析问题、解决问题的信心；提高沟通协调、团队合作的能力；强化安全生产、规范操作的意识 ● 能描述悬架系统的分类、结构及工作过程 ● 能描述电控悬架的结构及工作过程原理 ● 能检测与维修电控悬架系统的常见故障
成果	完成电控悬架系统相关元件总成的拆装、检查与测量分析

二、任务学习与实施

（一）任务引导与学习

引导问题 1：电控悬架系统可以根据车辆运行情况，计算悬架的阻尼系数，以最佳的悬架硬度应对各种路况下的需求。简述电控悬架系统的主要特点。

1）车辆高速行驶时：
2）转向时：
3）制动时：
4）加速时：

引导问题 2：结合图 4-1，写出电控悬架的组成及工作原理。

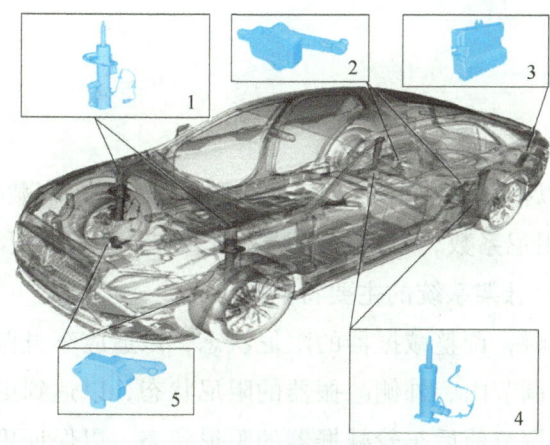

图 4-1 电控悬架系统结构图

1 ＿＿＿＿ 2 ＿＿＿＿ 3 ＿＿＿＿ 4 ＿＿＿＿ 5 ＿＿＿＿

电控悬架系统的工作原理：

引导问题 3：结合图 4-2，写出车身高度传感器的组成及工作原理。

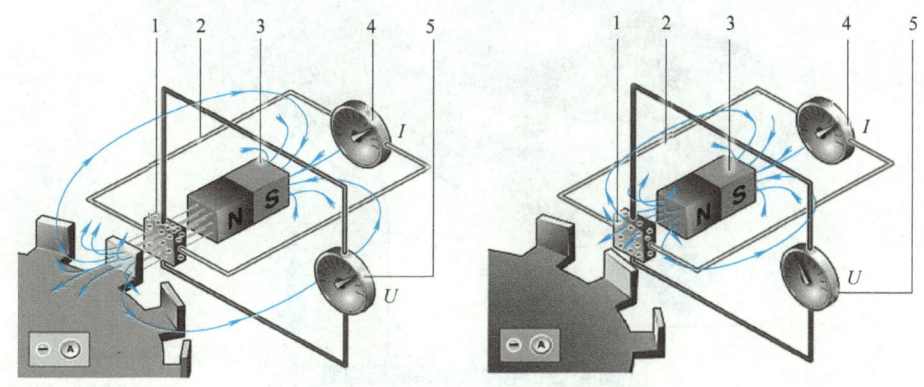

图 4-2 车身高度传感器示意图

1 ＿＿＿＿ 2 ＿＿＿＿ 3 ＿＿＿＿ 4 ＿＿＿＿ 5 ＿＿＿＿

车身高度传感器的工作原理：_____
_____
_____

小贴士

本任务重点讲解了电控悬架的结构及工作原理，学习过程中必须要结合实车认清实际结构，通过数据流掌握传感器工作原理，只有理论与实践相结合，我们才能获得必备的专业技能。对于电控悬架系统的拆装操作，需认真仔细，不怕脏、不怕累，养成吃苦耐劳的品质。

知识链接

电控悬架系统结构动画

1. 电控悬架系统

电控悬架系统可以持续监控车辆的运动、悬架位置、车辆载荷、速度、路况和转向，用于计算悬架的阻尼系数，以最佳的悬架硬度应对各种路况下的需求，其结构组成如图 4-3 所示。电控悬架系统的主要特点如下：

1）车辆高速行驶时，调整减振器的阻尼状态，以适应车身振动频率的变化。

2）转向时，通过调节内、外侧减振器的阻尼状态，以达到更好的转弯性能。

3）制动时，通过调节前后车轮减振器的阻尼状态，以保证更短的制动距离。

4）加速时，通过调节前后车轮减振器的阻尼状态，以获得更大的驱动力。

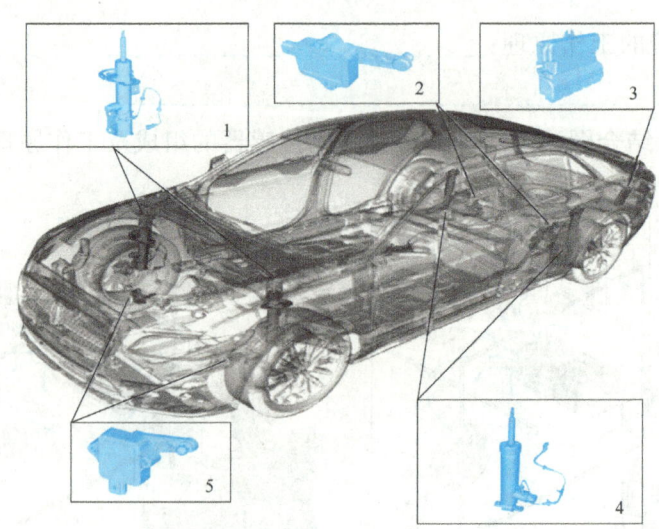

图 4-3 电控悬架系统结构图

1—支杆 2—后高度传感器 3—电控悬架控制模块 4—减振器 5—前高度传感器

高度传感器根据悬架高度使用电位计将电压变量发送回电控悬架控制单元，电控悬架控制单元使用脉冲宽度调制（PWM）占空比信号输出来控制减振器电磁阀；根据控制单元提供的电流量的不同，电磁阀将开启或关闭减振器中的阀门。电流越大，阀门开启越多，从而产生更低的阻尼水平。

当需要减振器阻尼变大时，车辆动态管理系统（VDM）增大减振器电磁阀信号的占空比，此时，减振器上下两腔间的通孔截面减小，减振器活塞在上行或下行过程中，油液在两腔间的流动受到较大的节流，流速变慢，此时减振器的阻尼较大，呈现较硬的状态。当需要减振器阻尼变小时，VDM 减小减振器电磁阀信号的占空比，减振器活塞在上行或下行过程中，油液在两腔间的流动受到较小的节流，流速较快，此时减振器的阻尼较小，呈现较软的状态。

2. 阻尼可调式减振器

阻尼可调式减振器（图 4-4）的阻尼特性可随汽车使用参数（如道路条件、载荷等）和悬架参数的变化而改变，使车辆性能更理想。

阻尼可调式减振器主要由减振器及电磁阀组成，电液阻尼式减振器的根部增加了一个凸起的减振器电磁阀，电控悬架控制模块使用 PWM 占空比信号输出来控制减振器电磁阀，根据控制模块提供的电流量的不同，电磁阀将开启或关闭减振器中的阀门。该执行器控制减振器上下两个油腔的油液通孔的大小，从而改变了减振器的减振阻尼，如图 4-5 所示。

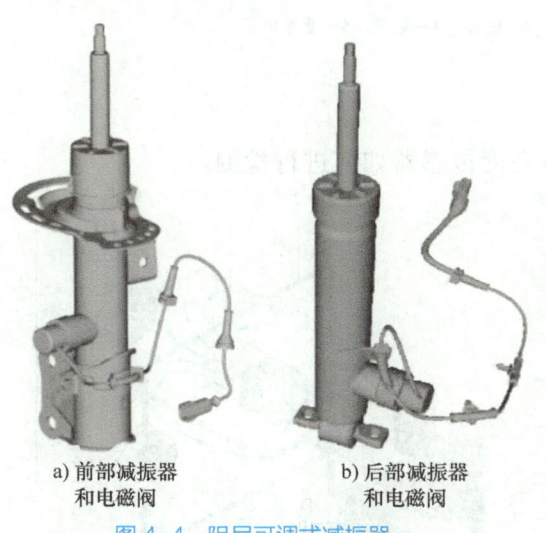

a) 前部减振器和电磁阀 　　b) 后部减振器和电磁阀

图 4-4　阻尼可调式减振器

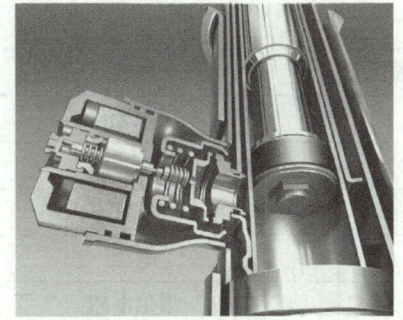

图 4-5　阻尼孔阀门控制结构图

3. 车身高度传感器

车身高度传感器为霍尔式传感器，其结构如图 4-6 所示。它通过信号转子中信号齿与信号齿缺口的交替变化，产生霍尔电压，使传感器内部的电路导通与断开，进而产生高低电压信号。控制单元根据高低电压信号的变化，确定信号转子转过的角度，并计算出车身高度的变化。其工作原理如图 4-7 所示。

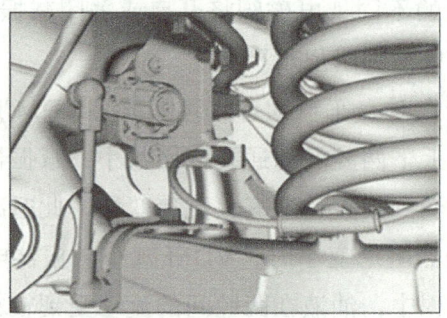

图 4-6　车身高度传感器结构

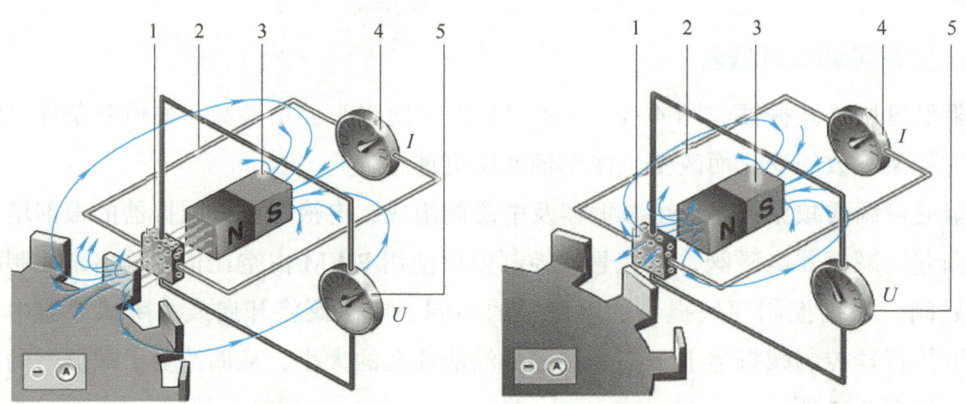

图 4-7　车身高度传感器工作原理

1—霍尔元件　2—磁力线　3—磁铁　4—电源　5—霍尔电压

（二）任务计划与实施

引导问题 1：结合图 4-8，说明车身高度传感器如何进行检测。

项目	内容
1	霍尔元件
2	磁力线
3	磁铁
4	电源
5	霍尔电压

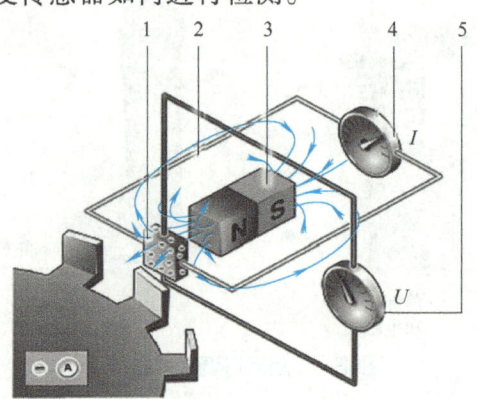

图 4-8　车身高度传感器检测

引导问题2：结合图4-9，说明电控悬架系统工作原理及电控系统组成。

_____

_____

_____

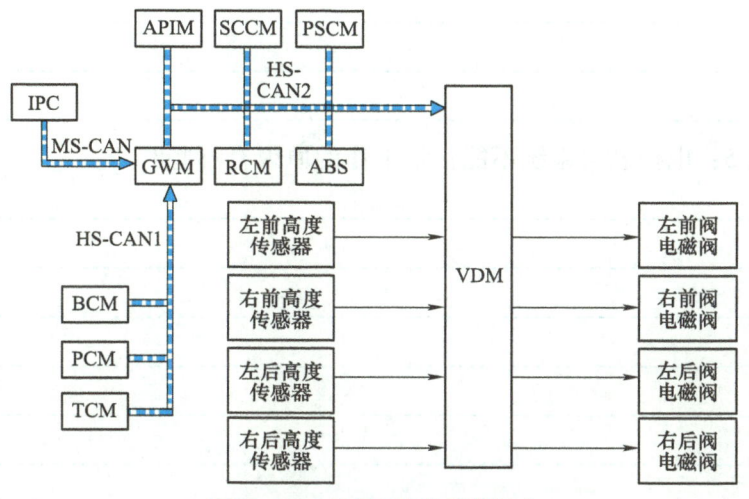

图4-9　电控悬架电控系统组成

引导问题3：结合图4-10，完成填空。

减振器的阻尼取决于_____与_____之间阀门开启的大小；根据ECU提供_____的不同，电磁阀将_____或_____减振器中的阀门。电流越_____，阀门开启越_____，从而产生更_____的阻尼水平，呈现较_____的状态；反之，阻尼较_____，呈现较_____的状态。

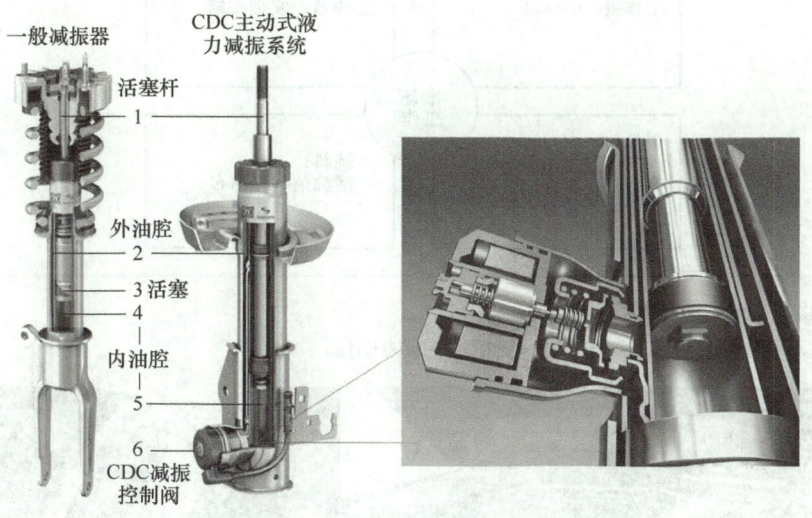

图4-10　阻尼可调式减振器的工作过程

引导问题 4：简述检查与更换减振器电磁阀注意事项。

引导问题 5：电控悬架系统不能正常工作的原因有哪些？

任务技能点

电控悬架检测维修

1. 准备工作

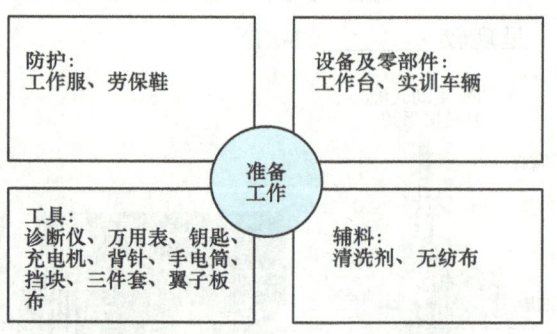

2. 检测维修
1）打开发动机舱盖，铺设翼子板垫，铺设室内防护用品

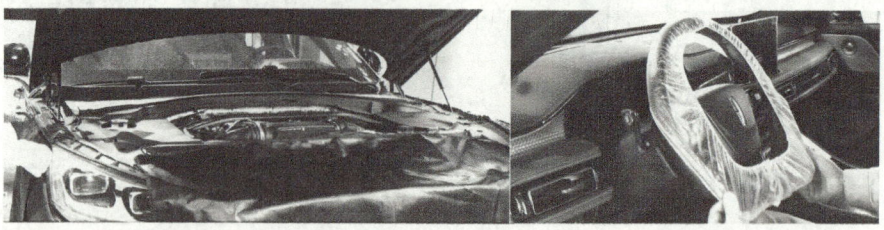

（续）

2）关闭点火开关，连接诊断仪入侵检测系统（IDS），打开点火开关，读出故障码

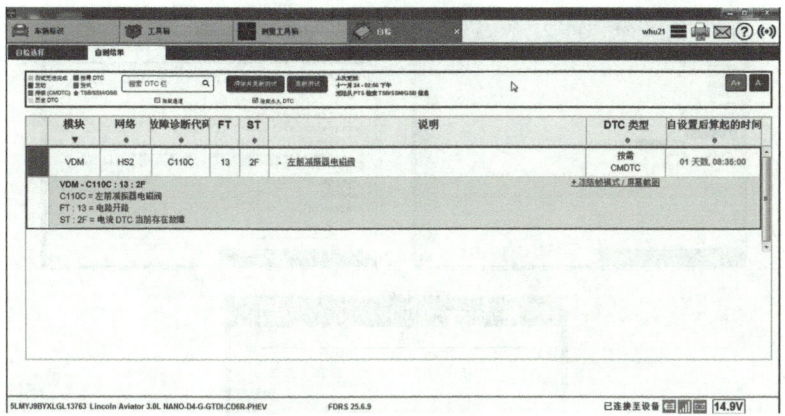

3）读取左前减振器电流、左前减振器负载循环数据流

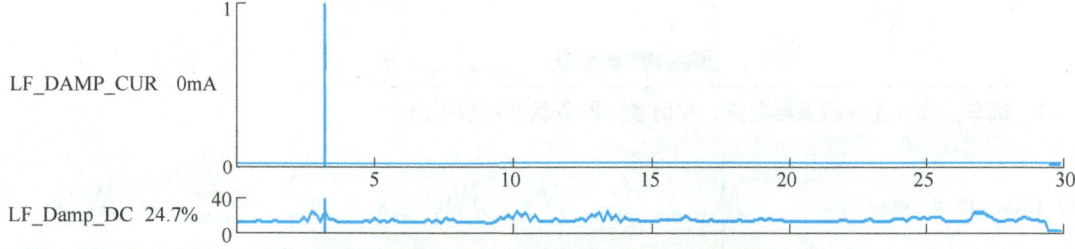

4）关闭点火开关，测量左前减振器电磁阀插接器 C1668 两端 C1668-1 和 C1668-2 之间的电阻

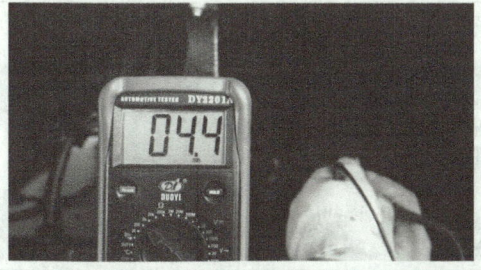

5）更换减振器电磁阀

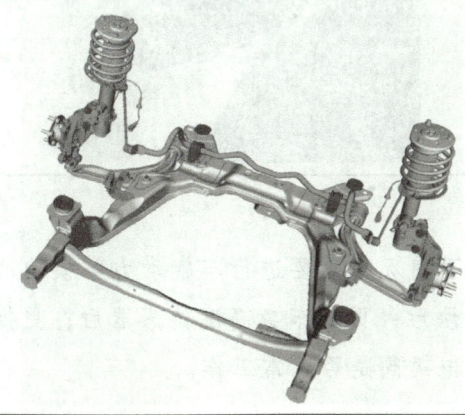

（续）

6）减振器更换完毕后，需进行车辆动力学模块校准

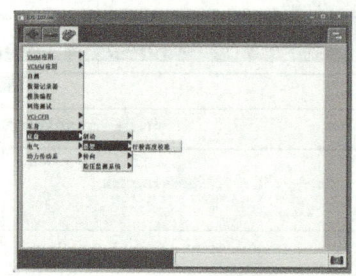
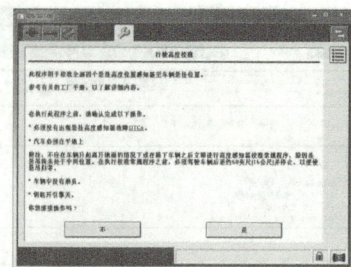
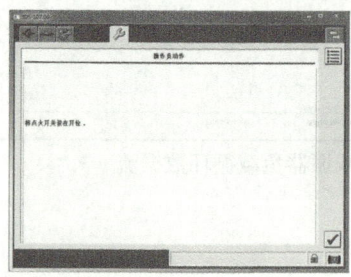

7）试车，读取左前减振器电流、左前减振器负载循环数据流

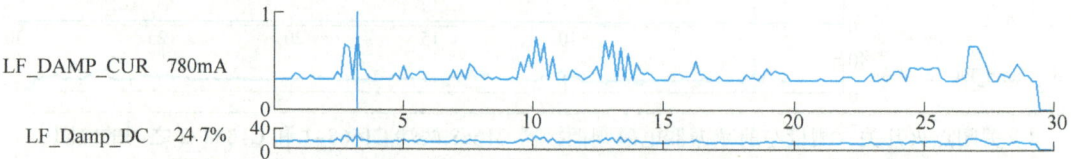

LF_DAMP_CUR 780mA
LF_Damp_DC   24.7%

8）收起车内防护用品、翼子板布，擦拭设备工具

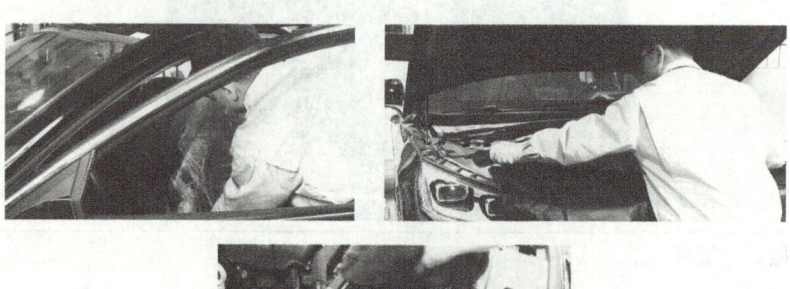

小提示　在以下情况下需要进行车辆动力学模块的校准：更换车辆动力学控制模块后；更换车身高度传感器后；更换悬架部件后。完成标准后验证电磁阀是否正常工作。

（三）任务评价反馈

1）小组自评表能够让小组成员对各自的信息检索能力、任务认知程度、参与状态、学习方法和工作过程等方面进行评价，从记忆、领会、应用、分析、反馈全方位评估自己对知识的学习及掌握情况。

活动过程评价小组自评表

班级		组名		日期	
评价指标	评价要素			分数	分数评定
信息检索	能有效利用网络资源、工作手册查找有效信息；能用自己的语言有条理地去理解、表述所学知识；能将查找到的信息有效地转换到工作中			10	
任务认知	是否熟悉各自的工作岗位，认同工作价值；在工作中，是否获得满足感			10	
参与状态	与教师、同学之间是否相互尊重、理解、平等相待；与教师、同学之间是否能够保持多向、丰富、适宜的信息交流			10	
	探究学习、自主学习不流于形式，处理好合作学习和独立思考的关系，做到有效学习；能够提出有意义的问题或能发表个人见解；能按要求正确操作；能够倾听、协助分享			10	
学习方法	工作计划、操作技能是否符合规范要求；是否获得了进一步发展的能力			10	
工作过程	遵守管理规程，操作过程符合现场管理要求；平时上课的出勤情况和每次完成学习任务情况；善于多角度思考问题，能主动发现、提出有价值的问题			15	
思维状态	是否能发现问题、提出问题、分析问题、解决问题、创新解决问题方法			10	
自评反馈	按时按质完成学习任务；较好地掌握了专业知识点；具有较强的信息分析能力和理解能力；具有较为全面严谨的思维能力并能条理清晰表述成文			25	
	自评分数				
有益的经验和做法					
总结反思建议					

2）小组互评表能够让小组成员从信息检索能力、任务认知程度、参与状态、学习方法和工作过程等方面对其他小组进行评价，通过互相评价环节，学习其他小组的长处，弥补自己小组的不足。

活动过程评价小组互评表

班级		被评组名		日期	
评价指标	评价要素			分数	分数评定
信息检索	该组能有效利用网络资源、工作手册查找有效信息			10	
	该组能用自己的语言有条理地去理解、表述所学知识			5	
	该组能将查找到的信息有效地转换到工作中			5	
任务认知	该组是否熟悉各自的工作岗位，认同工作价值			5	
	该组成员在工作中获得满足感			5	
	该组能处理好合作学习和独立思考的关系，做到有效学习			5	
	该组提出有意义的问题或发表个人见解，按要求正确操作，能够倾听、协助分享			5	
	该组积极参与学习任务，并在过程中综合运用信息技术的能力得到提高			5	
学习方法	该组工作计划、操作技能符合规范要求			5	
	该组获得了进一步发展的能力			5	
工作过程	该组遵守管理规程，操作过程符合现场管理要求			10	
	该组平时上课的出勤情况和每次完成学习任务情况			10	
	该组善于多角度思考问题，能主动发现、提出有价值的问题			10	
思维状态	该组是否能发现问题、提出问题、分析问题、解决问题、创新解决问题方法			5	
自评反馈	该组能严肃认真地对待自评，并能独立完成自测试题			10	
自评分数					
简要评述					

3）教师评价的内容主要包括小组出勤状况、信息收集能力、计划制订是否完善、工作过程是否规范等，能够帮助学生更好地理解学习任务，促进对任务知识点、技能点的消化和吸收。

教师评价表

班级		组名		姓名		
出勤情况						
评价指标	评定要素				分数	分数评定
职业素养	坚持社会主义核心价值观				5	
	具备信息素养				5	
	具备探究学习、终身学习能力				5	
	在实操过程中体现劳模精神、劳动精神、工匠精神				5	
	具备良好的职业道德和环保意识				5	
道德品质	遵守实训场所、场地等公共场所的管理规定，自觉维护秩序				5	
	在公共场所举止文雅、文明礼貌				5	
	爱护公物，保护公共设施				5	
信息检索	能够顺利完成教师安排的任务，快速找到有效信息，并转化到工作中去				5	
任务认知	能够读懂文字的表达内容				5	
	能够满足岗位工作要求、掌握工作流程、熟悉注意事项				5	
参与状态	与教师、同学之间相互尊重、理解				5	
	能够做到独立思考、表达自己想法				5	
	能够按照要求正确操作，能够倾听对方表达的内容，乐于分享				5	
学习方法	能够按照工作内容的紧急情况合理制订计划				5	
	能够按要求完成工作计划，且操作符合规范				5	
工作过程	操作符合安全规定				5	
	操作符合流程规范				5	
	能够协助他人完成工作				5	
思维状态	工作过程思维清晰，对工作结果正确预判，对其他相关工作有帮助				5	
师评分数						
综合评价						

三、任务拓展信息

电磁悬架

装有电磁悬架系统的汽车，即使在最崎岖的路面上，也可以增加轮胎与地面的接触，减少轮胎反弹，控制车辆的重心转移和前倾后仰程度，来维持车辆的稳定，还可以在车辆急转弯或做出闪躲动作时很好地控制车身摇摆。

电磁悬架系统是由车载控制系统、车轮位移传感器、电磁液压杆和直筒减振器组成。在每个车轮和车身连接处都有一个车轮位移传感器，传感器与车载控制系统相连，控制系统与电磁液压杆和直筒减振器相连。

在电磁悬架的减振器内采用的不是普通油，而是一种被称作电磁液的特殊液体，它是由合成碳氢化合物以及 3~10μm 大小的磁性颗粒组成。一旦控制单元发出脉冲信号，线圈内便产生电压，从而形成一个磁场，并改变粒子的排列方向。这些粒子马上会垂直于压力方向排列，阻碍油液在活塞通道内流动的效果，从而提高阻尼系数，调整悬架的减振效果。

学习任务 5
空气悬架系统检测与维修

一、任务说明

任务描述	车辆行驶时，左前悬架减振效果不良。通过检测发现故障原因为空气悬架系统故障	 任务案例引入视频
任务所属 模块课程	● 动力系统检修　　　　　　　　　　　　（　） ● 变速器与传动系统检修　　　　　　　　（　） ● 转向悬架系统检修　　　　　　　　　　（ ✓ ） ● 制动安全系统检修　　　　　　　　　　（　） ● 电器与控制系统检修　　　　　　　　　（　） ● 空调与舒适系统检修　　　　　　　　　（　） ● 动力与底盘网关控制系统检修　　　　　（　） ● 车身与娱乐网关控制系统检修　　　　　（　）	
任务对应 工作领域	● 汽车动力与驱动系统工作领域　　　　　　（　） ● 汽车转向悬架与制动安全系统工作领域　　（ ✓ ） ● 汽车电子电气与空调舒适系统工作领域　　（　） ● 汽车全车网关控制与娱乐系统工作领域　　（　）	
任务育人目标描述		
● 培养环保意识 ● 树立精益求精、一丝不苟的工匠精神		
职业技能（能力）要求描述		
行为	能对空气悬架系统的相关元件总成进行拆装与检测	
条件	车辆/设备：林肯飞行家 工具及场地要求： 维修工位 4 个、底盘配套维修手册 4 本、诊断仪 4 台、工具箱（内包含扳手、棘轮、套筒、钳子等通用手动工具）4 个、零件车 4 个、工作灯 4 个、手套若干、抹布若干、维修工作台 4 个	
标准与要求	● 树立分析问题、解决问题的信心；提高沟通协调、团队合作的能力；强化安全生产、规范操作的意识 ● 能描述悬架系统的分类、结构及工作过程 ● 能描述空气悬架的结构及工作过程原理 ● 能检测与维修空气悬架系统的常见故障	
成果	完成空气悬架系统相关元件总成的拆装、检查与测量分析	

二、任务学习与实施

（一）任务引导与学习

引导问题1：空气悬架的控制包括弹簧刚度控制、减振器阻尼控制及车身高度控制三方面。其中，弹簧刚度、减振器阻尼控制的主要功用为：_____、_____、_____、_____、_____、_____。

车身高度控制的主要功用为：_____、_____。

引导问题2：结合图5-1，写出空气悬架的组成及工作原理。

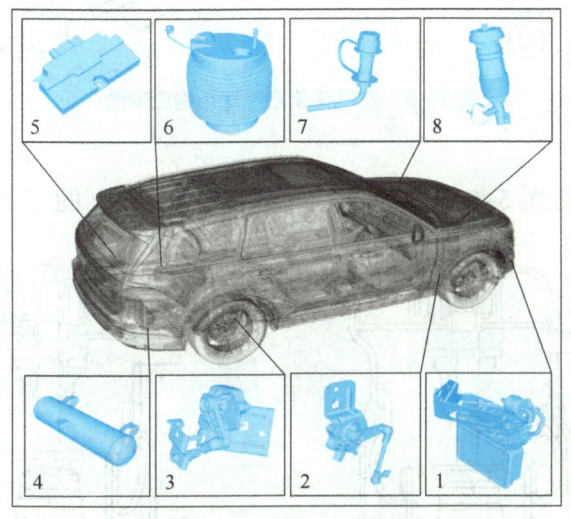

图 5-1　空气悬架系统结构图

1_____　2_____　3_____　4_____
5_____　6_____　7_____　8_____

空气悬架系统的工作原理：_____
_____
_____
_____
_____

引导问题3：结合图5-2，写出空气弹簧刚度控制阀各元件的名称及其工作原理。

空气弹簧空气阀的工作原理：_____
_____
_____
_____

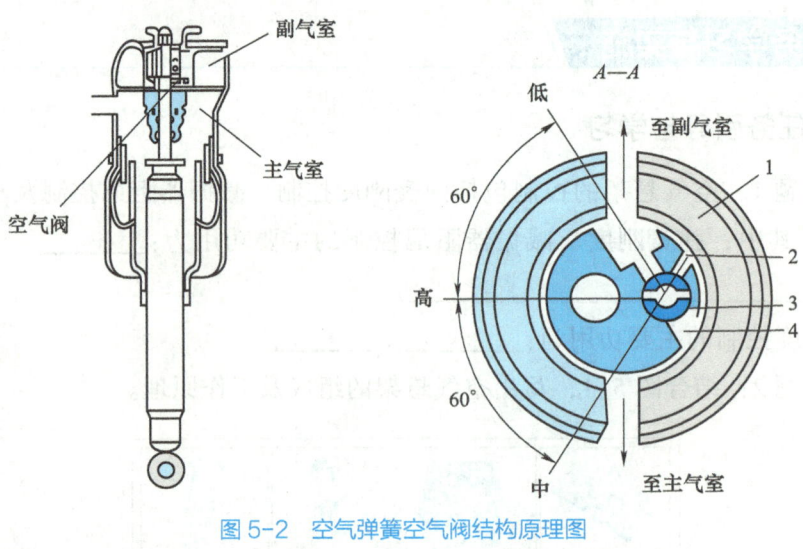

图 5-2 空气弹簧空气阀结构原理图

1_____ 2_____ 3_____ 4_____

引导问题 4：结合图 5-3，写出空气弹簧车身高度控制的工作原理。

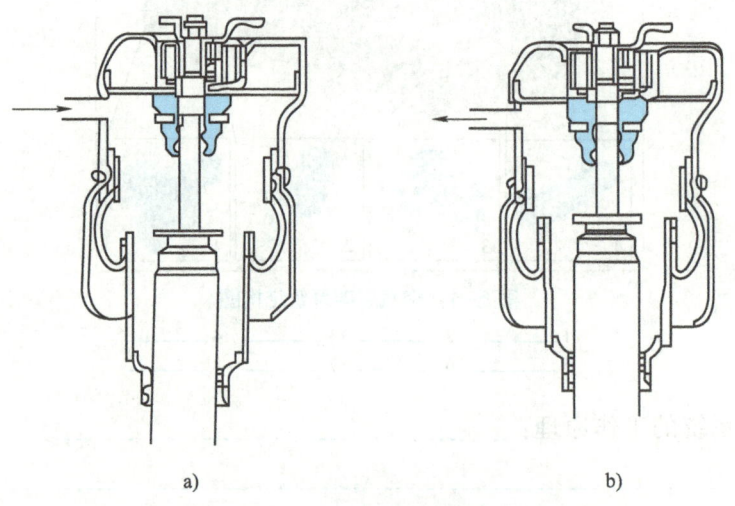

图 5-3 空气弹簧车身高度控制原理图

引导问题 5：结合图 5-4，写出两种空气悬架减振器阻尼控制的工作原理。

空气悬架减振器阻尼控制的工作原理：

a）

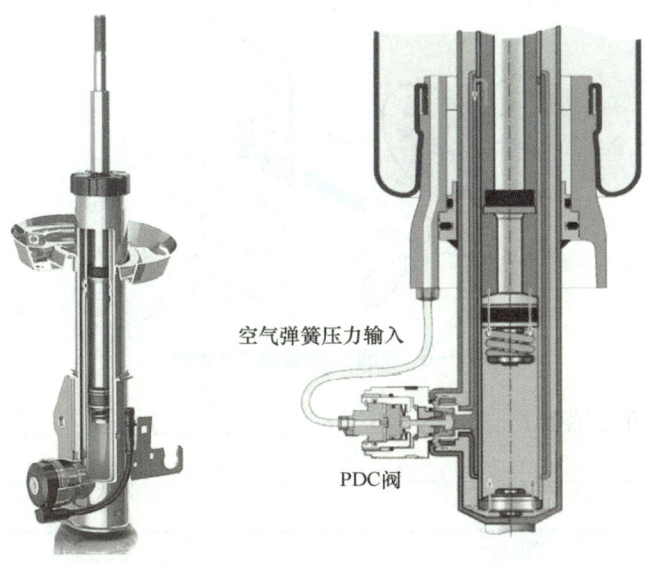

a) 电磁阀控制　　　　　　　　b) 空气阀控制

图 5-4　空气悬架减振器阻尼控制方式

b）_____
_____
_____
_____

引导问题 6：结合图 5-5~图 5-7，写出空气悬架涉及传感器的工作原理。
1）车身高度传感器：_____
_____
_____

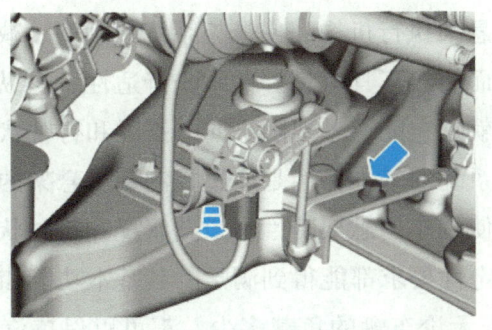

图 5-5　车身高度传感器结构图

2）加速度传感器：_____
_____
_____
_____

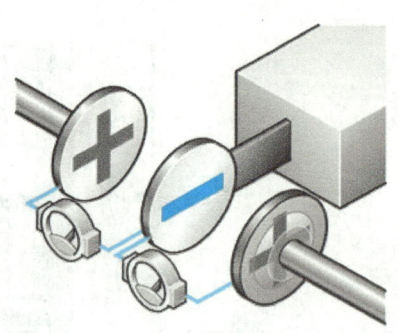

图 5-6　加速度传感器工作原理

3）转向盘转角传感器：_____
_____
_____

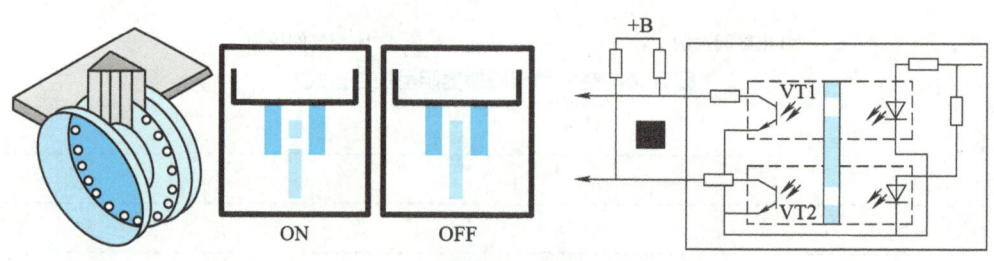

图 5-7　转向盘转角传感器工作原理

> 知识
> 链接

1. 空气悬架的功能

空气悬架系统能够根据车身高度、车速、转向角度及速率、制动等信号，由电子控制单元（ECU）控制悬架执行机构，使悬架系统的刚度、减振器的阻尼力及车身高度等参数得以改变，从而使汽车具有良好的乘坐舒适性、操纵稳定性以及通过性。空气悬架系统的最大优点就是它能使悬架随不同的路况和行驶状态做出不同的反应。

电子控制空气悬架系统的基本特性是通过控制调节悬架的刚度和阻尼力，突破传统被动悬架的局限性，使汽车的悬架特性与道路状况和行驶状态相适应，从而保证行驶的平顺性和操纵的稳定性要求都能得到满足。其基本功能如下：

1）车身高度调整。无论车辆的负载多少，都可以保持汽车车身高度一定，车身保持水平，从而使前照灯光束方向保持不变；当汽车在坏路面上行驶时，可以使车身高度升高，防止车桥与路面相碰，提高通过性；当汽车高速行驶时，又可以使车身高度降低，以便减少空气阻力，提高操纵稳定性。

2）减振器阻尼力控制。通过对减振器阻尼系数的调整，防止汽车在急速起步或急加速时"后蹲"、紧急制动时的"点头"、急转弯时车身横向摇动、换档时车身纵向摇动等，从而提高行驶平顺性和操纵稳定性。

3）弹簧刚度控制。在各种工况下，通过对弹簧弹性系数的调整，来改善汽车的乘坐舒适性与操纵稳定性。

2. 空气悬架系统

空气悬架系统由传感器与开关、控制单元（ECU）、执行元件等电子器件组成。传感器和开关将路面输入的模拟信号转换为数字信号传送给电子控制单元，电子控制单元将传感器输入的电信号进行分析处理后输出控制信号给执行元件，执行元件的机械动作改变减振器的阻尼系数，调整弹簧的高度和刚度。其系统结构如图 5-8 所示。

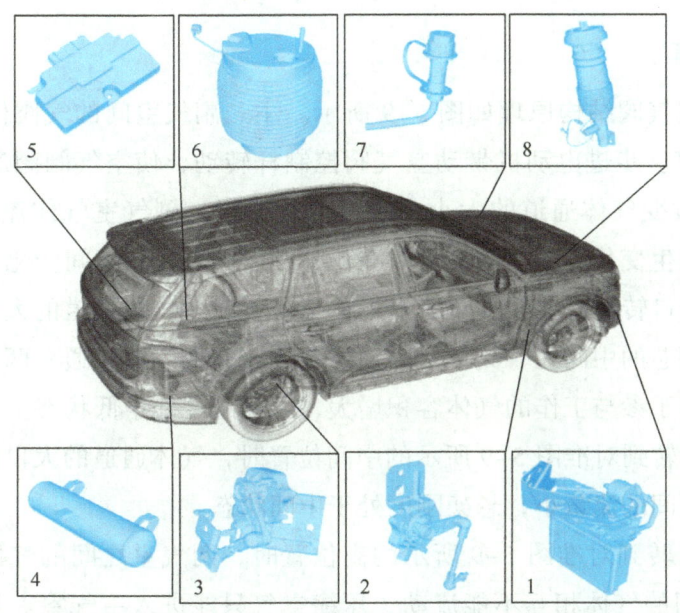

图 5-8　空气悬架系统结构

1—空压机总成　2—前车身高度传感器　3—后车身高度传感器　4—蓄能器　5—空气悬架模块
6—后空气弹簧　7—空气系统加注端口　8—前空气弹簧

通常来讲，装备可调式空气悬架的车型前轮和后轮的附近都会设有离地距离传感器。按离地距离传感器的输出信号，ECU 会判断出车身高度变化，再控制空气压缩机和排气阀门，使弹簧自动压缩或伸长，从而降低或升高底盘离地间隙，以增加高速车身稳定性或复杂路况的通过性。

而在日常调节中，空气悬架会有以下三种状态：

1）保持状态。当车辆被举升器举起而离开地面时，空气悬架系统将关闭相关的电磁阀，同时 ECU 记忆车身高度，使车辆落地后保持原来高度。

2）正常状态，即发动机运转状态。行车过程中，若车身高度变化超过一定范围，空气悬架系统将每隔一段时间调整车身高度。

3）唤醒状态。当空气悬架系统被遥控钥匙、车门开关或行李舱盖开关唤醒后，系统将通过车身水平传感器检查车身高度。如果车身高度低于正常高度一定程度，储气罐将提供压力使车身升至正常高度。

同时，空气悬架可以调节减振器软硬度，包括软态、正常及硬态三个状态（也有的标注成舒适、普通、运动三个模式），驾驶人可以通过车内的控制钮进行控制。

当然，相比传统悬架，由于可调式空气悬架结构较为复杂，其出现故障的概率和频率也会高于螺旋弹簧悬架系统。而用空气作为调整底盘高度的动力来源，相关部件的密封性也是一个问题。另外，如果频繁地调整底盘高度，还有可能造成气泵系统局部过热，会大大缩短气泵的使用寿命。当然，随着技术水平的不断提高，很多问题都得到了良好的解决，同时，应用的车型也越来越广泛。

3. 空气弹簧

空气弹簧空气阀结构原理如图5-9所示。主、副气室间的气阀体上有大小两个通道。步进电动机带动空气阀控制杆转动，使空气阀阀芯转过一个角度，改变气体通道的大小，就可以改变主、副气室气体流量，使悬架的刚度发生变化。悬架刚度可以在低、中、高三种状态间变化。

空气悬架系统减振器结构动画

当阀芯的开口转到对准图5-9中所示的低位置时，气体通道的大口被打开。主气室的气体经过阀芯的中间孔、阀体侧面通道与副气室的气体相通，两气室之间的空气流量越大，相当于参与工作的气体容积增大，悬架刚度处于低状态。

当阀芯开口转到对准图5-9所示的中间位置时，气体通道的大口被关闭、小口被打开，两气室之间的流量小，悬架刚度处于中间状态。

当阀芯开口转到对准图5-9所示的高位置时，两气室之间的气体通道全部被封闭，两气室之间的气体相互不能流动，压缩空气只能进入主气室。悬架在振动过程中，只有主气室的气体单独承担缓冲工作，悬架刚度处于高状态。

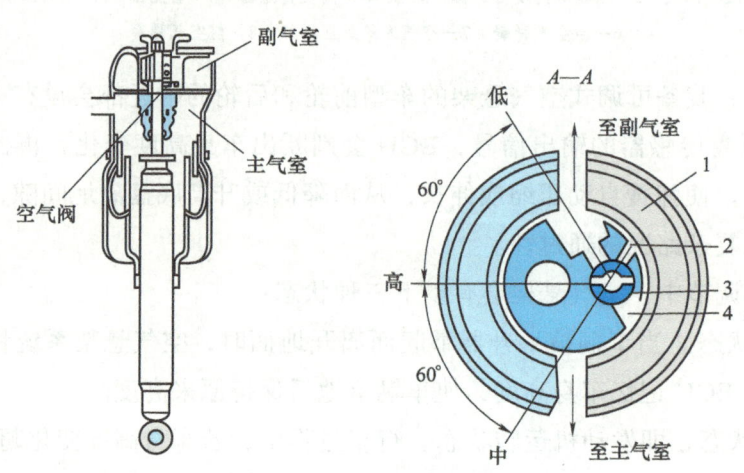

图5-9 空气弹簧空气阀结构原理图

4. 车身高度控制

车身高度控制是指车身的高度可根据车内乘员数量或车辆载重情况自动做出调整，以保持汽车行驶所需要的高度及汽车行驶状态的稳定。

由前轮和后轮车身高度传感器向 ECU 发出车高信号，ECU 发出指令来进行车身高度调整。

车身需要升高时，电控单元控制电磁阀使压缩空气进入空气弹簧的主气室，如图 5-10a 所示，使空气弹簧伸长，车身升高；当车身需要降低时，ECU 控制电磁阀使空气弹簧主气室中压缩空气排到大气中去，如图 5-10b 所示，空气弹簧压缩，车身降低。

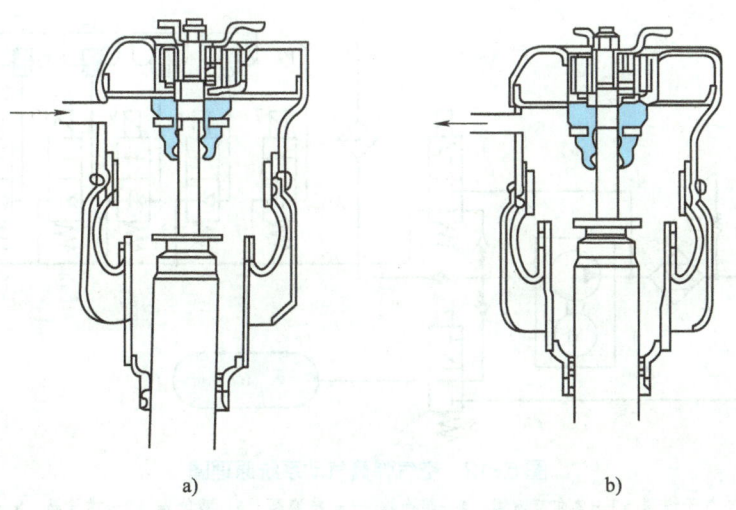

图 5-10 空气弹簧高度控制原理图

（1）供气装置的组成

供气装置由电动机、压缩机、空气干燥器、带空气滤清器的消声器等组成。为了减振和降噪，供气装置总成安装有隔振装置，如图 5-11 所示。

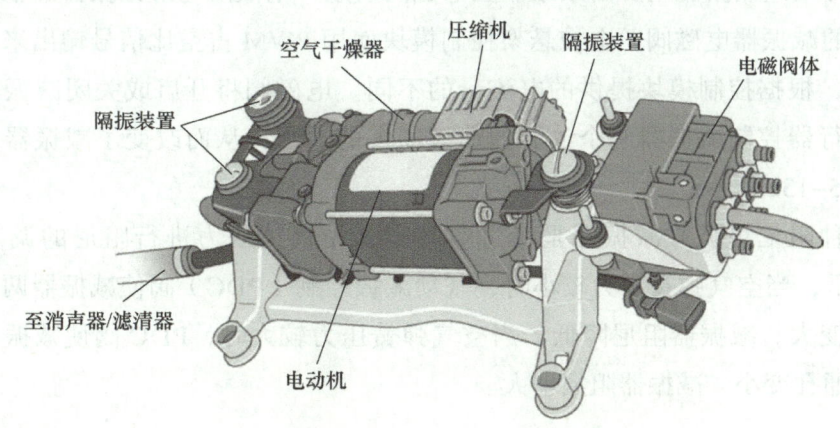

图 5-11 空气弹簧供气装置结构图

（2）气动系统工作原理

空气弹簧气动系统原理如图 5-12 所示。为了升高车辆，分别对前桥和后桥上的空气弹簧充气，压缩机将空气泵出蓄能器，并通过管道和阀门导入空气弹簧，为此会切换转换阀 4 和相应的空气弹簧转换阀。

为了降低车辆，分别切换前桥和后桥上的空气弹簧，压缩机通过转换阀 4 将空气泵出空气弹簧。空气通过空气干燥器和转换阀 5 导入蓄能器。

蓄能器可为快速调节过程提供预压；当由于泄漏或温度不同造成系统中的压力变化时，要向蓄能器补气至额定值；如果由于温度升高造成该系统的压力超过了一定值，则要向外排出空气。

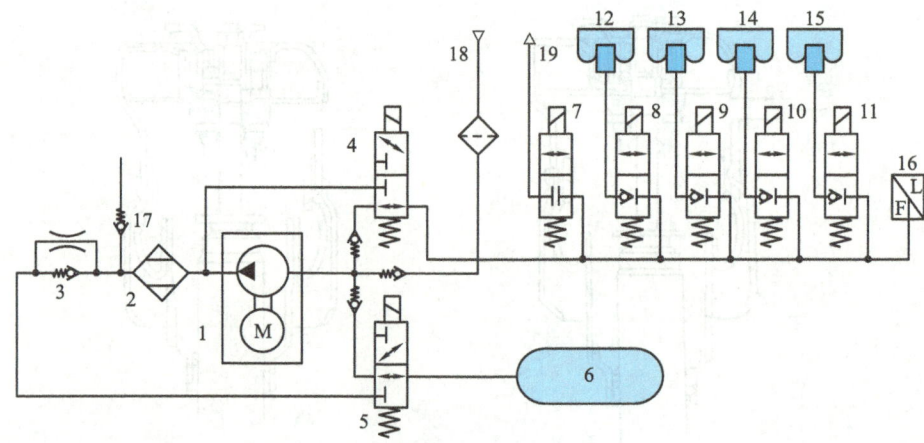

图 5-12 空气弹簧气动系统原理图

1—压缩机 2—空气干燥器 3—单向节流阀 4—转换阀 5—转换阀 6—蓄能器 7—排气阀 8—左后减振支柱阀 9—右后减振支柱阀 10—左前减振支柱阀 11—右前减振支柱阀 12—左后减振支柱 13—右后减振支柱 14—左前减振支柱 15—右前减振支柱 16—压力传感器 17—过压阀 18—吸入口 19—排气管道

5. 减振器阻尼控制

阻尼可调式减振器主要由减振器及电磁阀组成，电液阻尼式减振器的根部增加了一个凸起的减振器电磁阀，电控悬架控制模块使用 PWM 占空比信号输出来控制减振器电磁阀，根据控制模块提供的电流量的不同，电磁阀将开启或关闭减振器中的阀门。该执行器控制减振器两个油腔的油液通孔的大小，从而改变了减振器的减振阻尼，如图 5-13a 所示。

另一种阻尼可调式减振器是通过空气弹簧中气体压力进行阻尼的调节，如图 5-13b 所示，当空气弹簧压力较小时，气动减振控制（PDC）阀使减振器两个油腔的油液通孔变大，减振器阻尼降低；当空气弹簧压力较大时，PDC 阀使减振器两个油腔的油液通孔变小，减振器阻尼增大。

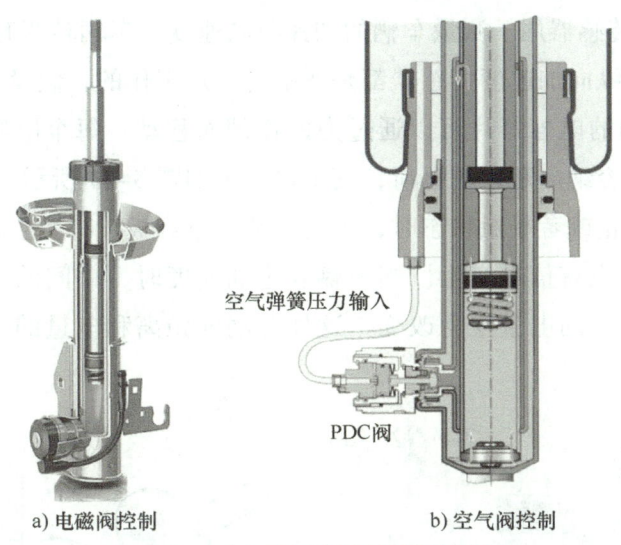

a) 电磁阀控制　　　　b) 空气阀控制

图 5-13　空气悬架减振器阻尼控制方式

6. 空气悬架传感器

（1）车身高度传感器

配备空气悬架的车型，四个悬架均需安装车身高度传感器，该传感器为霍尔式传感器，其结构和工作原理如图 5-14、图 5-15 所示。它通过信号转子中信号齿与信号齿缺口的交替变化，产生霍尔电压，使传感器内部的电路导通与断开，进而产生高低电压信号。控制单元根据高低电压信号的变化，确定信号转子转过的角度，并计算出车身高度的变化。

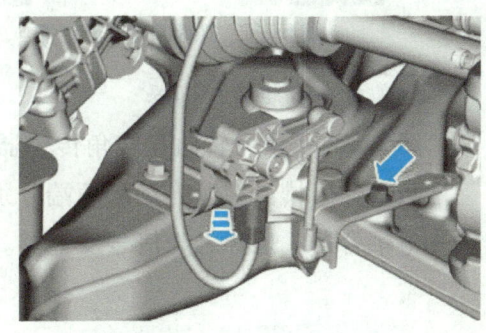

图 5-14　车身高度传感器结构

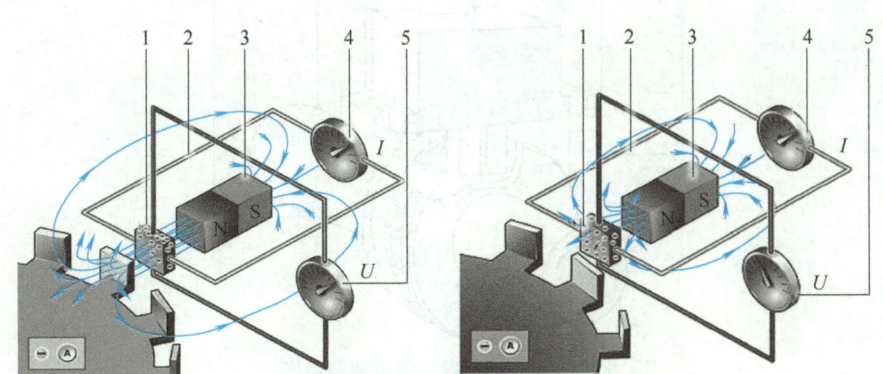

图 5-15　车身高度传感器工作原理

1—霍尔元件　2—磁力线　3—磁铁　4—电源　5—霍尔电压

（2）加速度传感器

横向加速度传感器及纵向加速度传感器通过螺栓安装在车身上，其结构如

图 5-16 所示。该传感器用于测量车辆的加速与减速度、车辆转弯时的侧向力。

横向加速度与纵向加速度传感器都是按电容原理工作的，假设有两个串联的电容器，中间那块公用的电容器片可以通过力的作用而移动。每个电容器都有一定的电容，也就是说可以容纳一定量的电荷，其工作原理如图 5-17 所示。

当车辆处于静止或者平稳状态时，中间的活动电容板没有发生移动，两个电容器的电量是一样的，没有信号产生。当车辆发生加速度时，中间的活动电容板发生移动，这样两个电容器的电量发生改变，这样移动的距离和电量的多少就会产生对应关系。

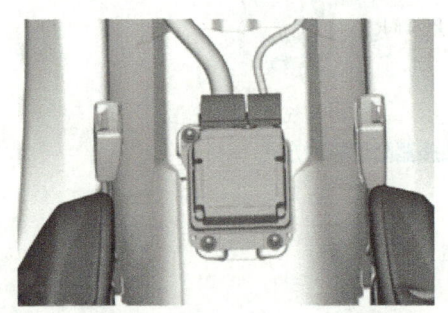
图 5-16 加速度传感器结构

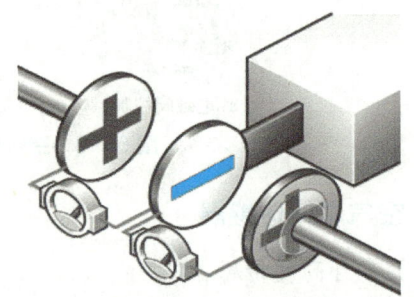
图 5-17 加速度传感器工作原理

（3）转向盘转角传感器

图 5-18 所示为转向盘转角传感器结构。遮光盘位于转向轴上面，遮光盘上面有一定数量的窄槽。在遮光盘的两端分别有两个发光二极管和两个光电晶体管，组成两对光电耦合器，也称之为信号发生器。

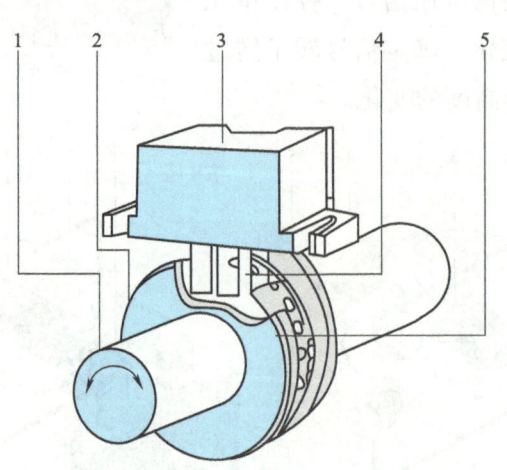

图 5-18 转向盘转角传感器结构

1—转向轴　2—传感器圆盘　3—集成电路　4—光电耦合器　5—遮光盘

当转动转向盘时，转向轴带动遮光盘旋转，当转到窄槽处时，光电晶体管感受到发光二极管发出的光，就会输出"ON"信号；当遮光盘转到除窄槽以外的其他位置时，光电晶体管感受不到发光二极管的光线，就会输出"OFF"信号。这样随着转向盘的转动，两个光电耦合器的输出信号就形成"ON/OFF"的变换。

ECU根据两个光电耦合器输出"ON/OFF"变换的速度，检测出转向轴的转动速度。此外由于两个光电耦合器变换的相位错开约90°，所以，通过检测到遮光盘先转变为"ON"状态就可以检测出转向轴的转动方向。其工作原理如图5-19所示。

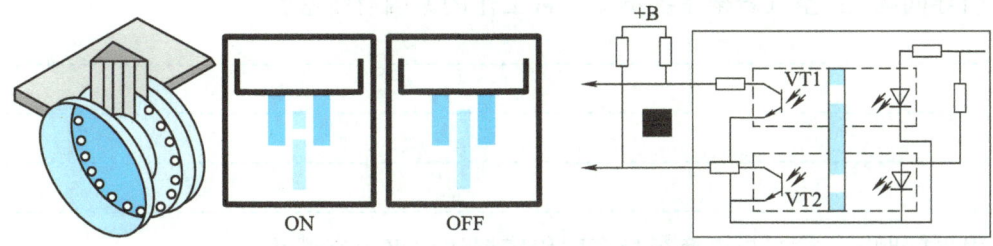

图5-19 转向盘转角传感器工作原理

小贴士

本任务重点讲解了空气悬架系统的结构及工作原理，学习过程中必须要结合实车认清其结构、掌握其工作原理。空气悬架的维修需要精益求精的工匠精神，保证安装调试至标准状态，避免安全隐患。同时，应增强环保意识，更换的废旧零部件应分类回收，避免污染环境。

（二）任务计划与实施

引导问题1：根据图5-20简述车身高度传感器的结构及工作原理。

项目	内容
1	霍尔元件
2	磁力线
3	磁铁
4	电源
5	霍尔电压

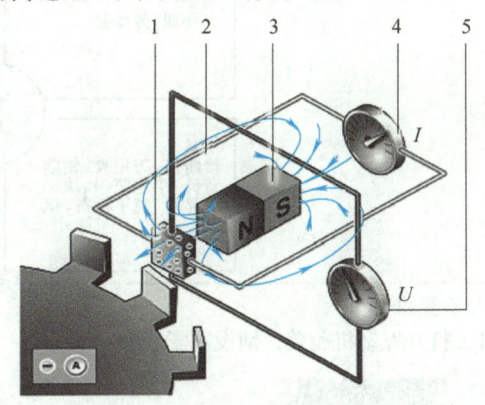

图5-20 车身高度传感器

引导问题 2：简述空气悬架系统的检修方法。

引导问题 3：空气悬架系统不能正常工作的原因有哪些？

引导问题 4：检查与更换车身高度传感器注意事项有哪些？

任务技能点

空气悬架系统检测与维修

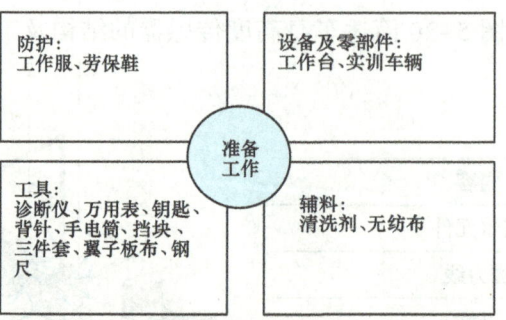

1. 准备工作

准备工作：
- 防护：工作服、劳保鞋
- 设备及零部件：工作台、实训车辆
- 工具：诊断仪、万用表、钥匙、背针、手电筒、挡块、三件套、翼子板布、钢尺
- 辅料：清洗剂、无纺布

2. 检测维修

1）打开发动机舱盖，铺设翼子板布

2）铺设车内防护用品

（续）

3. 故障检测
1）测量车辆左右和右后高度

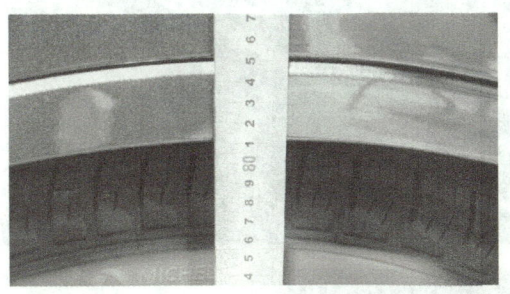

4）利用万用表对左后车身高度传感器信号回路，传感器参考电压及信号线进行测量，发现回路电压 0V 左右，参考电压 5V 左右；信号电压 5V 左右，正常值应为 0.5~4.5V，随车身高度的变化而变化，由此可以判断出高度传感器故障

2）关闭点火开关，连接诊断仪，打开点火开关，读取故障码，发现"C1A05 左后高度传感器"

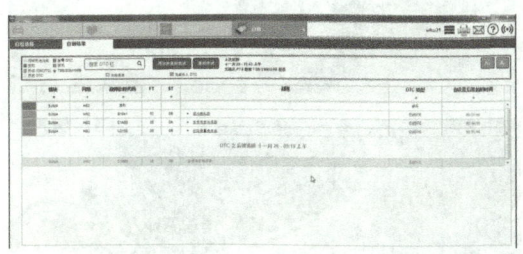

4. 故障维修
1）更换左后车身高度传感器，注意应按照维修手册的规定进行拆装，并将螺栓拧紧至标注力矩

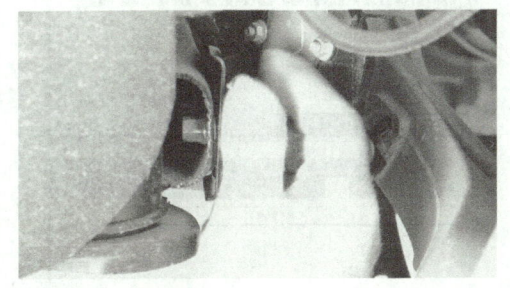

3）利用诊断仪进行提升车身高度的动作测试，聆听左后空气弹簧及空气管路是否有漏气声，并未发现漏气声音，判断气路及空气弹簧无故障

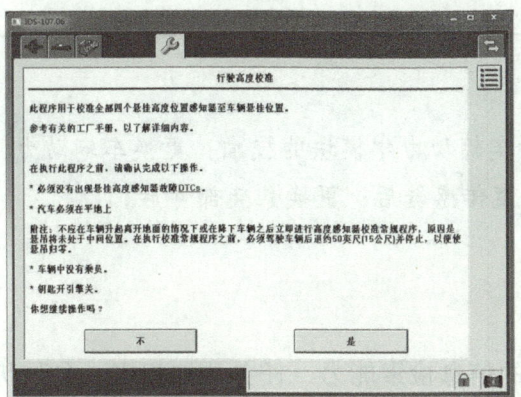

2）进行故障码读取，发现故障码消失，故障排除

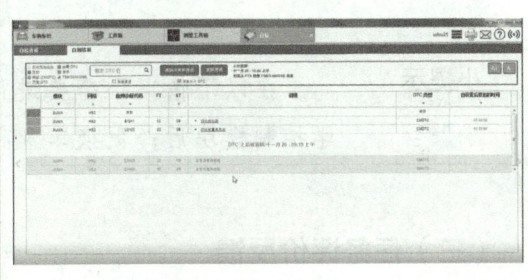

（续）

3）减振器更换完毕后，需进行车辆动力学模块校准

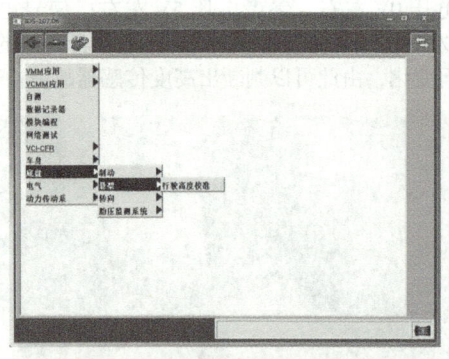

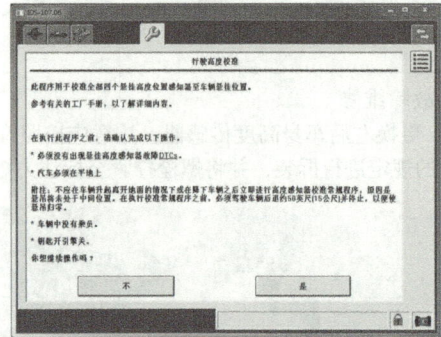

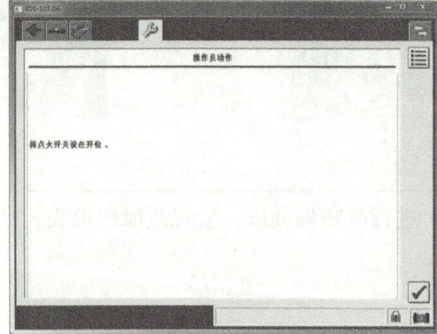

4）整理车防护用品，收起翼子板布，擦拭设备工具

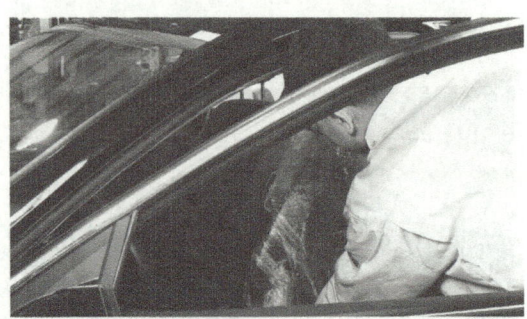

小提示　在以下情况下需要进行车辆动力学模块的校准：更换车辆动力学控制模块后；更换车身高度传感器后；更换悬架部件后。

（三）任务评价反馈

1）小组自评表能够让小组成员对各自的信息检索能力、任务认知程度、参与状态、学习方法和工作过程等方面进行评价，从记忆、领会、应用、分析、反馈全方位评估自己对知识的学习及掌握情况。

活动过程评价小组自评表

班级		组名		日期	
评价指标	评价要素			分数	分数评定
信息检索	能有效利用网络资源、工作手册查找有效信息；能用自己的语言有条理地去理解、表述所学知识；能将查找到的信息有效地转换到工作中			10	
任务认知	是否熟悉各自的工作岗位，认同工作价值；在工作中，是否获得满足感			10	
参与状态	与教师、同学之间是否相互尊重、理解、平等相待；与教师、同学之间是否能够保持多向、丰富、适宜的信息交流			10	
	探究学习、自主学习不流于形式，处理好合作学习和独立思考的关系，做到有效学习；能够提出有意义的问题或能发表个人见解；能按要求正确操作；能够倾听、协助分享			10	
学习方法	工作计划、操作技能是否符合规范要求；是否获得了进一步发展的能力			10	
工作过程	遵守管理规程，操作过程符合现场管理要求；平时上课的出勤情况和每次完成学习任务情况；善于多角度思考问题，能主动发现、提出有价值的问题			15	
思维状态	是否能发现问题、提出问题、分析问题、解决问题、创新解决问题方法			10	
自评反馈	按时按质完成学习任务；较好地掌握了专业知识点；具有较强的信息分析能力和理解能力；具有较为全面严谨的思维能力并能条理清晰表述成文			25	
自评分数					
有益的经验和做法					
总结反思建议					

2）小组互评表能够让小组成员从信息检索能力、任务认知程度、参与状态、学习方法和工作过程等方面对其他小组进行评价，通过互相评价环节，学习其他小组的长处，弥补自己小组的不足。

活动过程评价小组互评表

班级		被评组名		日期	
评价指标	评价要素			分数	分数评定
信息检索	该组能有效利用网络资源、工作手册查找有效信息			10	
	该组能用自己的语言有条理地去理解、表述所学知识			5	
	该组能将查找到的信息有效地转换到工作中			5	
任务认知	该组是否熟悉各自的工作岗位，认同工作价值			5	
	该组成员在工作中获得满足感			5	
	该组能处理好合作学习和独立思考的关系，做到有效学习			5	
	该组提出有意义的问题或发表个人见解，按要求正确操作，能够倾听、协助分享			5	
	该组积极参与学习任务，并在过程中综合运用信息技术的能力得到提高			5	
学习方法	该组工作计划、操作技能符合规范要求			5	
	该组获得了进一步发展的能力			5	
工作过程	该组遵守管理规程，操作过程符合现场管理要求			10	
	该组平时上课的出勤情况和每次完成学习任务情况			10	
	该组善于多角度思考问题，能主动发现、提出有价值的问题			10	
思维状态	该组是否能发现问题、提出问题、分析问题、解决问题、创新解决问题方法			5	
自评反馈	该组能严肃认真地对待自评，并能独立完成自测试题			10	
	自评分数				
简要评述					

3）教师评价的内容主要包括小组出勤状况、信息收集能力、计划制订是否完善、工作过程是否规范等，能够帮助学生更好地理解学习任务，促进对任务知识点、技能点的消化和吸收。

教师评价表

班级		组名		姓名	
出勤情况					
评价指标	评定要素			分数	分数评定
职业素养	坚持社会主义核心价值观			5	
	具备信息素养			5	
	具备探究学习、终身学习能力			5	
	在实操过程中体现劳模精神、劳动精神、工匠精神			5	
	具备良好的职业道德和环保意识			5	
道德品质	遵守实训场所、场地等公共场所的管理规定，自觉维护秩序			5	
	在公共场所举止文雅、文明礼貌			5	
	爱护公物，保护公共设施			5	
信息检索	能够顺利完成教师安排的任务，快速找到有效信息，并转化到工作中去			5	
任务认知	能够读懂文字的表达内容			5	
	能够满足岗位工作要求、掌握工作流程、熟悉注意事项			5	
参与状态	与教师、同学之间相互尊重、理解			5	
	能够做到独立思考、表达自己想法			5	
	能够按照要求正确操作，能够倾听对方表达的内容，乐于分享			5	
学习方法	能够按照工作内容的紧急情况合理制订计划			5	
	能够按要求完成工作计划，且操作符合规范			5	
工作过程	操作符合安全规定			5	
	操作符合流程规范			5	
	能够协助他人完成工作			5	
思维状态	工作过程思维清晰，对工作结果正确预判，对其他相关工作有帮助			5	
	师评分数				
综合评价					

三、任务拓展信息

侧面预碰撞保护

奥迪 A8 新增加了侧面预碰撞保护（图 5-21），在侧面碰撞即将发生时，可以通过空气悬架系统自动抬升被撞击一侧的悬架，用更坚硬的底盘来接收侧面的撞击力，从而更好地保护车内这一侧的乘员。在没有多少缓冲空间的侧面撞击中，这是一种非常有效的安全方案。

图 5-21 侧面预碰撞保护

学习任务 6
防抱死制动系统检测与维修

一、任务说明

任务描述	小张驾驶的一辆宝来轿车仪表上防抱死制动系统（ABS）灯亮起了，他急忙停车给 4S 店打电话，询问这个灯亮了汽车是否还可以继续行驶以及是否会影响制动性能	 任务案例引入视频
任务所属模块课程	● 动力系统检修　　　　　　　　　　　（　　） ● 变速器与传动系统检修　　　　　　　（　　） ● 转向悬架系统检修　　　　　　　　　（　　） ● 制动安全系统检修　　　　　　　　　（ ✓ ） ● 电器与控制系统检修　　　　　　　　（　　） ● 空调与舒适系统检修　　　　　　　　（　　） ● 动力与底盘网关控制系统检修　　　　（　　） ● 车身与娱乐网关控制系统检修　　　　（　　）	
任务对应工作领域	● 汽车动力与驱动系统工作领域　　　　　　　（　　） ● 汽车转向悬架与制动安全系统工作领域　　　（ ✓ ） ● 汽车电子电气与空调舒适系统工作领域　　　（　　） ● 汽车全车网关控制与娱乐系统工作领域　　　（　　）	
是否为拓展更新任务	是（　　）/否（ ✓ ）	

任务育人目标描述		
● 树立安全规范意识 ● 培养创新精神		

职业技能（能力）要求描述		
行为	理解汽车防抱死制动系统组成、工作原理，并能对相关元件按照要求进行检测、更换	
条件	车辆/设备：带 ABS 的实训车辆	
	工具及场地要求： 配备举升机的维修工位、配套维修手册、通用工具、解码器、万用表、工作灯 4 个、手套若干、无纺布若干、接油盆 4 个、维修工作台 4 个	
标准与要求	能对防抱死制动系统进行正确拆装、汽车制动性能评价指标分析、车轮抱死的原因及其对汽车影响分析、防抱死制动系统的工作原理理解与分析、提高沟通协调、团队合作的能力、强化安全生产、规范操作的意识	
成果	掌握防抱死制动系统的工作原理并能对其进行正确拆装与测量	

二、任务学习与实施

（一）任务引导与学习

引导问题1：常用的汽车制动效能评价指标是_____、_____和_____。

引导问题2：电子控制制动防抱死装置主要由_____、_____、_____组成。

引导问题3：防抱死制动系统的英文名称是_____。

引导问题4：防抱死制动系统控制车轮的滑移率在_____左右。

引导问题5：电磁式车速传感器主要由_____、_____、_____和_____组成。

引导问题6：根据极轴的结构不同，电磁式轮速传感器又分为_____和_____等形式。

引导问题7：电子控制单元简称_____，是汽车防抱死制动系统中的_____。防抱死制动系统控制单元具有对制动系统进行_____和_____两个方面的功能。

引导问题8：描述防抱死制动系统工作过程。
_____
_____
_____

知识链接

1. 汽车制动性能的评价指标

对汽车的制动性能有多方面的要求，因而有多方面的评价指标，一般通常主要从以下三个方面来进行评价。

（1）制动效能

汽车的制动效能是指汽车迅速降低车速直至停车的能力，具体可用制动距离和制动减速度来评价，通常应用中多指制动距离。制动距离指在一定的制动初速度下，汽车从驾驶人踩制动踏板开始到停车为止所驶过的距离，它与制动踏板力以及路面附着条件有关。

（2）制动效能的恒定性

汽车制动效能的恒定性主要指的是抗热衰退性能。抗热衰退性能是指汽车在高速行驶或在下长坡情况下连续制动时制动效能保持的程度。因为制动过程实际上是把汽车行驶的动能通过制动器吸收转换为热能，而制动器温度升高后，能否保持在冷状态时的制动效能已成为设计制动器时要考虑的一个重要问题。此外，汽车涉水行驶时，制动器浸水后仍应保持其制动效能。

（3）制动时汽车的方向稳定性

制动时汽车的方向稳定性是指汽车在制动过程中维持直线行驶或按预定弯道行驶的能力，一般用制动时汽车是否发生制动跑偏、侧滑、甩尾以及失去转向能力来评定。制动时汽车自动向左或向右偏驶称为制动跑偏。侧滑是指制动时汽车的某一轴或两轴发生横向移动。失去转向能力是指弯道制动时，汽车不再按原来弯道行驶而沿弯道切线方向驶出，或直线行驶制动时转动方向盘汽车仍按直线方向行驶的现象。制动跑偏、侧滑和失去转向能力是造成交通事故的重要原因。

2. 汽车在紧急常规制动时，车轮抱死的原因

我们知道汽车只有受到与行驶方向相反的外力时，才能达到降低车速或停车的目的。这个外力只能由地面和空气提供。但由于空气的阻力相对较小，所以实际上外力主要是由地面提供的，我们称之为地面制动力 F_x。地面制动力越大，制动距离越短。

地面制动力大小取决于两个因素：一个是制动器的制动力 F_μ，一个是轮胎与地面的摩擦力附着力 F_Φ。对于一般汽车而言，制动器的制动力是足够大的，那么地面制动力是随其增大而增大吗？现在我们结合图 6-1 来分析一下它们之间的关系。

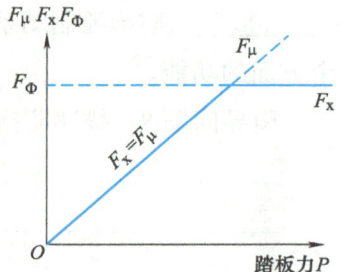

图 6-1 制动时各力之间的关系

第一阶段，制动器的制动力 F_μ 较小，制动器的摩擦力矩不大，地面制动力足以克服制动器制动力摩擦力矩而使车轮滚动。显然，此时地面制动力等于制动器的制动力，且随踏板力的增加而成正比增加。第二阶段，由于作用在车轮上法向载荷为常数，地面制动力达到附着力的值后就不再增加了，而此时制动器的制动力还逐步增大致使汽车车轮抱死。

由此可见，汽车的地面制动力首先取决于制动器的制动力，但同时又受到地面附着条件的限制。当制动器的制动力超过附着力时，车轮就会出现抱死情况。

3. 汽车的车轮抱死会给汽车造成什么影响

（1）车轮的滑移率

汽车正常行驶的时，车速（即车轮中心的纵向速度）与车轮速度（即车轮圆周速度）相同，可以认为车轮在路面上作纯滚动运动。

在汽车制动过程中，随着制动强度的增加，车轮的滚动状态逐渐减少，而滑动成分逐渐增加（图 6-2），实际车速和轮速不再相等，人们将车速（v）与轮速（v_w）之间出现的差异就叫滑移，一般认为车速大于轮速时车辆就发生了滑移，当轮速大于车

速时认为发生了滑转（一般发生在起步和加速时的驱动轮）。

为了表征滑移成分所占比例的多少，常用滑移率 S 来表示。即：

$$S = \frac{v - v_w}{v} \times 100\%$$

从以上公式可以看出，当车速等于轮速时滑移率为零，汽车制动时车速和轮速差别越大，滑移率就越大。停车之前车轮抱死时，轮速为零，滑移率达到100%（如图6-3）。从开始制动到滑移率达到某一数值，在这个过程中附着系数是随滑移率的变化而变化的。

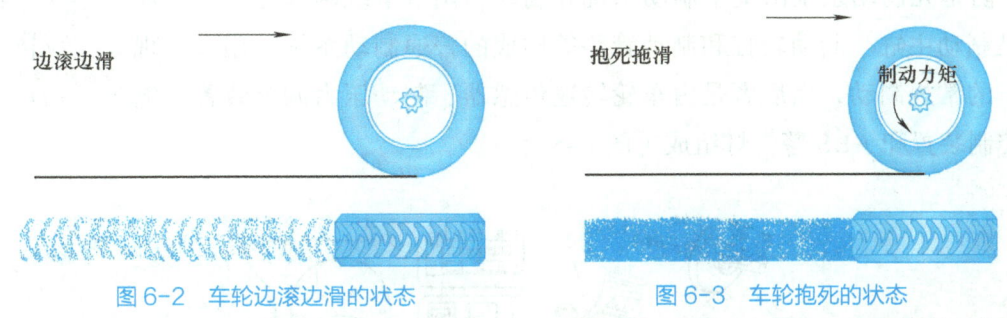

图6-2　车轮边滚边滑的状态　　　　图6-3　车轮抱死的状态

（2）附着系数和滑移率的关系

车轮滑移率的大小对车轮与地面间附着系数有很大影响。具体如下：

1）附着系数随路面性质不同呈大幅度变化。一般说来，干燥路面附着系数大，潮湿路面附着系数小，冰雪路面附着系数更小。

2）在各种路面上，附着系数都随滑移率的变化而变化。各曲线的趋势大致相同，只有积雪和砂石路面的滑移率在靠近100%时会上升。

为了方便说明附着系数和滑移率的关系，以典型的干燥、硬实路面上附着系数和滑移率的关系进行介绍，如图6-4所示。由图可见：在滑移率为 S_{opt}（20%左右）时纵向附着系数最大，制动时能获得的地面制动力也最大，汽车的制动效能最高，$0 \leq S \leq S_{opt}$ 称为稳定区域，$S_{opt} < S \leq 100\%$ 称为非稳定区域，S_{opt} 称为稳定界限。此外，随着滑移率的增加，横向附着系数会减小，当车轮抱死时滑移率为100%，横向附着系数接近零，此时很小的侧向力即会导致后轮侧滑或使前轮失去转向能力。

防抱死制动系统（ABS）的功用就是在汽车制动时，自动地将滑移率控制在10%~30%。这样，可以获得较大的制

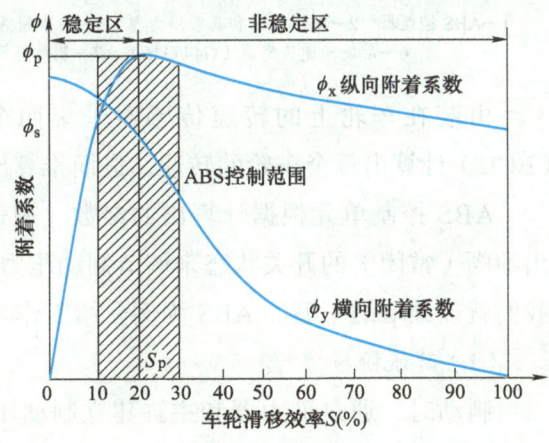

图6-4　干燥硬实路面附着系数与滑移率的关系

动力，得到良好的制动效能。

ABS 是通过安装在各车轮或传动轴上的转速传感器等不断检测各车轮的转速，由计算机计算出当时的车轮滑移率（由滑移率能了解汽车车轮是否已抱死），并与理想的滑移率相比较，发出增大或减小制动器制动压力的指令，命令执行机构及时调整制动压力，以保持车轮处于理想的制动状态。因此，ABS 能够使车轮始终维持在有微弱滑移的滚动状态下制动，而不会抱死，达到提高制动效能的目的。

4. 防抱死制动系统的工作原理

防抱死制动系统由基本制动系统和制动力调节系统两部分组成。前者是制动主缸、制动轮缸和制动管路等构成的普通制动系统，用来实现汽车的常规制动，而后者是由车轮转速传感器、制动压力调节装置、电子控制装置和 ABS 警告灯组成（图 6-5）。

防抱死制动系统
工作原理动画

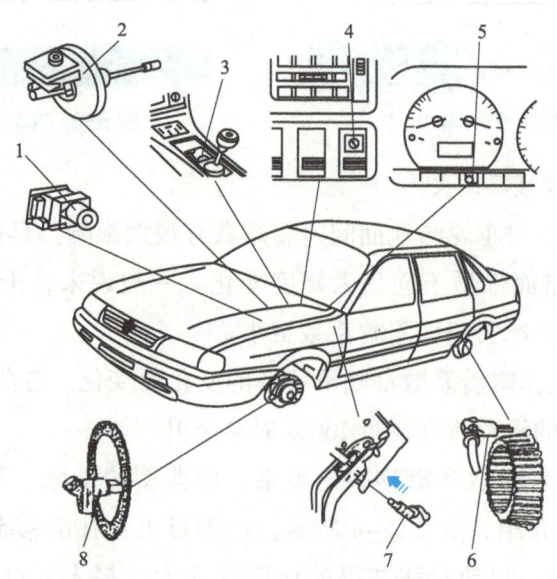

图 6-5 ABS 组件在车上的安装位置

1—ABS 控制器 2—制动主缸和真空助力器 3—自诊断插口 4—ABS 警告灯（K47） 5—制动警告灯（K118）
6—后轮转速传感器（G44/G46） 7—制动灯开关（F） 8—前轮转速传感器（G45/G47）

由装在车轮上的转速传感器采集四个车轮的转速信号，送到电子控制单元（ECU）计算出每个车轮的转速，进而推算出车辆的减速度及车轮的滑移率。

ABS 控制单元根据计算出的参数，通过液压控制单元来控制进油阀（常开）和出油阀（常闭）的开关状态来调节制动压力，从而达到防止车轮抱死的目的。下面是我们就以桑塔纳车型的 ABS 为例介绍工作过程。

（1）建压阶段

制动时，通过助力器和主缸建立制动压力，此阶段又称为普通制动（因 ABS 不工作），如图 6-6 所示。

此时常开阀打开，常闭阀关闭，制动压力进入车轮制动器，车轮转速迅速降低，直到 ABS 控制单元通过转速传感器得到识别出车轮有抱死的倾向为止。

（2）保压阶段

如图 6-7 所示，ABS 控制单元通过转速传感器得到的信号识别出车轮有抱死的倾向时，ABS 控制单元即关闭常开阀，常闭阀仍然关闭，此时的制动压力不变称之为保压阶段。

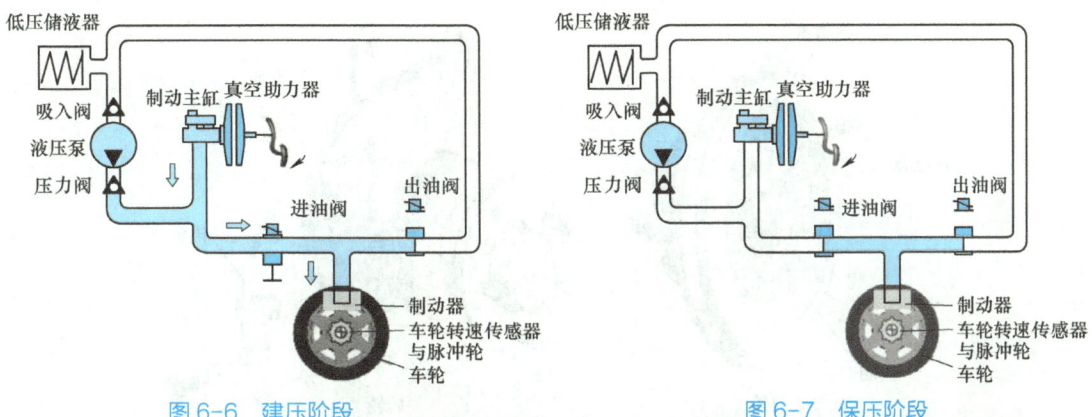

图 6-6　建压阶段　　　　　　　　　图 6-7　保压阶段

（3）降压阶段

如果在保压阶段，车轮仍有抱死倾向，则 ABS 进入降压阶段。如图 6-8 所示，控制单元控制出油阀（常闭阀）打开，进油阀（常开阀）关闭，油泵开始工作，制动液从轮缸经低压储液器被送回到制动主缸，制动压力降低，制动踏板出现抖动，车轮抱死程度降低，车轮转速开始增加。

（4）升压阶段

ABS 控制单元通过转速传感器得到的信号识别出车轮滑移率下降，车轮转速上升时，ABS 控制单元即打开进油阀（常开阀），制动主缸和油泵继续对轮缸进行加压，降低车轮转速，直到 ABS 控制单元检测出车轮有抱死趋势止。此过程中出油阀（常闭阀）仍然关闭，如图 6-9 所示。

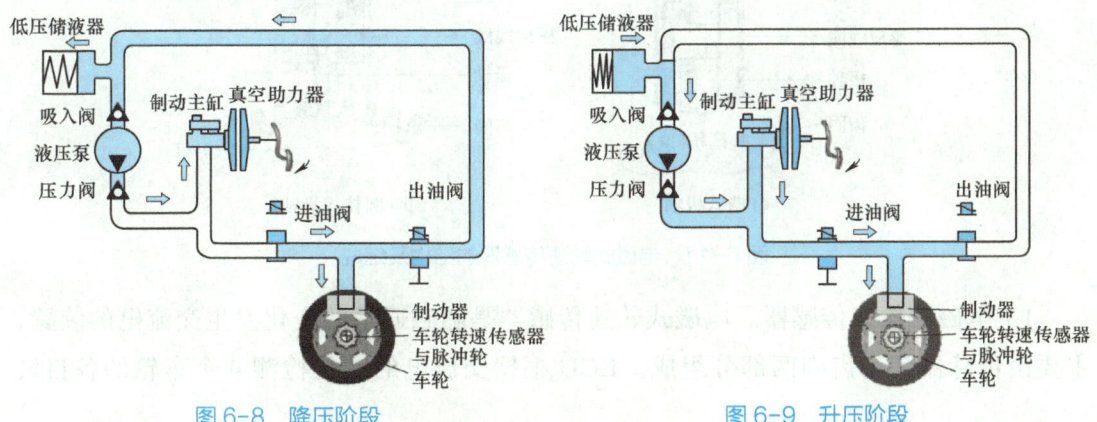

图 6-8　降压阶段　　　　　　　　　图 6-9　升压阶段

5. 防抱死制动系统主要部件

（1）轮速传感器

轮速传感器的作用是检测车轮的速度，并将速度信号输入 ABS 控制单元，控制单元利用该信号计算检测车轮的滑移率。如果滑移率太高，车轮接近抱死，则控制降低轮缸压力；如果发现滑移率太小，车轮制动力不足，则会增大轮缸压力。

轮速传感器的安装位置如图 6-10 所示。

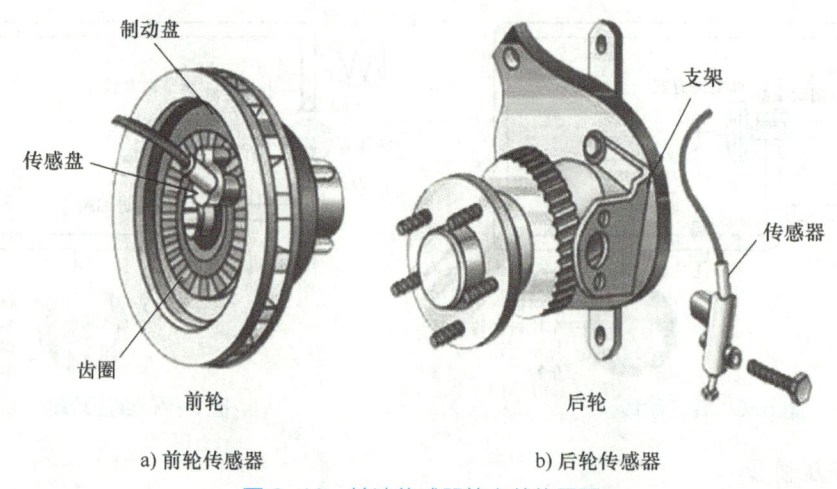

a) 前轮传感器　　　　b) 后轮传感器

图 6-10　轮速传感器的安装位置图

轮速传感器根据结构和工作原理不同分为电磁式、磁阻式和霍尔式 3 种。目前车辆上安装的电磁式为主，磁阻式与电磁式类似，但发出的信号是数字信号。

根据极轴端部的形状不同，电磁式轮速传感器又分为凿式、圆柱式等形式。电磁式轮速传感器的结构如图 6-11 所示。

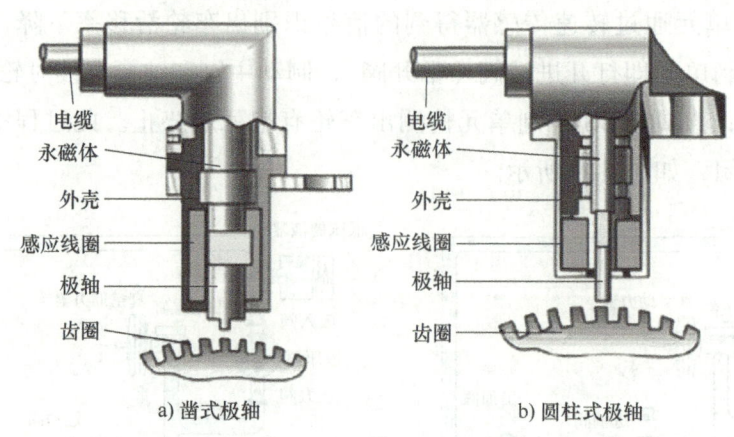

a) 凿式极轴　　　　b) 圆柱式极轴

图 6-11　电磁式轮速传感器的结构及组成

1）电磁式轮速传感器。电磁式轮速传感器是随磁通量的变化发生交流电的装置，主要由传感器头和齿圈两部分组成。ECU 根据交流电的变化检测 4 个车轮的各自转速。齿圈一般安装在轮毂上，对于后轮驱动车辆齿圈也可安装在差速器或传动轴上。齿圈随车轮或传动轴一起转动。传感器头通过固定在车身上的支架安装在齿圈附近，传感器与齿圈的间隙约 1mm。传感头由电缆、永磁铁、外壳、感应线圈、极轴、齿圈组成。

齿圈旋转时，齿顶和齿隙交替对向极轴。当齿顶对向极轴时磁路的磁隙最小，因此磁阻也最小，通过感应线圈的磁通量最大；当齿隙对向极轴时磁路的磁隙最大，磁阻也最大，通过感应线圈的磁通量最小。在齿圈旋转过程中，感应线圈内部的磁通量交替变化从而产生感应电动势，此信号通过感应线圈内部的电缆输入 ABS 控制单元。当齿圈的转速发生变化时，感应电动势的频率也随之变化，ABS 控制单元即通过检测感应电动势的频率变化来检测车轮速度变化率。

其检测方法如下：

① 测量电阻：一般电阻值为 800~1500Ω。

② 测量交流电压：一般为 0.2~0.9V，根据转速成正比变化，以每秒转一圈轮胎的速度测量其交流信号，大约 50~700mV。

③ 用示波器测量波形：信号随车速波形越密集电压幅值变化越大（正弦波）。

④ 用解码器观察数据流：FL、RL、FR、RR 分别表示左前、右前、左后、右后。

电磁式轮速传感器结构简单，成本低，但存在如下缺点：

① 轮速传感器向 ABS 控制单元输送的电压信号强弱随转速的变化而变化，信号幅值一般在 1~15V 的范围内变化。当车速很低时，传感器输出的电压信号若低于 1V，则 ABS 控制单元无法检测到如此弱的信号，ABS 也就不能正常工作。

② 电磁式轮速传感器频率响应较低。当车速转速过高时，传感器的频率响应跟不上，容易产生错误信号。

③ 电磁式轮速传感器抗电磁波干扰能力差，尤其是在输出的信号幅值较小时。

2）霍尔式轮速传感器。由于电磁式轮速传感器有很多不足，很难适应汽车发展的需求，未来的应用趋势是霍尔式轮速传感器。霍尔式轮速传感器具有以下优点：

① 输出的电压信号强弱不随转速的变化而变化，即使车速很低时也不变，并且幅值高。抗电磁波干扰能力强。

② 传感器频率响应高达 20kHz，用于 ABS 中，相当于车速为 1000 km/h 时所检测的频率，因此不会出现高速时频率响应跟不上的问题。

霍尔式轮速传感器由传感头和齿圈组成。传感头由永久磁体、霍尔元件和电子电路等组成。如图 6-12 所示，永磁体的磁力线穿过霍尔元件通向齿圈，齿圈相当于一个集磁器。当齿圈位于图 6-12a 所示的位置时，穿过霍尔元件的磁力线分散，磁场相对较弱；当齿圈位于图 6-12b 所示的位置时，穿过霍尔元件的磁力线集中，磁场相对较强。随着齿圈的转运，穿过霍尔元件的磁力线密度发生变化，从而产生霍尔电压的变化，霍尔元件输出一个毫伏级的准正弦波电压。此电压信号由控制电路转换成标准的脉冲电压信号后输入 ABS 控制单元，ABS 控制单元即通过检测脉冲电压信号来检测车轮速度。

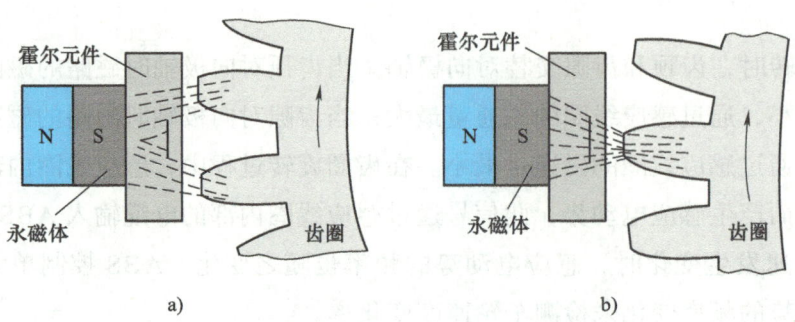

图 6-12　霍尔式车轮转速传感器磁路

（2）执行机构

ABS 执行机构主要由制动压力调节器（油泵、电动机、电磁阀）、ABS 警告灯等组成。制动压力调节器根据 ABS 控制单元指令来调节各车轮制动器的制动力。当 ABS 出现故障时，ABS 警告灯点亮，用来提示驾驶人。

1）制动压力调节器。制动压力调节器又叫 ABS 液压控制单元（HCU），是 ABS 最主要的执行器，ABS 很多元件都安装在调节器内部。制动压力调节器主要是根据 ECU 的信号，通过控制内部电磁阀的工作，改变各车轮的油压管路的通断，调整各轮的制动液压控制车轮旋转状态，保证各个车轮有最佳制动效能同时，防止车轮抱死。

它安装在制动主缸与轮缸之间，由电磁阀、储液器、油泵和电动机等组成，有些制动压力调节器还有蓄能器和压力开关。液压控制单元（HCU）为非维修件，不能分解，要整体替换。制动压力调节器组成如图 6-13 所示。

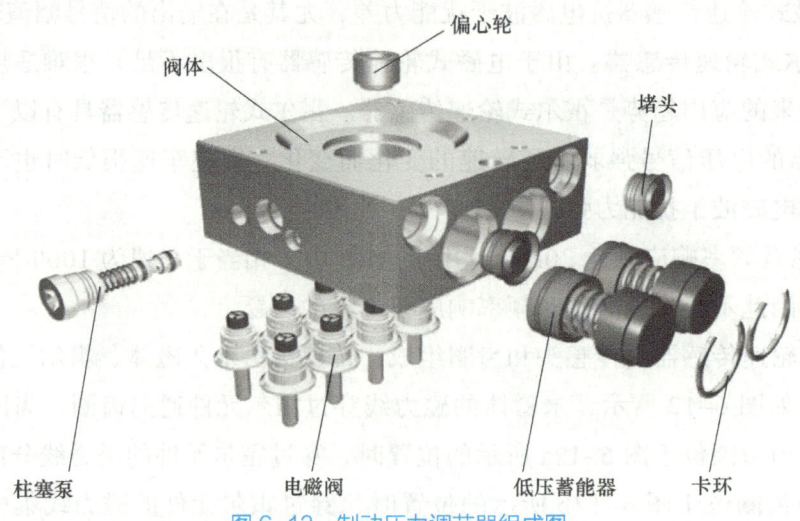

图 6-13　制动压力调节器组成图

制动压力调节器都是安装在发动机舱内，有的与制动主缸做成一个整体，有的独立安装。

根据原理不同，制动压力调节器可分为循环式和变容式。循环式制动压力调节器主要是利用制动液在制动主缸和制动轮缸之间不断地循环来实现轮缸压力增大、减小和保持；而变容式制动压力调节器则是利用容积变化控制增压、减压、保压工作。循环式制动压力调节器根据结构不同又分为整体式和分体式。整体式制动压力调节器将制动压力调节器和制动主缸安装成一个整体，分体式制动压力调节器则为独立安装。

2）油泵。其作用是在 ABS 压力减小时，将制动液从轮缸中送回制动主缸，可以促进油液在系统中的循环。油泵的电动机不可维修，损坏后只能更换。其工作时机如下：

① 在系统自检时以及 ABS 和 TCS 工作时，油泵电动机会工作。

② 在没有蓄能器的液压制动系统 ABS 中，电动油泵由 ABS 控制单元控制，其作用是在"减压"时，将制动轮缸回流的制动液（在储液器内）泵送回到制动主缸。

③ 在装有蓄能器的液压制动系统 ABS 中，电动油泵由压力开关通过继电器控制，或者是由压力开关发送压力过低信号给控制单元，控制单元控制油泵工作，提高蓄能器的压力到正常范围，其作用是将制动轮缸回流的制动液（储液器内）泵送到蓄能器。

ABS 所用的油泵一般都是由偏心轮（偏心轴承）驱动的柱塞式油泵，油泵的偏心轮由电动机驱动。油泵电动机通电时，偏心轴承驱动柱塞上、下运动，当柱塞向下运动时，出油止回阀关闭，进油止回阀打开，储液器内的低压制动液进入柱塞室；当柱塞向上运动时，进油止回阀关闭，柱塞内压力升高，进而推开出油止回阀，经高压油管将制动液泵出。

3）电磁阀。电磁阀是液压控制单元中重要的部件，由它完成系统对各车轮制动力的控制。而流过电磁线圈的电流受 ABS 控制单元控制。

循环式制动压力调节器采用的电磁阀有二位二通电磁阀和三位三通电磁阀。二位二通电磁阀结构简单，电磁阀共有两个位置，控制两个液压管路的通断，在部分 ABS 中使用的进油阀和出油阀均属二位二通电磁阀。三位三通电磁阀的基本结构如图 6-14a 所示，阀上有三个通道（即三通），分别于制动主缸、制动轮缸和储液器连接；ABS 控制单元控制流过电磁线圈的电流，能使阀有如下三种不同的位置（即三位）：

① 在普通制动模式（ABS 不起作用）或在防抱制动模式（ABS 起作用）"增压"时，流过电磁线圈的电流为 0，电磁阀处于"增压"位置，制动主缸与制动轮缸连通，通储液器的通道关闭。

② 在防抱制动模式"保持"制动压力时，则 ABS 控制单元向电磁线圈提供一个

较小的电流（约为最大电流的 1/2），使电磁线圈处于"保持"位置，阀上分别与制动主缸、制动轮缸和储液器连接的三个通道全部关闭。

③ 在防抱制动模式"减压"时，ABS 控制单元向电磁线圈通入最大电流，使电磁阀处于"减压"位置，制动轮缸与储液器连通，通向制动主缸的通道关闭，如图 6-14b 所示。

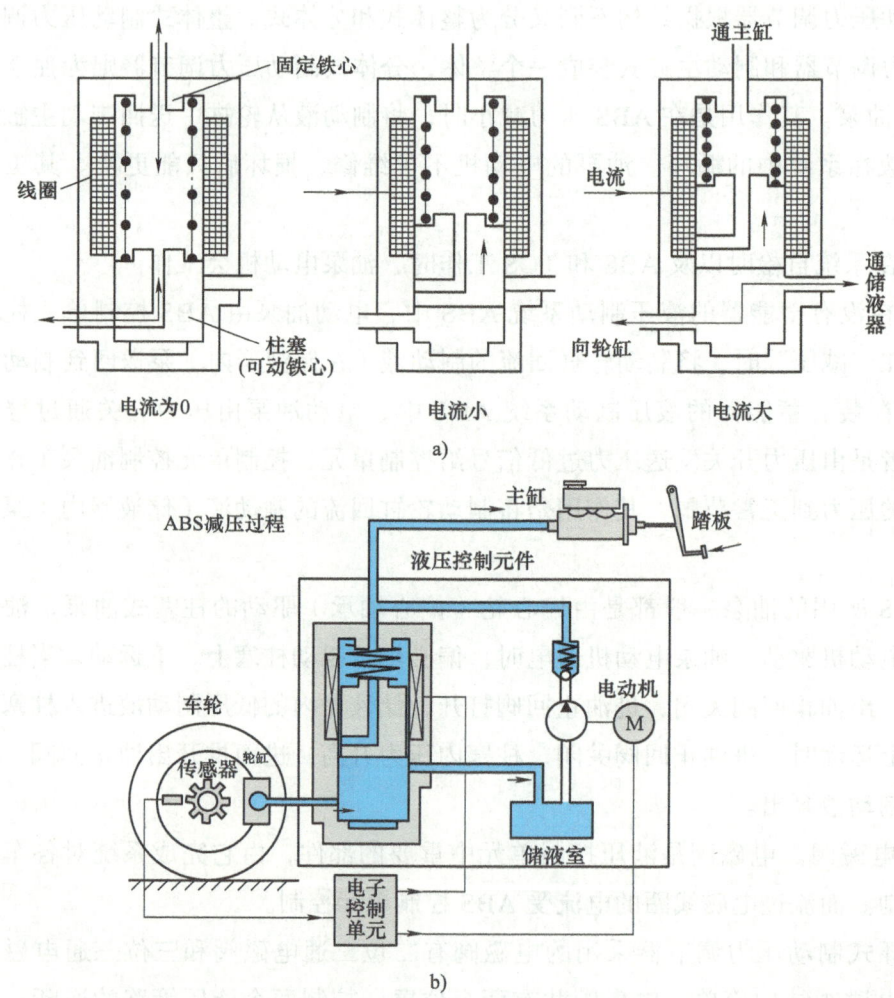

图 6-14 三位三通电磁阀的基本结构及工作原理

二位二通电磁阀的电阻：进油电磁阀 7~15Ω，出油电磁阀 3~5Ω；三位三通电磁阀的电阻一般为 0.7~7Ω；电磁阀继电器的电阻约为 50~100Ω。

4）指示灯。制动系统一般有 ABS 警告灯和驻车制动指示灯，如图 6-15、图 6-16 所示。

黄色灯一般标记为 ABS 或 ANTI-LOCK 或 ABS/ASR，灯常亮表示 ABS 失效，采用常规制动；红色灯一

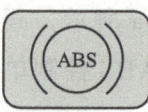

图 6-15 ABS 警告灯（黄色）

图 6-16 驻车制动指示灯（红色）

一般为 Brake 灯，表示常规制动系统有故障。故障出现应检查如下内容：

① 驻车制动器没有松开或线路故障。驻车制动开关检测规范、液位开关检测规范见表 6-1 和表 6-2。

表 6-1　驻车制动开关检测规范

状态	端子和壳体间电阻/Ω
拉驻车制动器	0~1
放开驻车制动器	∞

表 6-2　液位开关检测规范

油位	电阻值/Ω
正常	∞
过低	0~1

② 制动液位过低。液位指示灯开关内有两个触点，当制动液面下降到一定程度，上面的触点闭合，下面的触点打开，上面触点闭合点亮了红色制动指示灯，下面的触点打开切断通向 ABS ECU 的电路，黄色或琥珀色 ABS 警告灯点亮，显示 ABS 失效。

③ 制动灯泡老化或损坏。在更换制动灯泡时，要采用相同功率的灯泡，否则更换制动灯泡后 Brake 灯也不会熄灭。

④ 制动灯泡监控传感器故障。在丰田、本田、马自达等很多车型中安装有制动灯故障传感器，该传感器一般安装在行李舱左后制动灯或右后制动灯旁边，用来监控灯泡是否老化或损坏，当灯泡老化或损坏后，则点亮故障灯。

（3）ABS 控制单元

ABS 控制单元的功用是接收轮速传感器及其他传感器输入的信号，对这些输入的信号进行测量、比较、分析、放大和处理，通过精确计算，得出制动时车轮的滑移率、车轮的加速度和减速度，以判断车轮是否有抱死趋势，再由其发出控制命令，控制制动压力调节器去执行压力调节器任务。在出现故障时它可以执行失效保护功能，并点亮警告灯。

小贴士

本任务重点讲解了汽车防抱制动系统（ABS）的工作原理，学习过程中必须要结合实车掌握制动系统的结构原理，将理论与实践相结合。ABS 在我国的技术研发起步较晚，但经过奋起直追，现在部分自主品牌已逐步打破垄断，实现自主研发并装配到车辆上。

(二)任务计划与实施

引导问题 1:ABS 的泄压方法是什么?

引导问题 2:ABS 控制单元的拆装方法是什么?

引导问题 3:轮速传感器的检测方法是什么?
1)电阻法:

2)示波器法:

3)数据流法:

引导问题 4:制动开关信号的检测方法是什么?

任务技能点 1

ABS 原理及泄压方法检修

防抱死制动系统检测与维修视频

1. 准备工作

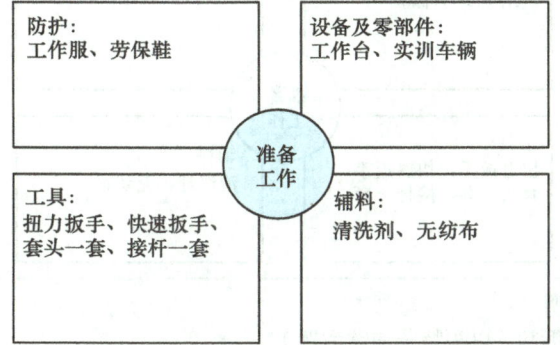

准备工作
- 防护：工作服、劳保鞋
- 设备及零部件：工作台、实训车辆
- 工具：扭力扳手、快速扳手、套头一套、接杆一套
- 辅料：清洗剂、无纺布

2. 拆装或测量步骤说明

（1）ABS 的泄压方法

1）首先将点火开关关闭，然后反复踩下制动踏板，次数应在 20 次以上

 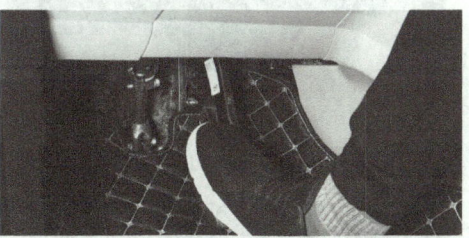

2）当踏板力明显增加，即感觉不到踩踏板的液压助力时，ABS 系统泄压完毕

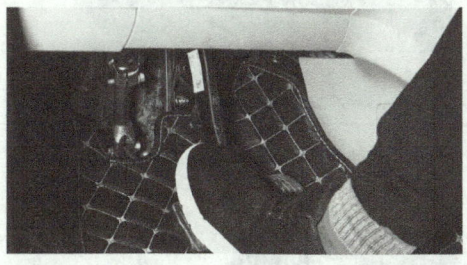 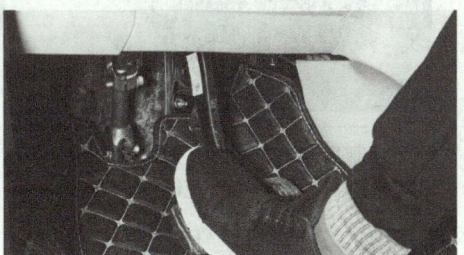

（2）注意事项

通常维修以下部件时需要泄压：液压控制单元中的任何装置、电磁阀体、制动液储液罐、压力警告和控制开关、后轮分配比例阀、后轮制动分泵、前轮制动分泵及高压制动液管路等

ABS 控制单元拆装的检修

1. 准备工作

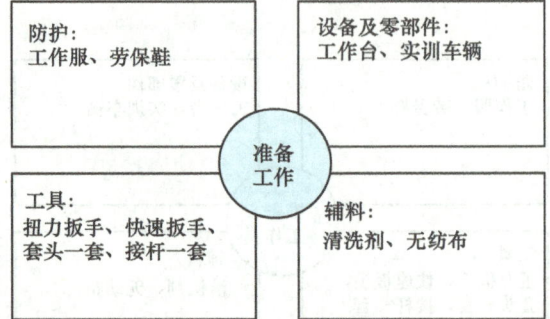

2. 拆装或测量步骤说明

（1）ABS 控制单元的拆卸（以福特蒙迪欧为例）

1）关闭点火开关，拆卸 ABS 控制单元电气插头

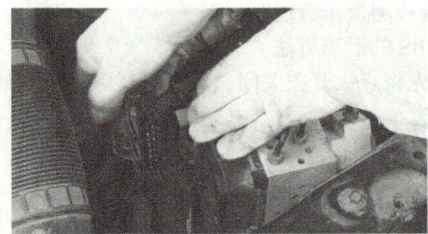

2）用开口扳手拆卸液压单元上的管路连接器，拆卸 ABS 控制单元支架并取出 ABS 控制单元

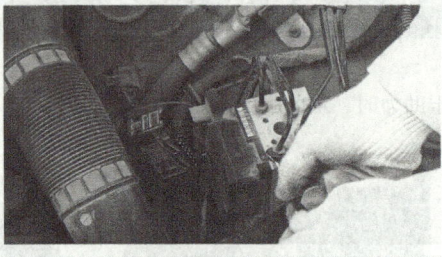
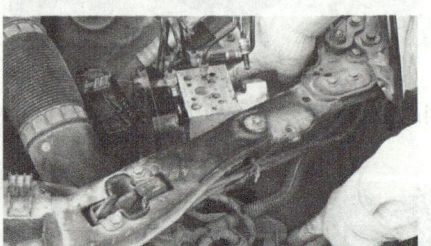

（2）ABS 控制单元的安装

1）安装时应检查清洁 ABS 控制单元

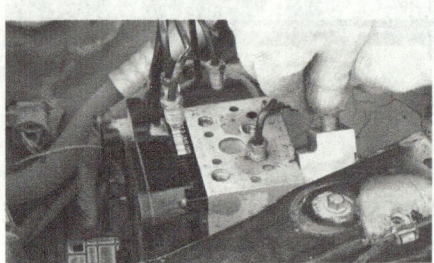

（续）

2）将 ABS 控制单元安装至固定位置，连接液压单元管路插接器

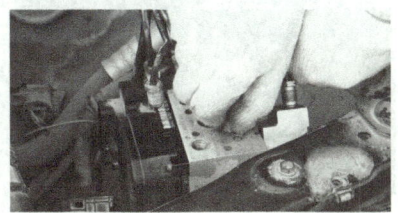

3）连接 ABS 控制单元电气插头

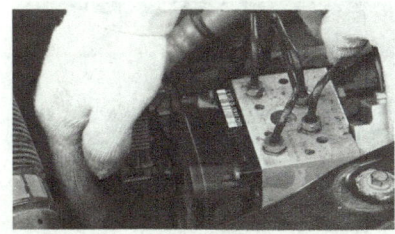

（3）制动系统放气

1）将车辆停于水平表面，打开制动液储液罐盖查看，在放气时制动液储液罐必须在任何时候都装满新的制动液

2）观察制动液液位，液位应处于 MIN 与 MAX 之间，举升车辆

3）拆卸排气阀帽，连接排放接收装置

（续）

4）充分踩下制动踏板，用合适的工具将放油阀松开180° 开始放油

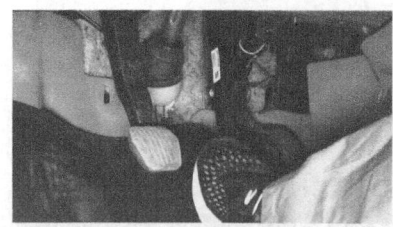 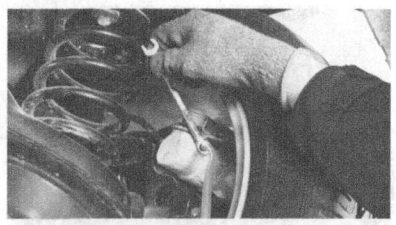

5）将制动器中的空气排放到接收装置中，并拧紧放气阀螺栓，力矩为9N·m

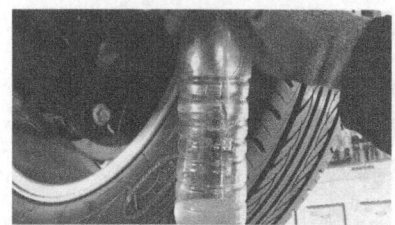 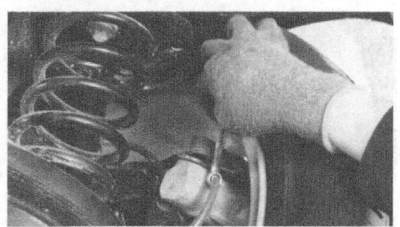

6）松开制动踏板使之返回初始位置，继续多次踩下制动踏板，直至无气泡的制动液排放到接收装置中，在排气过程中要不断地观察储液罐液位是否位于正常位置

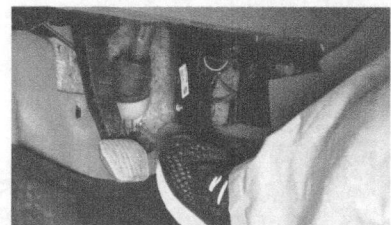 

7）完全踩下制动踏板并拧紧放气阀螺栓，力矩为9N·m

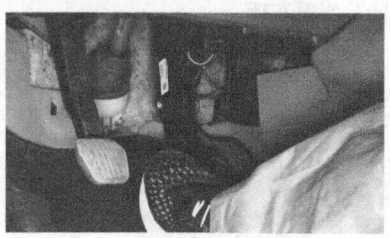 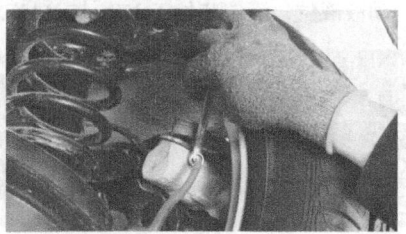

8）盖好排气阀帽，按照操作顺序，依次对各个轮进行放气

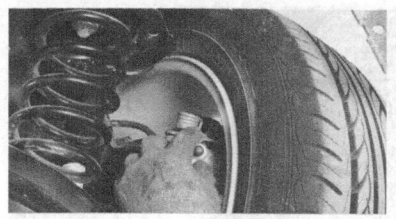 

（续）

9）放气完成后检查制动液液位，并拧紧制动液储液灌盖

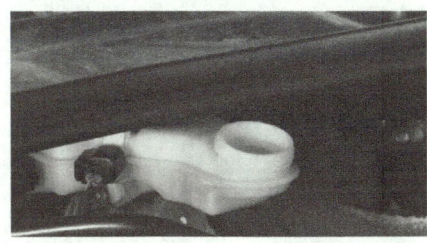 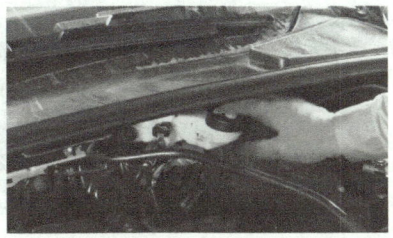

（4）注意事项
1）需用手带紧后方可使用工具紧固，管路必须按顺序连接
2）拆装 ABS 液压单元时，管路当中会混入空气，此时必须要对制动系统进行放气，否则会影响汽车的制动性能，导致制动失效

任务技能点 3

轮速传感器的检修

1. 准备工作

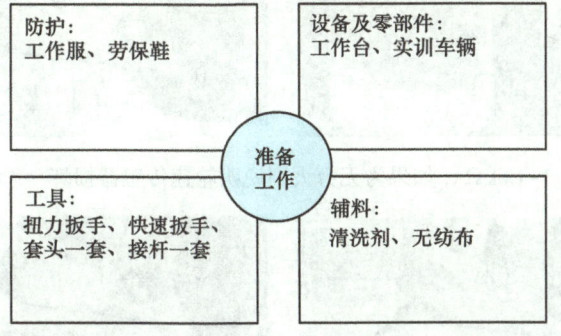

防护：
工作服、劳保鞋

设备及零部件：
工作台、实训车辆

准备工作

工具：
扭力扳手、快速扳手、套头一套、接杆一套

辅料：
清洗剂、无纺布

2. 拆装或测量步骤说明
（1）轮速传感器的拆卸
1）举升车辆至合适位置，使用工具拆卸右前轮轮胎

（续）

2）关闭点火开关，断开线束插头

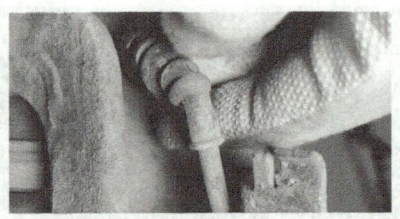

3）使用合适的工具拆卸轮速传感器固定螺栓，取下轮速传感器

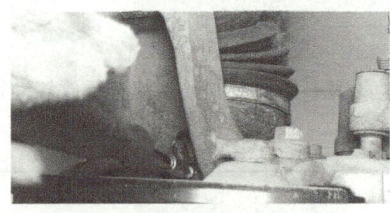
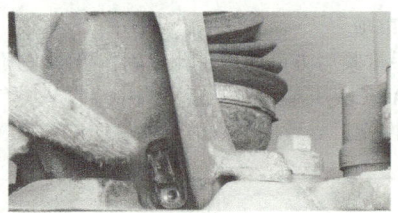

（2）轮速传感器的检修（磁电式）
1）电阻法
① 调整万用表档位至 2kΩ，分别用黑、红表笔连接传感器的两针脚

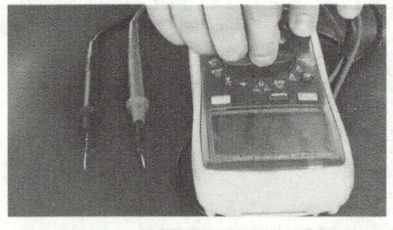
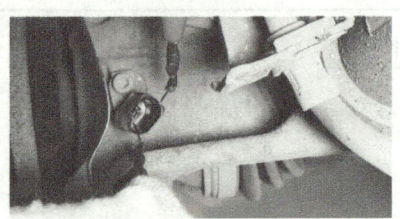

② 测量阻值范围应为 1~1.6kΩ，如果为无穷大则说明轮速传感器损坏

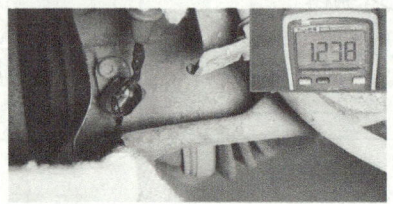
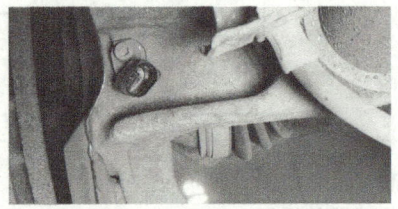

2）示波仪法
① 打开 FSA740，将 FSA740 的红色探针接轮速传感器的信号线，黑色夹子接车身搭铁

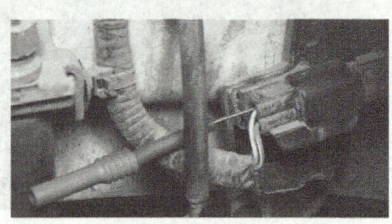

（续）

② 进入 FSA740，点击示波仪查看轮速传感器波形，起动车辆并挂入 D 位，此时观察轮速传感器波形是否正常，波形应随车轮转速变化而变化，否则说明轮速传感器损坏

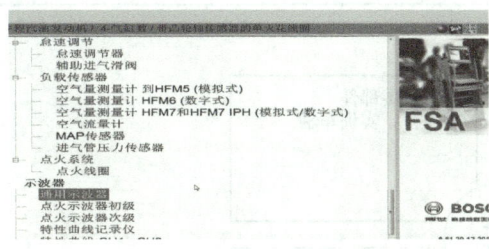 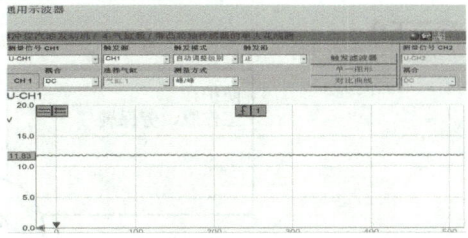

3）数据流法

连接车辆诊断仪，进入 ABS 模块读取车辆数据流，转动车轮，观察数据流随车轮转速变化的过程是否正常，如不正常则说明轮速传感器损坏

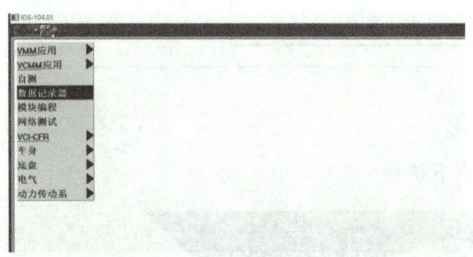 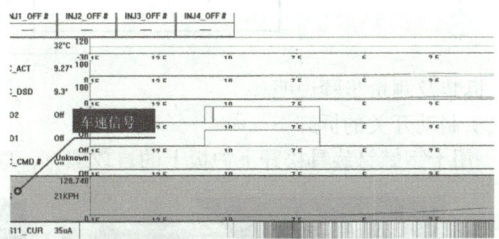

（3）轮速传感的安装

1）将轮速传感器安装至固定位置并拧紧螺钉，连接轮速传感器插头

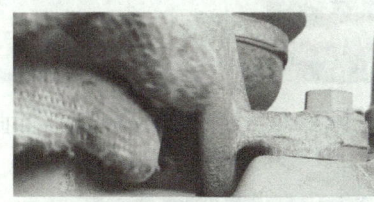 

2）安装车辆右前轮，并预紧固轮胎螺栓

3）落下车辆，并按规定力矩紧固轮胎螺栓

制动开关的检修

1. 准备工作

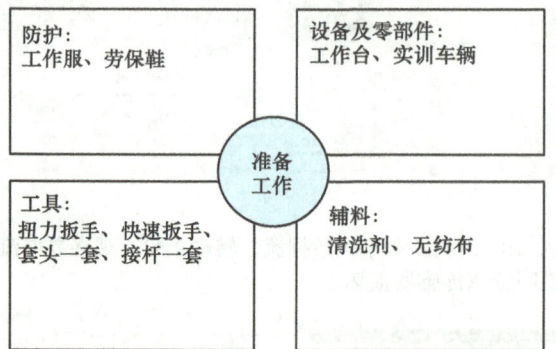

2. 拆装及测量步骤说明

（1）制动开关的拆卸

1）用十字螺钉旋具松开下护板上的自攻螺钉，取下下护板

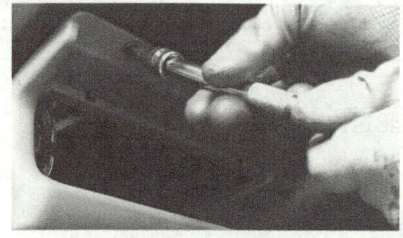
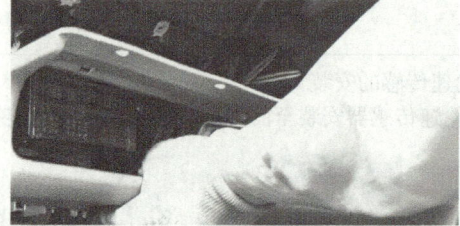

2）拔开开关电气插头，制动开关的插头接口处是卡扣式的，用手捏住两边的卡扣向上提，拔出接线插头，拆卸开关时确保制动踏板保持在正常位置且没有踩下制动踏板

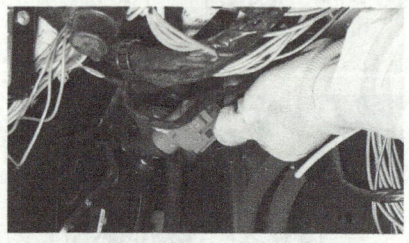
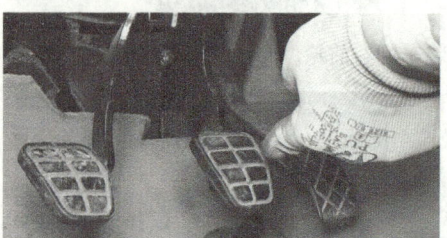

3）将制动开关逆时针旋转取下

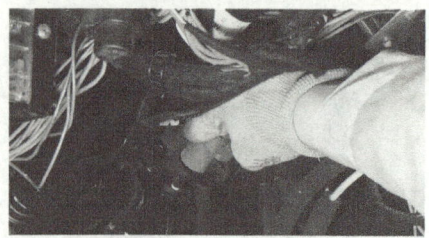

（续）

（2）制动开关的测量

1）测量前将万用表调整至电阻测量档位，将制动踏板开关设置到工作模式，分别用红、黑表笔测量制动开关 1 号和 2 号针脚

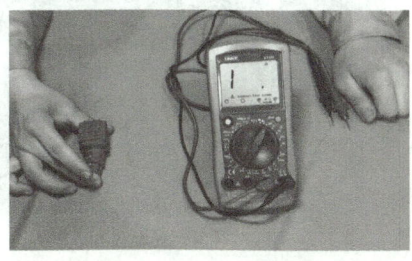
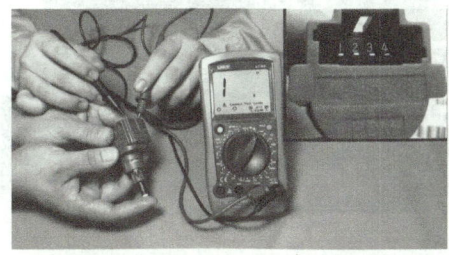

2）此时万用表应显示 0Ω，说明这两个针脚是常闭型触点，然后用手按下开关触点时，万用表应显示为 ∞，否则说明开关损坏

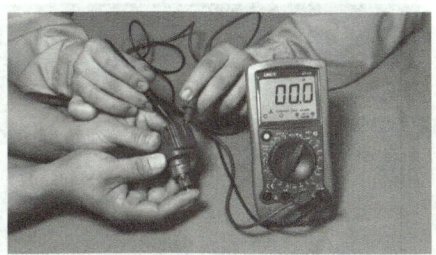
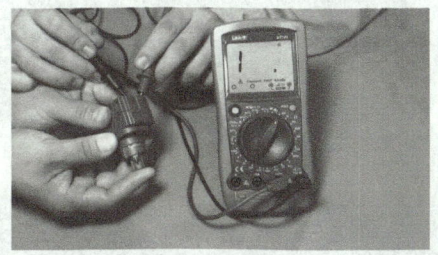

3）分别用红、黑表笔测量另外两个针脚，此时万用表应显示为 ∞，则说明这两个针脚是常开型触点，然后用手按下开关触点时，万用表应显示 0Ω，否则说明开关损坏

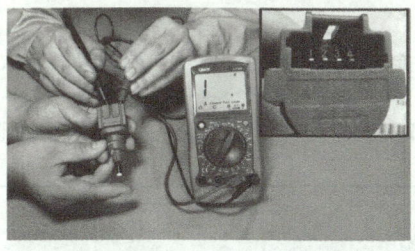
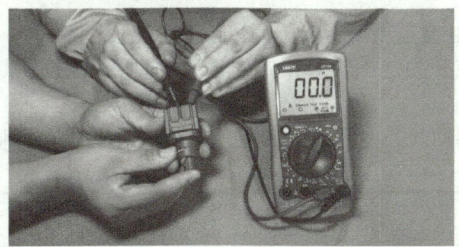

（3）制动开关的安装

1）将制动开关的顶端拉到最长的位置，并在顶杆上涂少量的凡士林或润滑油，将制动开关放到制动踏板架上的安装孔内向右拧 45° 即可

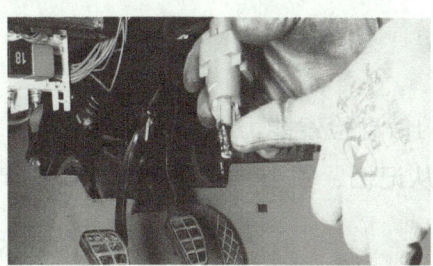
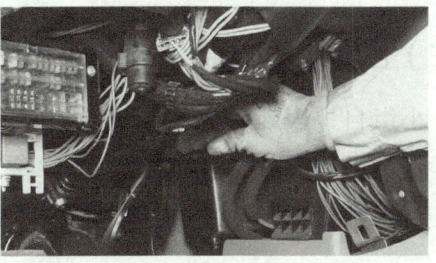

（续）

2）插上导线插头，随后踩下制动踏板并观察制动灯是否点亮

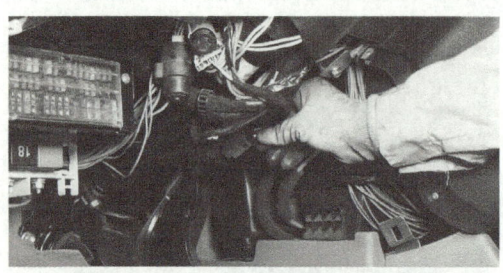

3）安装下护板并拧紧螺栓，如果踩下制动踏板时制动灯没有点亮，可以将制动踏板开关插头拆下，短接插头测量两个端子，如果制动灯正常点亮，则说明制动开故障或安装不正确

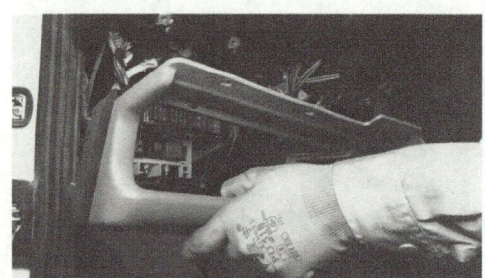
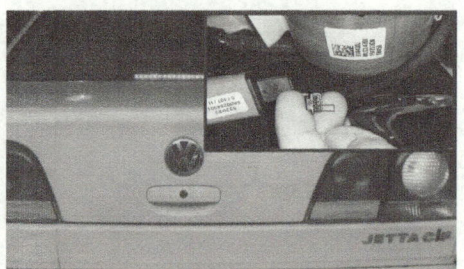

（4）注意事项

1）该开关是旋转卡扣式的，取制动开关时应抓住制动开关向左拧45°，就可以顺利取出制动开关

2）制动开关不能进行维修，如果制动开关在拆卸和安装过程中发生损坏，必须更换新的零件

> **小提示**
> 1. 在进行线束插拔时，应断开点火开关，断开ECU线束时应先断开蓄电池负极，以防止损坏电气元件。
> 2. 制动液有腐蚀性，操作过程应做好防护。

（三）任务评价反馈

1）小组自评表能够让小组成员对各自的信息检索能力、任务认知程度、参与状态、学习方法和工作过程等方面进行评价，从记忆、领会、应用、分析、反馈全方位评估自己对知识的学习及掌握情况。

活动过程评价小组自评表

班级		组名		日期	
评价指标	评价要素			分数	分数评定
信息检索	能有效利用网络资源、工作手册查找有效信息；能用自己的语言有条理地理解、表述所学知识；能将查找到的信息有效地转换到工作中			10	
任务认知	是否熟悉各自的工作岗位，认同工作价值；在工作中，是否获得满足感			10	
参与状态	与教师、同学之间是否相互尊重、理解、平等相待；与教师、同学之间是否能够保持多向、丰富、适宜的信息交流			10	
	探究学习、自主学习不流于形式，处理好合作学习和独立思考的关系，做到有效学习；能够提出有意义的问题或能发表个人见解；能按要求正确操作；能够倾听、协助分享			10	
学习方法	工作计划、操作技能是否符合规范要求；是否获得了进一步发展的能力			10	
工作过程	遵守管理规程，操作过程符合现场管理要求；平时上课的出勤情况和每次完成学习任务情况；善于多角度思考问题，能主动发现、提出有价值的问题			15	
思维状态	是否能发现问题、提出问题、分析问题、解决问题、创新解决问题方法			10	
自评反馈	按时按质完成学习任务；较好地掌握了专业知识点；具有较强的信息分析能力和理解能力；具有较为全面严谨的思维能力并能条理清晰表述成文			25	
自评分数					
有益的经验和做法					
总结反思建议					

2）小组互评表能够让小组成员从信息检索能力、任务认知程度、参与状态、学习方法和工作过程等方面对其他小组进行评价，通过互相评价环节，学习其他小组的长处，弥补自己小组的不足。

活动过程评价小组互评表

班级		被评组名		日期	
评价指标	评价要素			分数	分数评定
信息检索	该组能有效利用网络资源、工作手册查找有效信息			10	
	该组能用自己的语言有条理地去理解、表述所学知识			5	
	该组能将查找到的信息有效地转换到工作中			5	
任务认知	该组是否熟悉各自的工作岗位，认同工作价值			5	
	该组成员在工作中获得满足感			5	
	该组能处理好合作学习和独立思考的关系，做到有效学习			5	
	该组提出有意义的问题或发表个人见解，按要求正确操作，能够倾听、协助分享			5	
	该组积极参与学习任务，并在过程中综合运用信息技术的能力得到提高			5	
学习方法	该组工作计划、操作技能符合规范要求			5	
	该组获得了进一步发展的能力			5	
工作过程	该组遵守管理规程，操作过程符合现场管理要求			10	
	该组平时上课的出勤情况和每次完成学习任务情况			10	
	该组善于多角度思考问题，能主动发现、提出有价值的问题			10	
思维状态	该组是否能发现问题、提出问题、分析问题、解决问题、创新解决问题方法			5	
自评反馈	该组能严肃认真地对待自评，并能独立完成自测试题			10	
	自评分数				
简要评述					

3）教师评价的内容主要包括小组出勤状况、信息收集能力、计划制订是否完善、工作过程是否规范等，能够帮助学生更好地理解学习任务，促进对任务知识点、技能点的消化和吸收。

教师评价表

班级		组名		姓名		
出勤情况						
评价指标	评定要素				分数	分数评定
职业素养	坚持社会主义核心价值观				5	
	具备信息素养				5	
	具备探究学习、终身学习能力				5	
	在实操过程中体现劳模精神、劳动精神、工匠精神				5	
	具备良好的职业道德和环保意识				5	
道德品质	遵守实训场所、场地等公共场所的管理规定，自觉维护秩序				5	
	在公共场所举止文雅、文明礼貌				5	
	爱护公物，保护公共设施				5	
信息检索	能够顺利完成教师安排的任务，快速找到有效信息，并转化到工作中去				5	
任务认知	能够读懂文字的表达内容				5	
	能够满足岗位工作要求、掌握工作流程、熟悉注意事项				5	
参与状态	与教师、同学之间相互尊重、理解				5	
	能够做到独立思考、表达自己想法				5	
	能够按照要求正确操作，能够倾听对方表达的内容，乐于分享				5	
学习方法	能够按照工作内容的紧急情况合理制订计划				5	
	能够按要求完成工作计划，且操作符合规范				5	
工作过程	操作符合安全规定				5	
	操作符合流程规范				5	
	能够协助他人完成工作				5	
思维状态	工作过程思维清晰，对工作结果正确预判，对其他相关工作有帮助				5	
师评分数						
综合评价						

三、任务拓展信息

（一）汽车驱动防滑系统

1. 汽车驱动防滑系统的作用

在汽车防抱死制动系统中，曾分析了汽车制动时的汽车制动距离加长和操控稳定性降低等问题。其实，汽车起步、加速或行驶在附着系数比较小的路面时，驱动轮的滑转同样也会导致纵向摩擦因素和横向摩擦因素减小，使汽车失去稳定的牵引能力和操纵能力。

根据汽车理论知识，汽车在路面上行驶时，其驱动力主要取决于两个方面：一是发动机的输出功率和转矩；二是路面附着系数。汽车在行驶过程中，如果路面附着系数比较小，当汽车起步或加速时，很容易导致车轮超过最大附着系数，多余的力矩会使车轮打滑，附着力明显降低，使汽车失去稳定的牵引能力和操纵能力。汽车驱动轮防滑转控制系统通常称为驱动防滑系统(Anti-slip Regulation System，ASR)，亦称防滑转系统。汽车的驱动防滑系统就是当车轮出现滑转时，通过对滑转侧的车轮施加制动力或控制发动机的输出转矩以抑制车轮的滑转，从而避免汽车牵引力与行驶稳定性的下降。由于驱动防滑系统都是通过调节驱动轮的驱动力（牵引力）来实现的，因此又被称为汽车牵引力控制系统（Traction Control System，TCS）。

ASR 系统是继防抱死制动系统（ABS）后应用于车轮防滑的电子控制系统，当车轮开始滑转时，通过降低发动机的输出转矩来减小传递给驱动车轮的驱动力和对驱动轮施加制动力防止驱动力超过轮胎与路面之间的附着力而导致驱动轮滑转（或通过增大滑转驱动轮的阻力来增加未滑转驱动轮的驱动力，使所有驱动轮的总驱动力增大），从而提高车辆的通过性以及起步、加速时的安全性。因此，装有 ASR 的车辆能体现高效率的驱动性能和转向性能：① 提高起步及加速时的稳定性；② 提高低摩擦路面上的安全性和驱动力。

2. ASR 控制系统的组成

ASR 控制系统组成原理如图 6-17 所示。

ASR 系统的传感器主要是轮速传感器和节气门位置传感器。轮速传感器与 ABS 共用，而节气门位置传感器与发动机控制系统共用。ASR 专用的信号输入装置是 ASR 选择开关，关闭 ASR 选择开关，则可停止 ASR 系统的使用。

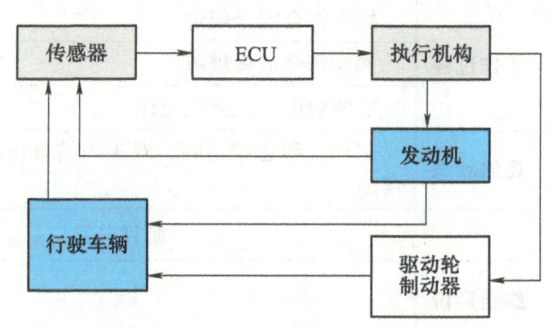

图 6-17　ASR 系统组成原理

ASR 系统执行器包括 ASR 泵、ASR 电磁阀、ASR 继电器、辅助节气门执行器等元件。ASR 系统执行器很多都安装在液压调节器内，ASR 制动压力调节器执行 ASR ECU 的指令，对滑转车轮施加制动力并控制制动力的大小，以使滑转车轮的滑转率控制在目标范围内。ASR 制动压力源是蓄能器，通过电磁阀来调节驱动车轮制动力的大小。ASR 制动压力调节器的结构形式有单独方式和组合方式两种。ASR 控制单元也是以微处理器为核心，配以输入输出电路及电源等组成。ASR 元件位置如图 6-18 所示。

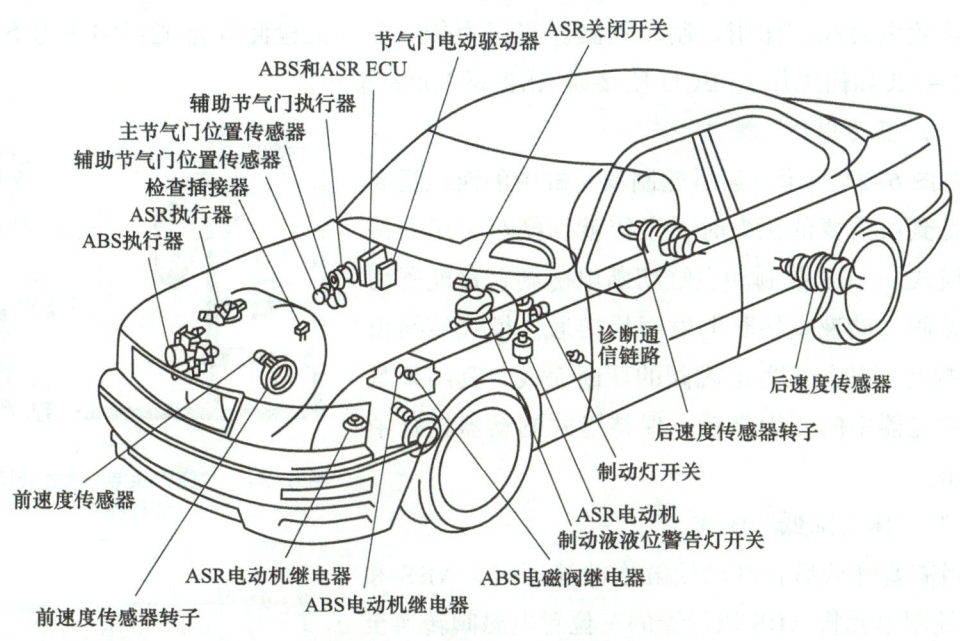

图 6-18 ASR 元件位置

3. 工作原理与工作过程

在正常制动中（ASR 未启动），当施加制动力时，ASR 制动执行器中所有电磁阀（制动主缸切断电磁阀、蓄能器切断电磁阀、储液室切断电磁阀）都关断。如图 6-19 所示，当 ASR 在此状态下，制动踏板被踩下时，制动主缸内产生的液压经制动主缸切断电磁阀和 ABS 执行器的三位置电磁阀作用在制动轮缸上。当松开制动踏板时，制动液从制动轮缸流回到制动总缸。

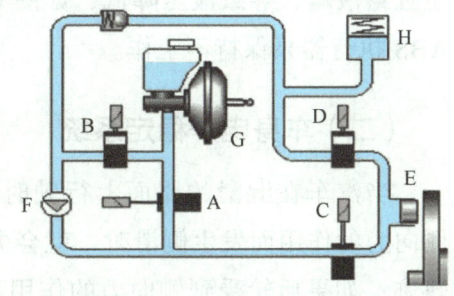

图 6-19 正常制动时液压流程图

在车辆加速时如后轮空转，ABS 和 ASR 控制单元控制转矩和后轮的制动，以免发生空转。左、右后轮制动器中的液压，分别由三种模式（压力提高、保持和降低）控制。

（1）"压力提高"模式

当踩下加速踏板时，一个后轮开始空转时，ASR 执行器的所有电磁阀都有来自 ECU 的信号接通，同时，ABS 执行器的三个位置电磁阀也转接至"压力提高"模式，如图 6-20 所示。在这一模式，制动主缸电磁阀接通（闭合），蓄能器切断电磁阀接通（打开）。这就使蓄能器中的加压制动液，经蓄能器切断电磁阀和 ABS 中

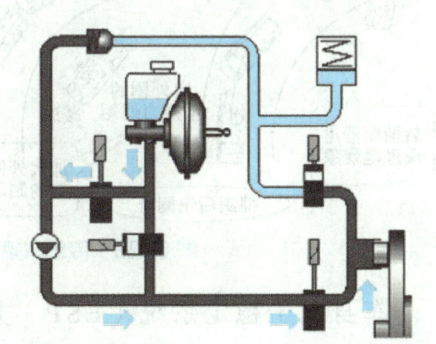

图 6-20 "压力提高"模式液压工作流程图

的三位置电磁阀，作用在制动轮缸。当压力传感器开关检测到蓄能器中压力下降时（不论 ASR 如何工作），ECU 便接通 ASR 泵以提高液压。

（2）"压力保持"模式

如图 6-21 所示，当后轮制动轮缸中的液压提高或降低到所需要的压力时，系统就切换至"压力保持"模式。ABS 泵制动主缸切断电磁阀、蓄能器切断电磁阀、储液室切断电磁阀均接通。模式转换由 ABS 执行器的三位置电磁阀的切断完成，其结果是阻止蓄能器中的压力降低，保持盘式制动器轮缸中的液压。

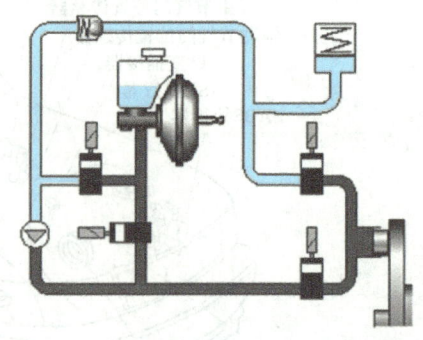

图 6-21 "压力保持"模式液压工作流程图

（3）"压力降低"模式

当需要降低后轮制动轮缸中的液压时，ABS 和 ASR 控制单元将 ABS 执行器的三位置电磁阀转换至"压力降低"模式。这就使制动轮缸中的液压，经 ABS 三位置电磁阀和储液室切断电磁阀流回至制动主缸蓄液罐，导致液压降低，如图 6-22 所示，这时 ABS 执行器泵保持不工作。

（二）车身电子稳定系统

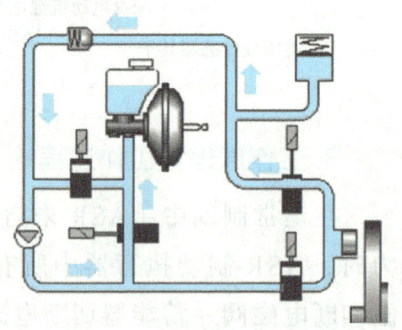

图 6-22 "压力降低"模式液压工作流程图

当汽车在湿滑的路面上行驶时，如果前轮受到侧向力的作用而发生侧滑时，就会失去路径跟踪能力（又称为循迹能力）而偏离行驶轨迹；如果后轮受到侧向力的作用而发生侧滑（如转动转向盘用力过猛即转向过度，后轮产生较大的侧偏角）时，后轮就会侧滑甩尾而失去稳定性，如图 6-23 所示。

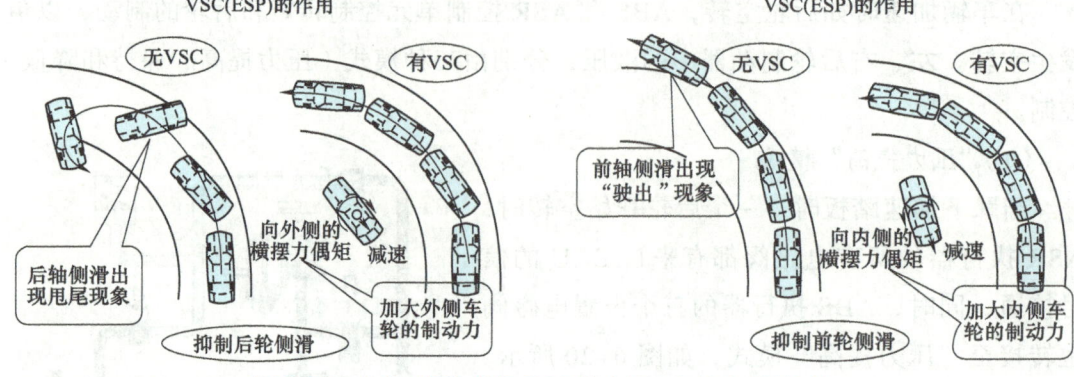

图 6-23 传统车辆与装备 ESP 的车辆在急转弯时的比较

车身电子稳定系统（ESP）是在防抱死制动系统（ABS）和驱动防滑系统（ASR）的基础上发展而成的车辆辅助控制系统，其功用是当汽车在湿滑的路面上行驶，其前轮或后轮发生侧滑时，自动调节各车轮的驱动力和制动力，确保车辆稳定行驶，如图 6-24 所示。

图 6-24　ESP 作用示意图

1. 车身电子稳定系统的组成

为了提高汽车行驶的安全性和稳定性，一些车型（如马自达 6、丰田皇冠、锐志等）都采用了车身电子稳定系统（ESP）。ESP 是由传感器、电子控制单元（ECU）单元和执行器组成。因为 ESP 是 ABS 和 ASR 的完善和补充，所以 ESP 的大部分控制部件都可与 ABS 和 ASR 共用。为了实现防止车轮侧滑功能，ESP 在 ABS 和 ASR 的基础上，传感器部分需要增设用于检测汽车状态的横摆率传感器、转向盘转角（转向角）传感器、横向加速度传感器以及检测制动主缸（总泵）压力的制动液压力传感器。电子控制单元需要增强运算能力、增加相应的信号处理电路、驱动放大电路和软件程序等。ESP ECU 一般都与 ABS ECU 和 TRC ECU 组合为一体，称为 ABS/TRC/ESP ECU。执行器部分既可像 ABS 或 TRC 那样单独设置压力调节器和发动机输出转矩调节器，也可对液压通道进行适当改进，直接利用 ABS 和 TRC 已有调节装置对制动力和发动机输出转矩进行调节。除此之外，还需要设置 ESP 故障指示灯、ESP 蜂鸣器等指示与报警装置。

（1）ESP 传感器

1）侧向加速度传感器：

① 安装位置：转向柱下方偏右侧，与横摆角速度传感器一体。

② 作用：确定侧向力。

③ 失效影响：没有侧向加速度传感器的信号，无法识别车辆状态。

④ ESP 失效测量精度：1.2V/g。

⑤ 测量范围：±1.7g（加速度），信号为 0~2.5V。

⑥ 结构原理：按电容器原理工作，两个串联电容，中间极片可在作用力下运动。电容可吸收一定量电荷，只要没有侧向力作用在中间极片上，则两电容间隙保持恒

定，电容相等。中间电极在侧向力作用下，其中一个电容间隙增加，另一个减小，串联电容值也随之改变。最终，电荷的改变决定了侧向力的大小和方向，如图6-25所示。

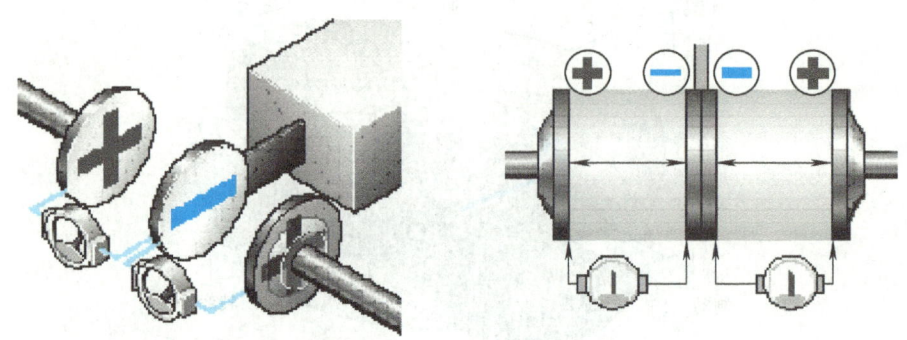

图6-25 侧向加速度传感器结构原理图

2）横摆角速度传感器：

① 安装位置：转向柱下方偏右侧，与侧向加速度传感器一体。

② 功能：感知作用在车辆上的力矩，识别车辆围绕垂直地面轴线方向的旋转运动。

③ 结构原理：其基本工作原理可简化成图6-26a所示的双调节叉结构。双调音叉是由一个激励叉和一个测量叉组成，使得激励叉在11kHz时共振，而测量叉在11.33kHz时产生共振，向双叉施加11kHz的交变电压，在激励叉上发生共振，而测量叉上不出现。发生共振的调音叉对于外力的反应，要比没有发生共振的调音叉运动响应慢。这意味着车辆的角加速度使得测量叉与车辆同步运动，而共振叉滞后于车辆的运动。结果，双叉发生扭曲。摇摆的结果是改变了叉上的电荷分配，传感器感知此信号并将其传递给控制单元，如图6-26b所示。

④ 失效影响：没有此信号，控制单元不能识别车辆是否发生转向，ESP功能失效。

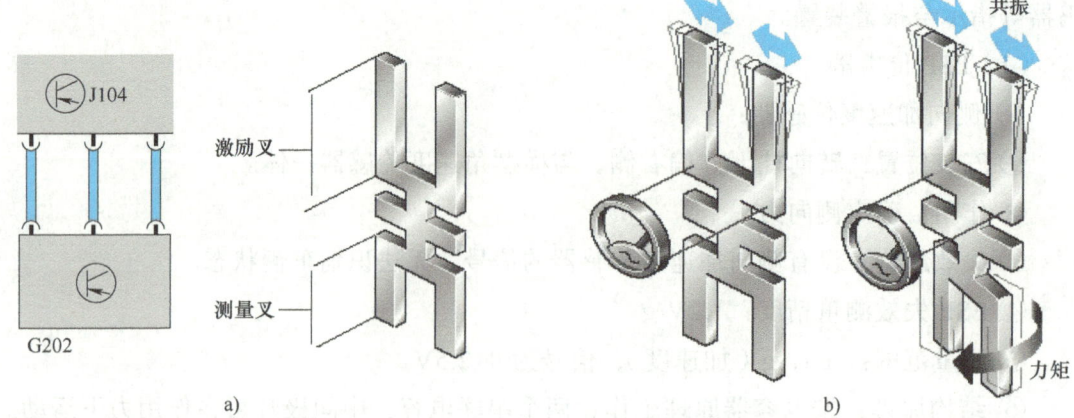

图6-26 横摆角速度传感器工作原理图

3）纵向加速度传感器：只在四驱车上安装此传感器，如图 6-27 所示。对于单轴驱动车辆，系统通过计算制动压力、车轮转速信号以及发动机管理系统信息，得出纵向加速度。

4）转向盘转角传感器：

① 安装位置：安装在转向柱开关和转向盘之间的转向柱上，与滑环式复位环（安全气囊用）构成一个整体。

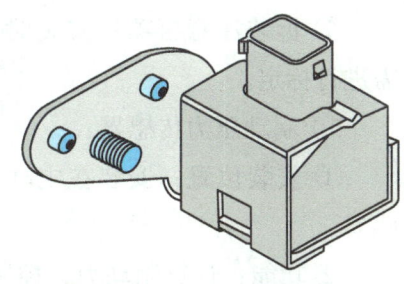

图 6-27　纵向加速度传感器

② 功能：向带有 EDS/TCS(ASR)/ESP 的 ABS 控制单元传递转向盘转角信号。测量范围为 ±720°；测量精度为 1.5°；分辨速度为 1~2000°/s。

③ 原理：利用光栅原理测量角度。传感器构成如图 6-28 所示。

把常孔的增量模板 1 和绝对模板 2 平行放置，3 为光源，4、5 为光传感器，如图 6-29 所示。

如果光通过缝隙照到光传感器上就产生了一个信号电压；如果光源被遮掉则无信号电压，移动模块则会产生两种信号电压，增量传感器的信号是均匀的，因为增量常孔模板排列均匀。绝对传感器传递的信号不均匀，因为绝对模板上的孔排列不均匀，通过比较两种信号，系统就能算出常孔模板的移动距离，移动的起始位置由绝对模板决定。

④ 失效影响：系统将不能识别车辆的预期行驶方向（驾驶人意愿），导致 ESP 不起作用。

⑤ 初始化：转向盘转角传感器是 ESP 系统中唯一一个直接由 CAN 总线向控制单元传递信号的传感器。打开点火开关后，转向盘被转动 4.5°（相当于 1.5cm），传感器进行初始化。

⑥ 自诊断：更换控制单元或传感器后，需重新标定零点。标定方法及工作参数见自诊断部分。

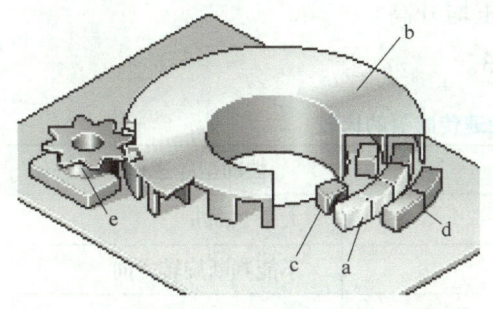

图 6-28　传感器构成图
a—光源　b—编码盘　c、d—光学传感器
e—整圈计数器

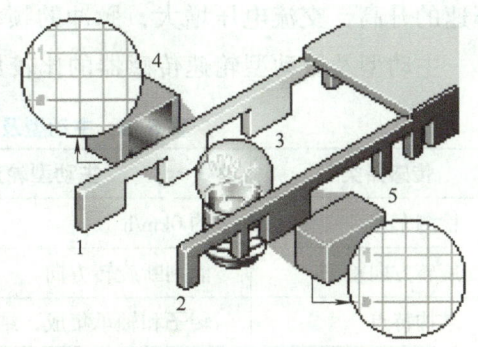

图 6-29　原理图

⑦ 拆装注意事项：安装时，要保证 G85 在正中位置，观察孔内黄色标记可见；需进行标定。

5）制动压力传感器：

① 安装位置：安装在主缸上，为最大限度地保证安全，有些系统采用了两个传感器。

② 功能：计算制动力，控制预压力。

③ 测量范围：最大测量值为 170MPa，最大能量消耗为 10mA、5V。

④ 失效影响：ESP 功能不起作用。

⑤ 结构原理：两传感器都是电容型传感器。为便于说明，可用简化的电容器来说明如何感知制动压力，如图 6-30 所示。电容量 C 的大小由两级间间隙 s 决定（其他因素不变），它可存储一定量电荷。其中一个电极被固定，另一个可在压力作用下移动。可移动电极压力增大，两级间间隙变小，电容量增大；压力降低时，两电极间间隙增大，电容量减小。通过电容量的变化，指示压力变化。

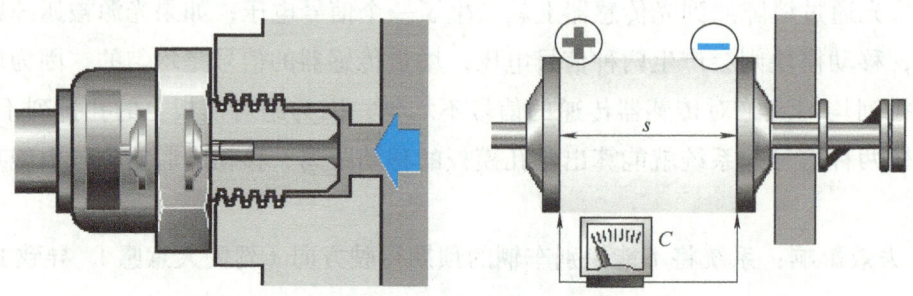

图 6-30　制动压力传感器原理图

6）轮速传感器：轮速传感器从结构上分为电磁式、霍尔式和光电式三种，在丰田车型中以电磁式最为常见，由于普通电磁式传感器存在一定的缺点，在新款丰田车中电磁式已由被动型替换为主动型。主动型轮速传感器输出的是数字信号，即方波脉冲电压信号，该信号随着车轮转速的升高，脉冲的频率升高，而传感器信号电压的幅值不变。被动型传感器发出的是模拟电压信号，是正弦波信号，被动型传感器信号随车速的升高，交流电压增大，脉冲的频率和电压均升高。

主动型及被动型轮速传感器的比较见表 6-3。

表 6-3　主动型及被动型轮速传感器的比较

传感器类型	主动型轮速传感器	被动型轮速传感器
检测车速	约 0km/h	大于 3km/h
旋转方向检测	能判断旋转方向	不能判断旋转方向
结构特点	转子和轴承集成，结构紧凑、质量轻	—

轮速传感器检测旋转方向的方法如图 6-31 所示。

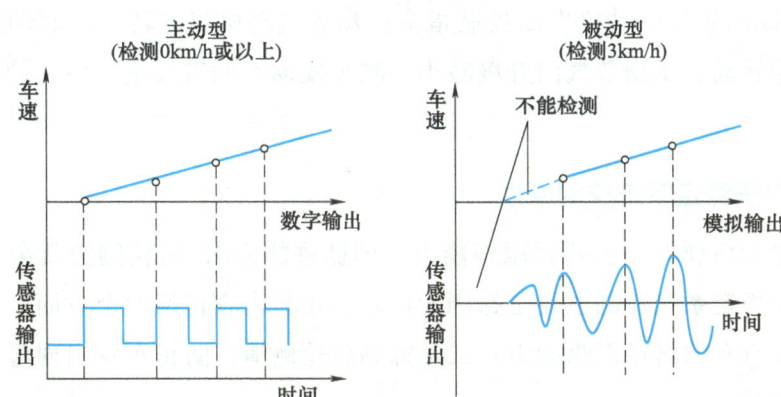

图 6-31 主动和被动型轮速传感器车速检测方法示意图

7）节气门位置传感器：

① 安装位置：安装在节气门体上。

② 作用：用于检测驾驶人操纵加速踏板以及由 ESP 执行器调节发动机输出转矩时节气门开度的大小。

8）TRC/ESP 开关：

① 安装位置：安装在仪表板上。

② 作用：按此开关可关闭 ESP/TCS 功能，并由仪表上的警告灯指示出来，再次按压此开关可重新激活 TCS/ESP 功能。如果驾驶人忘记重新激活 TCS/ESP，再次起动发动机后系统可被重新激活。在下列情况，有必要关闭 TCS/ESP 开关：在积雪路面或松软路面上，让车轮自由转动，前后移动车辆；安装了防滑链的车辆。

（2）ESP 执行器

1）制动液压调节器。目前，一般都直接利用 ABS 液压调节器来调节制动力。丰田系列轿车将 ABS 液压调节器、TRC 液压调节器和 ESP 液压调节器制作成一体，称为制动液压调节器，安装在发动机舱内右前侧。当汽车制动减速使车轮发生滑移时，液压调节器执行 ABS 功能；当车轮发生滑转时，液压调节器执行 TRC 功能；当车身发生侧滑时，液压调节器执行 ESP 功能，通过自动调节各车轮的制动力，实现 ABS、TRC 和 ESP 功能。

液压调节器主要由蓄能器、储液器、回液泵、回液泵电动机、选择电磁阀和控制电磁阀等组成，其结构原理与前述同类装置大同小异。控制电磁阀在 ESP、TRC 或 ABS 工作时，升高、保持或降低每个车轮制动分泵（轮缸）的制动压力，调节每个车轮的制动力或驱动力，从而实现 ESP、TRC 或 ABS 功能。

2）节气门执行器。一般采用步进电动机与扇形齿轮配合对发动机副节气门的位置进行控制，安装在发动机节气门旁边，与 TRC 共用。当 ESP 调节发动机输出转矩时，ESP ECU 向步进电动机发出控制指令，步进电动机步进转动，驱动副节气门轴上的扇形齿轮转动，使副节气门开度减小，减少发动机的进气量，使发动机的输出转矩减小。

2. 车身电子稳定系统控制原理

汽车前轮侧滑就会失去路径跟踪能力（即循迹能力），后轮侧滑就会发生甩尾现象。车身电子稳定系统控制主要是指侧滑控制，控制内容包括两个方面：一是抑制前轮侧滑，保持汽车的路径跟踪能力；二是抑制后轮侧滑，防止车身出现甩尾现象，确保车辆稳定行驶。

ESP 抑制车轮侧滑的原理是利用左右两侧车轮制动力差产生的横摆力矩，使车身产生一个与侧滑相反的旋转运动，从而防止前轮侧滑失去路径跟踪能力以及防止后轮侧滑甩尾失去行驶稳定性。

（1）抑制前轮侧滑

抑制前轮侧滑时，首先需要通过降低发动机输出转矩使汽车减速，同时额外增加一个制动力，使车身向内旋转运动。因此，在抑制前轮向右侧滑时，必须先向左后轮施加一个制动力，如图 6-32a 所示，以便产生向内旋转（沿逆时针方向旋转）的运动，然后再对两前轮施加制动力，使车速降低到某一水平，用以保证汽车的路径跟踪能力和稳定性行驶。同理，抑制前轮向左侧滑时，必须先向右后侧滑时，施加一个制动力，如图 6-32b 所示，以便产生向内旋转（沿顺时针方向旋转）的运动，然后再对两前轮施加制动力，使车速降低到某一水平，保证汽车的路径跟踪能力和稳定行驶。

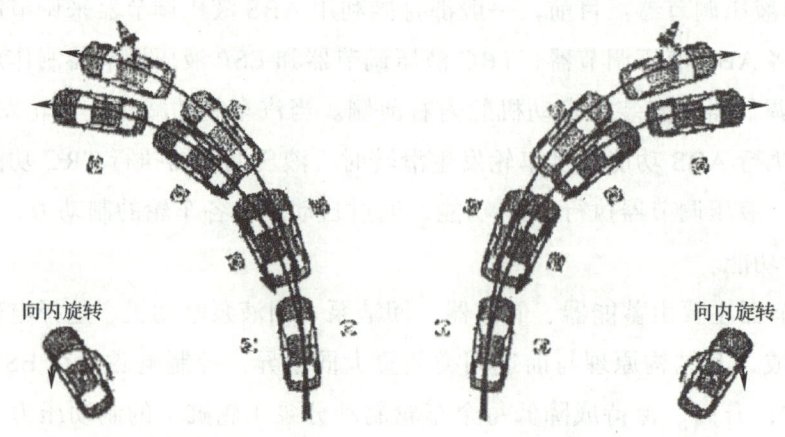

a) 右前轮侧滑的抑制　　b) 左前轮侧滑的抑制

图 6-32　前轮侧滑抑制原理

(2)抑制后轮侧滑

为抵消后轮的侧滑，首先需要通过降低发动机输出转矩使汽车减速，同时额外增加一个向外的旋转运动，用以平衡侧滑引起的向内运动，防止车身出现甩尾掉头现象。因此，在抑制后轮向右侧滑时，必须在右前轮上额外施加一个制动力，如图6-33a所示，使车身产生向外旋转（沿顺时针方向旋转）的运动，防止发生甩尾或掉头现象。同理，抑制后轮向左侧滑时，必须在左前轮上额外施加一个制动力，如图6-33b所示，使车身产生向外旋转（沿逆时针方向旋转）的运动，防止发生甩尾现象，从而确保汽车稳定行驶。

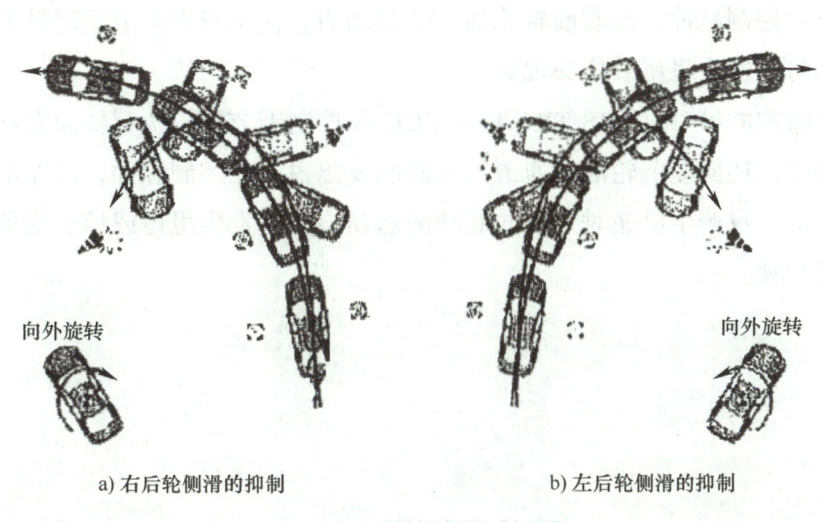

a) 右后轮侧滑的抑制　　　　　b) 左后轮侧滑的抑制

图6-33　前轮侧滑抑制原理

3. 车身电子稳定系统控制过程

在汽车行驶（特别是在湿滑的路面上转弯）过程中，前轮发生侧滑时就会产生较大的侧向（横向）加速度，后轮发生侧滑时就会产生较大的侧偏角，横向加速度传感器和横摆率传感器分别将这两种侧滑产生的信号输入ABS/TRC/ESP ECU后，ABS/TRC/ESP ECU就会向发动机输出转矩调节装置（即副节气门位置控制步进电动机）发出控制指令，使发动机的输出转矩减小来降低车速。与此同时，ABS/TRC/ESP ECU还要根据制动压力高低向液压调节器的电磁阀发出不同占空比的控制脉冲，控制相应车轮的制动力，使车身产生一个与侧滑相反的旋转运动，从而防止前轮侧滑而失去路径跟踪能力或防止后轮侧滑甩尾失去行驶稳定性，减少交通事故。

(1)前轮侧滑的控制过程

当前轮向右侧滑时，ABS/TRC/ESP ECU首先向副节气门执行器发出控制指令，使发动机输出转矩减小来降低车速，同时向制动液压调节器中左后轮液压通道的电磁阀发出占空比控制脉冲，向左后轮施加一个制动力，以便产生沿逆时针方向旋转的运动，然后再对两轮施加制动力，使车速降低平稳行驶并保持路径跟踪能力。

当前轮向左侧滑时，ABS/TRC/ESP ECU 在控制副节气门执行器使发动机输出转矩减小的同时，还向右后轮液压通道的电磁阀发出占空比控制脉冲，向右后轮施加一个制动力，以便产生沿顺时针方向旋转的运动，然后再对两轮施加制动力，使车速降低平稳行驶并保持路径跟踪能力。

（2）后轮侧滑的控制过程

当后轮向右侧滑时，ABS/TRC/ESP ECU 首先向副节气门执行器发出控制指令，使发动机输出转矩减小来降低车速，同时向制动液压调节器中右前轮液压通道的电磁阀发出占空比控制脉冲，向右前轮施加一个制动力，使车身产生沿顺时针方向旋转的运动，从而防止发生甩尾或掉头现象。

当后轮向左侧滑时，ABS/TRC/ESP ECU 在控制副节气门执行器使发动机输出转矩减小的同时，还向左前轮液压通道的电磁阀发出占空比控制脉冲，向左前轮施加一个制动力，使车身产生沿逆时针方向旋转的运动，防止发生甩尾或掉头现象，从而确保汽车稳定行驶。

学习任务 7
汽车安全气囊系统检测与维修

一、任务说明

任务描述	要进行后面任务的学习，需要对汽车安全气囊系统的工作原理有基本认识，做好任务准备。	
任务所属模块课程	● 动力系统检修	（　）
	● 变速器与传动系统检修	（　）
	● 转向悬架系统检修	（　）
	● 制动安全系统检修	（ ✓ ）
	● 电器与控制系统检修	（　）
	● 空调与舒适系统检修	（　）
	● 动力与底盘网关控制系统检修	（　）
	● 车身与娱乐网关控制系统检修	（　）
任务对应工作领域	● 汽车动力与驱动系统工作领域	（　）
	● 汽车转向悬架与制动安全系统工作领域	（ ✓ ）
	● 汽车电子电气与空调舒适系统工作领域	（　）
	● 汽车全车网关控制与娱乐系统工作领域	（　）
是否为拓展更新任务	是（　）/ 否（ ✓ ）	
任务育人目标描述		
● 弘扬爱国精神 ● 树立精益求精、一丝不苟的工匠精神		
职业技能（能力）要求描述		
行为	能对汽车安全气囊系统进行检测与装配	
条件	车辆/设备：装备安全气囊的实训车辆 工具及场地要求： 维修工位 4 个、配套维修手册 4 本、工具箱（内包含诊断仪、万用表）4 个、零件车 4 个、工作灯 4 个、手套若干、无纺布若干、维修工作台 4 个	
标准与要求	●树立分析问题、解决问题的信心；提高沟通协调、团队合作的能力；强化安全生产、规范操作的意识 ●能描述汽车安全气囊系统工作过程原理，了解常见问题及掌握检查方法 ●能检查、更换气囊、侧气帘、卷收器	
成果	完成汽车安全气囊系统的检测与气囊、控制单元、卷收器的更换	

任务案例引入视频

二、任务学习与实施

（一）任务引导与学习

引导问题1：安全气囊系统通常由_____、_____、_____、_____、_____、_____、_____组成。

引导问题2：试简述汽车安全气囊系统的保险机构形式。
_____
_____

引导问题3：安全气囊按照碰撞类型可分为_____、_____、_____。

引导问题4：试简述气囊的基本工作原理。
_____
_____

> **知识链接**

安全气囊系统组成动画

1. 安全气囊系统的组成

安全气囊系统（Supplemental Restraint System, SRS）主要由传感器、控制单元、安全气囊组件、SRS警告灯、安全带张紧器、安全气囊系统保险机构、SRS线束等组成，如图7-1所示。

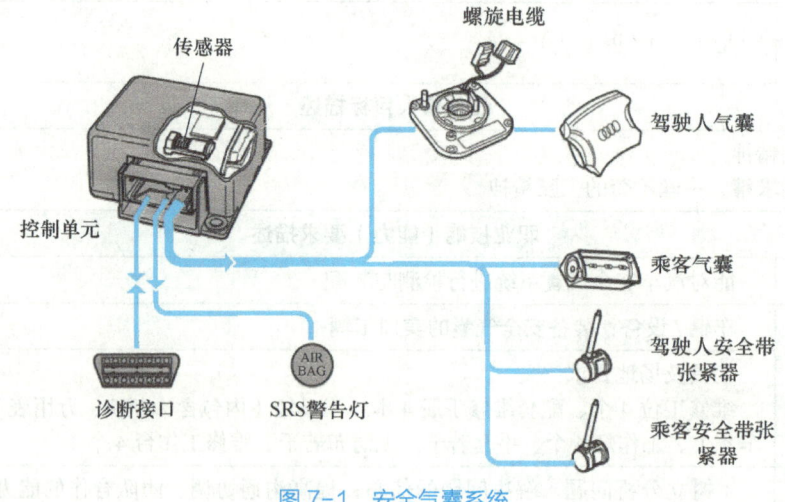

图7-1 安全气囊系统

（1）传感器

传感器用于检测、判断汽车发生事故时的撞击强度并向ECU输入检测信号。按其功能可分为碰撞传感器和安全传感器两种。碰撞传感器用于检测碰撞的强度，如果汽车以 40km/h 的速度撞到一辆正停放的同样大小的汽车上，或以不低于 20km/h 的车速迎面撞到一个不可变形的固定障碍物上，碰撞传感器便会动作，接通接地回路。安全传感器也称触发传感器、保险传感器，其闭合的减速度比碰撞传感器要稍小一些，起保险作用，防止气囊系统在非碰撞状况下（如碰撞传感器短路）引起气囊的误动作。碰撞传感器分布如图 7-2 所示。

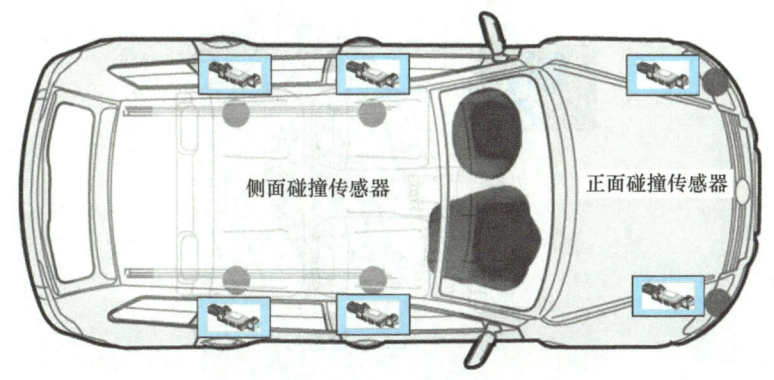

图 7-2　碰撞传感器分布

（2）安全气囊组件

安全气囊组件主要由气体发生器、气囊、饰板和底板等组成。

驾驶人侧气囊组件位于转向盘中心处，乘客侧气囊组件位于仪表板右侧杂物箱的上方。气囊按位置分为驾驶人气囊、乘客气囊、侧面气囊等；有用来保护上身的大型气囊，也有用来主要保护面部、膝部等的小型气囊。驾驶人气囊多采用尼龙布涂氯丁橡胶或有机硅制成。橡胶涂层起密封阻燃作用，气囊背面有两个泄气孔。乘客气囊没有涂层，靠尼龙布本身间隙泄气。安全气囊与座椅安全带配合使用才能得到有效保护作用。饰板是气囊组件的盖板，上面预制有裂纹，以便气囊能冲破饰盖膨开。气囊和气体发生器安装在底板上，底板装在转向盘或车身上，气囊膨开时，底板承受气囊的反力，如图 7-3 所示。

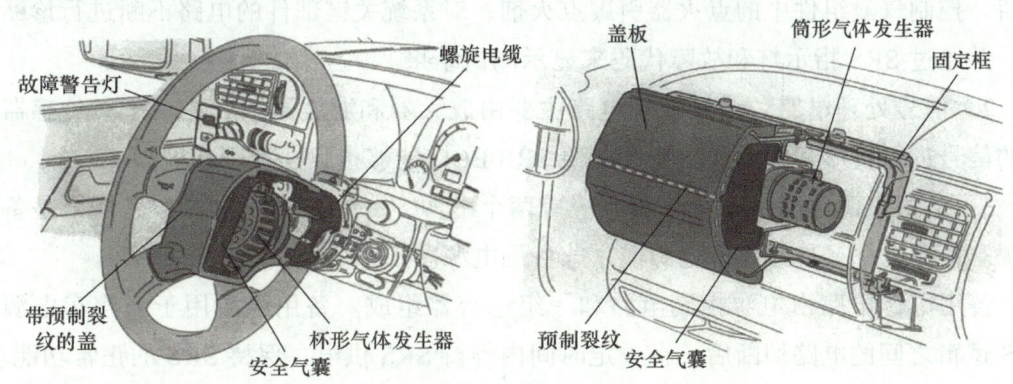

图 7-3　安全气囊组件

（3）SRS 警告灯

安全气囊系统具有故障自诊断功能，通过 SRS 警告灯指示系统的工作情况。SRS 警告灯（图 7-4）位于仪表板上。将点火开关置于 ON 位置后，诊断单元对系统进行自检，若 SRS 警告灯点亮 6~8s 后熄灭，说明安全气囊系统正常；如果警告灯不亮、闪烁或常亮，则说明安全气囊系统有故障，提示应进行检修。

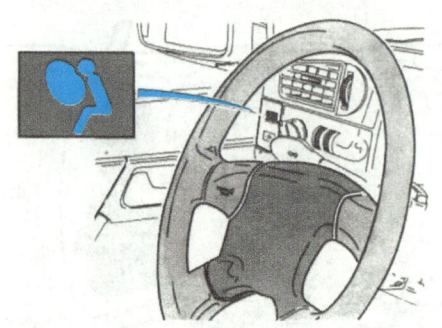

图 7-4　SRS 警告灯

（4）控制单元

控制单元任务是接收车辆的减速信号并对其进行分析，可靠识别碰撞情况，并根据碰撞的类型及强度触发保护系统（安全气囊/安全带等）。控制单元主要功能包括：分析所有输入信息，进行碰撞识别（前面、侧面、后面）；在适当时机触发安全气囊、收紧安全带以及切断蓄电池；在一定时间内通过电容器独立供电（约 150ms）；连续监控全部安全气囊系统部件；控制安全气囊故障警告灯，触发安全带警报装置；故障诊断功能以及碰撞信息存储；将碰撞信息通过 CAN 总线或单独的输出线路通知其他系统的部件（关闭燃油泵、打开中央门锁等）。

SRS ECU 主要由逻辑模块、信号处理电路、备用电源电路、保护电路和稳压电路等组成，安全传感器、中央传感器一般被制作在 SRS 控制组件中。

1）SRS 逻辑模块。SRS 逻辑模块主要用于监测汽车减速度或惯性力是否达到设定值，控制气囊组件中的点火器引爆点火剂；对系统关键部件的电路不断进行诊断测试，并通过 SRS 指示灯和故障代码来显示测试结果。

2）信号处理电路。信号处理电路主要由放大器和滤波器组成，用于对传感器检测的信号进行整形、放大和滤波，以便 SRS ECU 能够接收、识别和处理。

3）备用电源电路。安全气囊系统有两个电源：一个是汽车电源；另一个是备用电源。备用电源又称为后备电源或紧急备用电源。

备用电源电路由电源控制电路和一组电容器组成。备用电源用于当汽车电源与 SRS 逻辑之间的电路切断后，在一定时间内维持 SRS 供电，保持 SRS 的正常功能。

4）保护电路和稳压电路。在汽车电气系统中，许多电气部件有电感线圈，电气开关多，电气负载变化频繁。当线圈电流接通或切断、开关接通或断开、负载电流突然变化时,都会产生瞬时脉冲电压即过电压。

为了防止 SRS 元件遭受损害,SRS ECU 中必须设置保护电路。同时,为保证电源电压变化时,SRS 能正常工作,还设置有稳压电路。SRS 控制单元内部结构如图 7-5 所示。

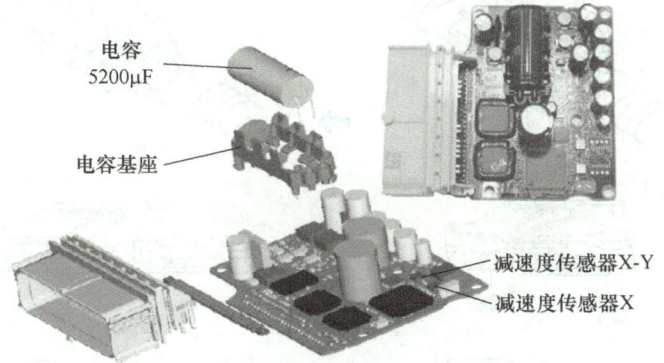

图 7-5　SRS 控制单元内部结构

（5）安全带张紧器

当汽车受到碰撞时,张紧装置受到激发后,使卷收器的芯轴反向转动,将安全带迅速回卷一定位置,起到预紧的作用,防止乘员身体前倾与转向盘、仪表板和玻璃窗发生碰撞。安全带张紧器比前排安全气囊先触发。发生侧面碰撞,侧面安全气囊触发时,也触发相应的安全带张紧器。燃爆张紧式安全带是当今世界上技术最先进的安全带。燃爆式安全带张紧器如图 7-6 所示。

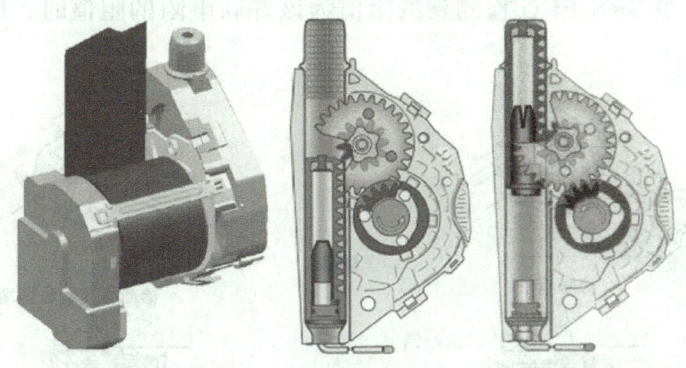

图 7-6　燃爆式安全带张紧器

（6）保险机构

为便于区别,SRS 插接器与汽车其他电气系统插接器有所不同。目前 SRS 插接器绝大多数采用黄色插接器。SRS 插接器采用导电性能和耐久性能良好的镀金端子,并设计有防止气囊误爆机构、电路连接诊断机构、插接器双重锁定机构和端子双重锁定机构等,用以保证气囊系统可靠工作。

1）防止气囊误爆机构。从 SRS ECU 至 SRS 点火器之间的插接器均采用了防止气囊误爆的短路片机构。当拔下插接器时，短路片自动将靠近SRS点火器一侧插头或插接器两个引线端子短接，防止静电或误通电将电热丝电路接通而造成气囊误膨开。防止气囊误爆机构的结构与原理如图7-7所示。

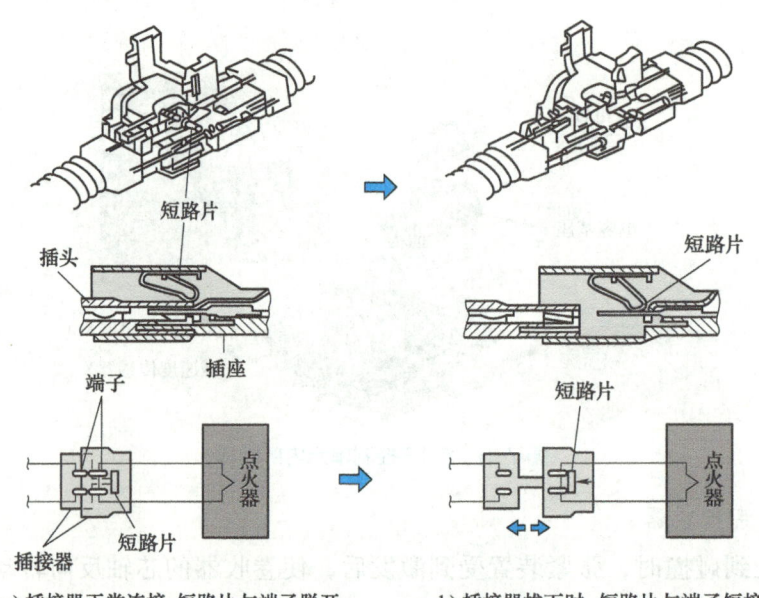

图7-7 防止气囊误爆机构的结构与原理

2）电路连接诊断机构。当传感器插头与插接器可靠连接时，诊断端子与诊断销可靠接触，如图7-8所示，此时电阻与碰撞传感器触点并联。因为传感器触点为常开触点，所以，当SRS ECU检测到的阻值为该并联电阻的阻值时，即诊断为插接器连接可靠。

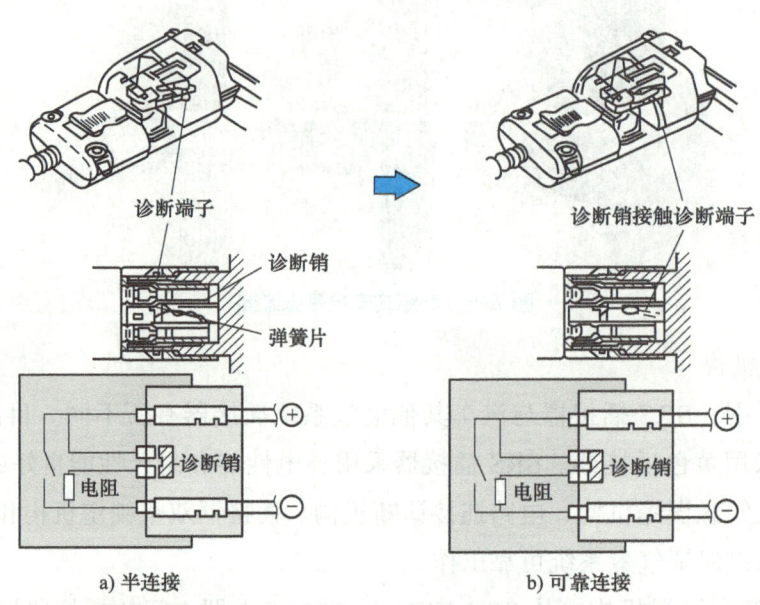

图7-8 电路连接诊断机构结构与原理

3）插接器双重锁定机构。SRS 在线束的重要连接部位，其插接器采用了双重锁定机构，用于锁定插接器插头与插座，防止插接器脱开。插接器插头上有主锁和两个凸台，插接器上有锁柄能够转动的副锁。插接器双重锁定机构如图 7-9 所示。

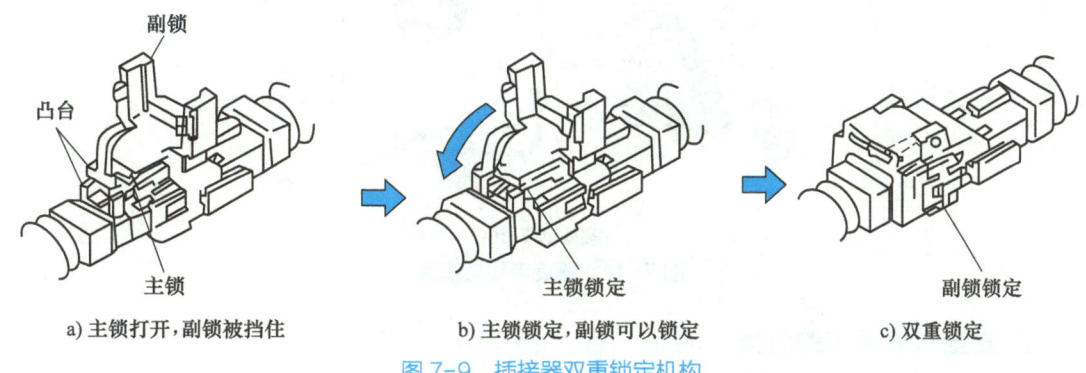

a) 主锁打开，副锁被挡住　　b) 主锁锁定，副锁可以锁定　　c) 双重锁定

图 7-9　插接器双重锁定机构

4）端子双重锁定机构。SRS 的每一个插接器都设有端子双重锁定机构，用于防止引线端子滑动，主要由插接器壳体上的锁柄与分隔片组成。锁柄为一次锁定机构，可防止端子沿引线轴线方向滑动；分隔片为二次锁定机构，可防止端子沿引线径向移动。端子双重锁定机构如图 7-10 所示。

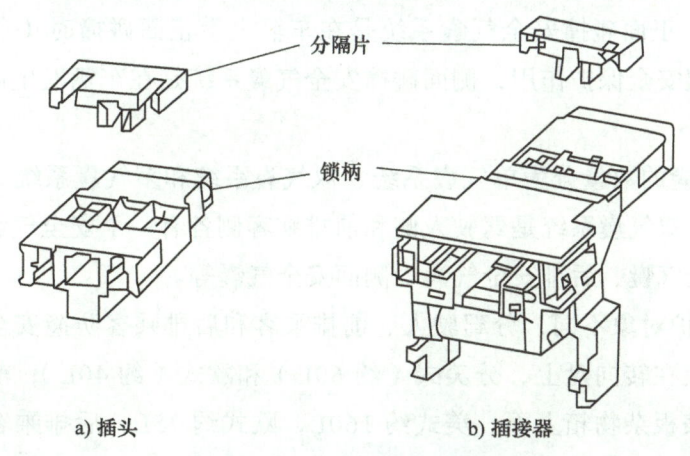

a) 插头　　　　　　　　　　b) 插接器

图 7-10　端子双重锁定机构

（7）SRS 线束

SRS 的所有线束都套装在黄色波纹管内，以便于区别。为了保证转向盘具有足够的转动角度而又不致损伤驾驶人侧 SRS 气囊组件的连接线束，在转向盘与转向柱管之间采用了螺旋电缆。

螺旋电缆将控制单元和驾驶人气囊组件连接起来，如图 7-11 所示，用来保证转向盘在任何位置都与电气接触良好。螺旋电缆壳体用螺钉固定在转向盘上，安装或拆卸螺旋电缆时，汽车前轮应处于直行状态。安装时，先将线束安装在螺旋电缆内，再将螺旋电缆安放到其壳体内。

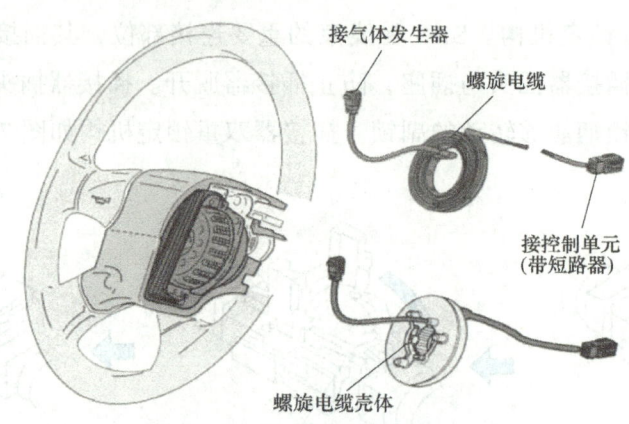

图 7-11 螺旋电缆与线束

2. 安全气囊系统的分类

安全气囊的分类方法很多，按照不同的特征可以分成不同的类型。

1）安全气囊按总体结构可分为机械式安全气囊系统和电子式安全气囊系统。机械式安全气囊采用机械方式检测和引爆气囊，目前已很少使用；电子式安全气囊采用碰撞传感器和电子控制单元检测来控制安全气囊的引爆，是目前广泛采用的安全气囊系统。

2）按照碰撞类型的不同，安全气囊可分为正面碰撞安全气囊系统和侧面碰撞安全气囊系统。正面碰撞安全气囊系统是在车辆发生正面碰撞时（通常为汽车前方 60° 范围内）起安全保护作用；侧面碰撞安全气囊系统是在车辆发生侧面碰撞时起安全保护作用。

3）按照气囊的数量分为单气囊系统、双气囊系统和多气囊系统。单气囊系统只装在驾驶人侧；双气囊系统是驾驶人侧和前排乘客侧各有一个安全气囊；多气囊系统则包括前排安全气囊、后排安全气囊、侧面安全气囊等。

4）按照保护对象不同，分驾驶人、前排乘客和后排乘客防撞安全气囊。驾驶人防撞安全气囊装在转向盘上，分美式（约 60L）和欧式（约 40L）；前排乘客防撞安全气囊装在仪表板杂物箱上面，美式约 160L，欧式约 75L；后排乘客防撞安全气囊装在前排座椅上，防止后排乘客在撞车时受到伤害。

5）按照智能化程度不同，安全气囊可分为智能型安全气囊系统和非智能型安全气囊系统。智能型安全气囊系统将安全气囊系统和安全带相结合，根据座椅上是否有乘员和是否系好安全带，控制安全气囊系统的引爆时机和安全带收紧器；非智能型安全气囊系统则是安全气囊系统和安全带的保护作用相互独立。智能型安全气囊比一般 SRS 增加了以下功能：检测乘员是否系上座椅安全带、检测座椅上是否有乘员、检测儿童座椅、调控安全气囊充气膨胀力、检测气温。

3. 安全气囊工作原理

当汽车发生碰撞时，由传感器对碰撞程度进行识别，如果冲击强度超过设定值，传感器发出信号给 ECU，经 ECU 分析和判别后发出点火信号使点火器工作，气体发生装置在极短时间内产生大量气体，经过滤和冷却后充入卷收在一起的气囊，使其冲开装饰盖板迅速展开，在驾驶人或乘客的前部形成弹性气垫，通过气囊产生变形和排气节流来吸收人体碰撞产生的动能，从而有效保护人体头部和胸部，使之免于伤害或减轻伤害程度。SRS 工作原理如图 7-12 所示。

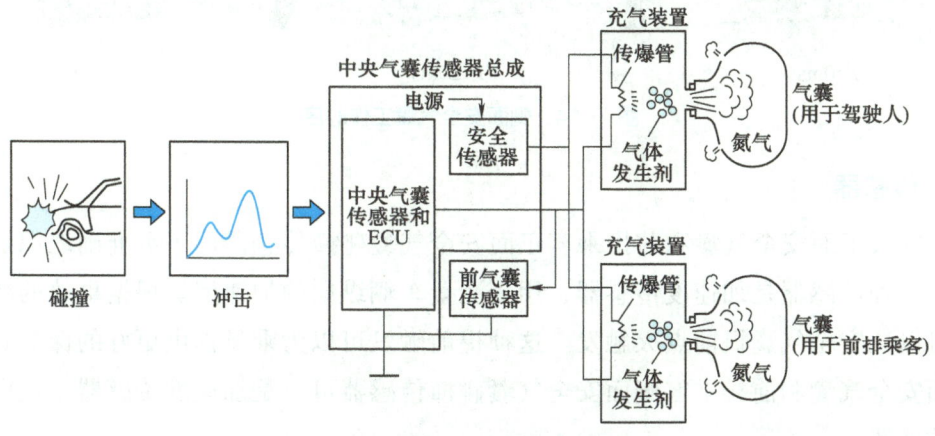

图 7-12　SRS 工作原理

车辆以 56km/h 速度正面撞击时，安全气囊工作时序如下（以驾驶人侧安全气囊为例）：

1）0ms 时，前保险杠接触碰撞物。

2）30ms 时，转向盘安全气囊的罩盖被撕开，气体发生剂开始对气囊充气。

3）54ms 时，转向盘安全气囊完全被气体充满，驾驶人陷入气囊。

4）84ms 时，驾驶人完全陷入气囊，并开始向后离开转向盘。

5）150ms 时，驾驶人回到原位置，气囊内的大部分气体已排出。

乘客侧的气囊动作时间比驾驶人侧稍晚一些。正面安全气囊工作时序及侧面安全气囊工作时序如图 7-13、图 7-14 所示。

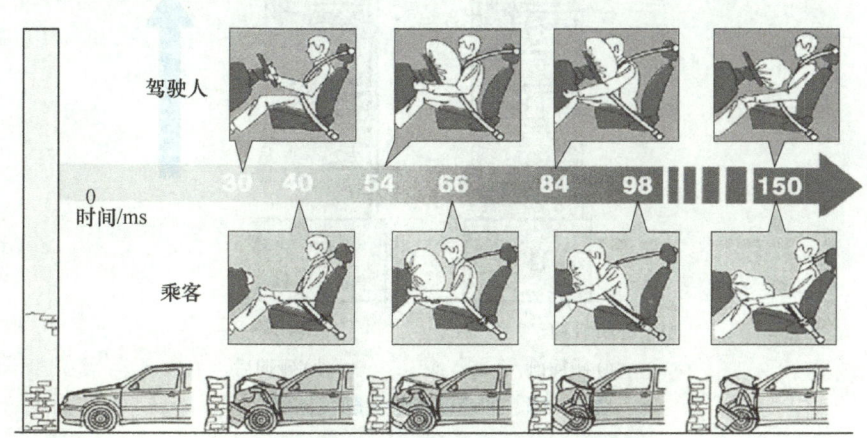

图 7-13　正面安全气囊工作时序

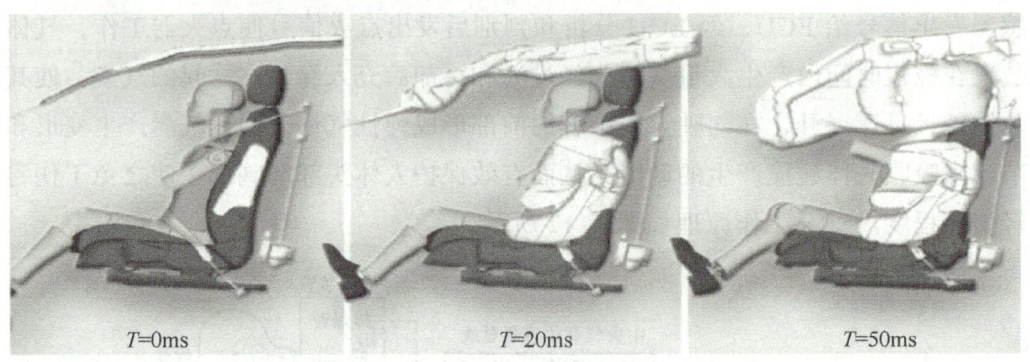

图 7-14 侧面安全气囊工作时序

4. 传感器

驾驶人正面安全气囊和前排乘客正面安全气囊碰撞传感器用于更准确地识别正面碰撞。这种传感器是加速度传感器,用于测量车辆纵向的加速度。根据事故的严重程度,可以让安全气囊提前点火触发。这种提前触发可以为乘员提供更好的保护。驾驶人侧面安全气囊和前排乘客侧面安全气囊碰撞传感器可以是加速度传感器,也可以是压力传感器。

碰撞传感器基本上就是由壳体、电子分析机构和一个微机械式加速度传感器组成。加速度传感器的构造简单说来就像一个电容器:有几个电容器片是固定不动的;与之相对还有可移动的电容器片,其工作状态就像一个惯性质量块。如果发生碰撞时惯性质量块朝作用方向移动了,那么电容器的电容就会发生改变。电子分析机构会分析这个变化信息,将其变成数字信息并传送给安全气囊控制单元。加速度传感器触发过程如图 7-15 所示。

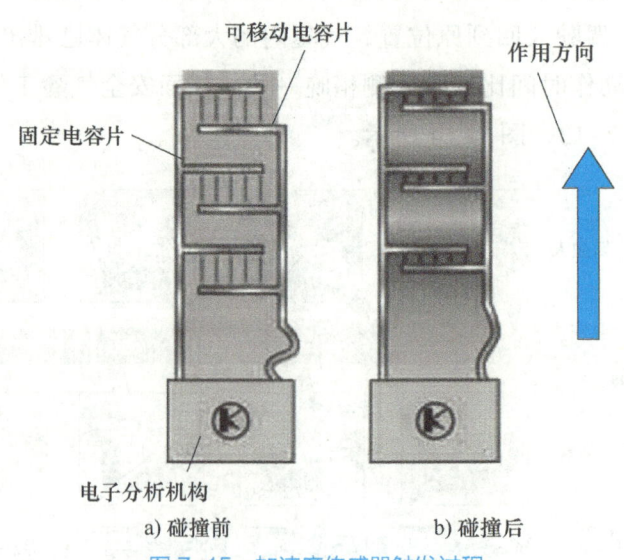

图 7-15 加速度传感器触发过程

压力传感器式的碰撞传感器在车辆发生侧面碰撞时，测量车门内空气压力的突然变化情况。这种压力传感器按工作原理分成两种：电容式压力传感器和压电式压力传感器。这两种压力传感器都带有电子分析机构，传感器与电子分析机构装配在一个壳体内。压电式压力传感器的传感器单元是个密封的空腔，其上蒙着附有压电晶体层的膜片，如图7-16a所示。压力作用到膜片上时，膜片会内凹，这就引起压电晶体上出现电荷迁移。电子分析机构将这种电荷迁移转换成电压，并将电压信号传送给安全气囊控制单元。电容式压力传感器的结构就像一个电容器（图7-16b），电容器片1固定在一个密封的空腔内；电容器片2以膜片的形式处于张紧状态。如果膜片上作用有压力了，那么电容器片之间的距离就会发生变化。电子分析机构会对这种变化进行处理，并将信号传送给安全气囊控制单元。

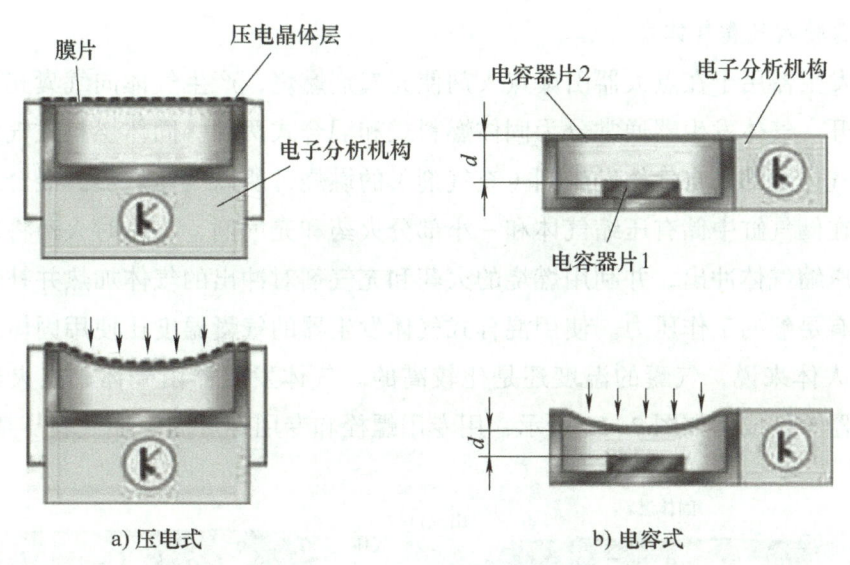

图7-16　压力传感器触发过程

5. 点火器

点火器外包铝箔，安装在气体发生器内部中央位置。其功用是在前碰撞传感器将气囊电路接通时，引爆点火剂，产生热量使充气剂分解。

点火剂包括引爆炸药和引药，引出导线与气囊插接器插头连接，插接器中设有短路片（铜质弹簧片），如图7-17所示。当插接器插头拔下或插头与插接器未完全接合时，短路片将两根引线短接，防止静电或误通电将电热丝电路接通而造成气囊误动作。

当SRS ECU发出点火指令时，电热丝电路接通，电热丝迅速红热引爆炸药，引爆炸药瞬间产生热量，药筒内温度和压力急剧升高并冲破药筒，使充气剂受热分解释放氮气充入气囊。

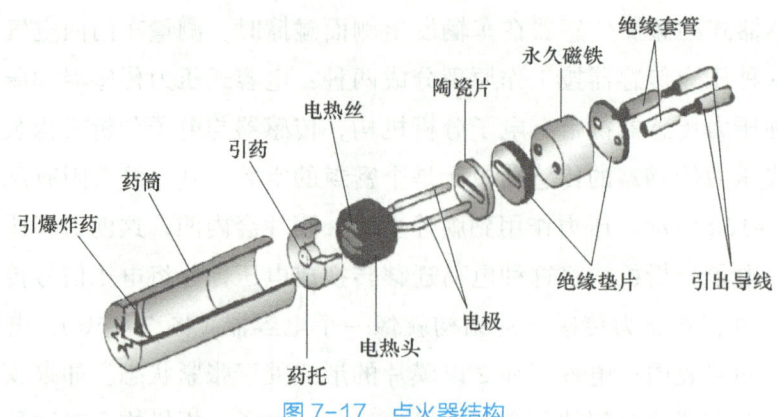

图 7-17　点火器结构

6. 气体发生器

（1）驾驶人气囊气体发生器

气体发生器用于在点火器引爆点火剂使充气剂燃烧，产生气体向气囊充气，使气囊膨胀打开。气体发生器通常分为固体燃料式和混合式两种。固体燃料式气体发生器所产生的气体全部来自气体发生剂（充气剂）的燃烧，所以气体灼热。混合式气体发生器则是在储气缸中储有压缩气体和一小部分火药和充气剂，工作时火药将储气缸阀门炸开，压缩气体冲出，并利用燃烧的火药和充气剂对冲出的气体加热并补充，以使气囊内部有足够的工作压力。使用混合式气体发生器的气囊温度比使用固体式的温度低，但对人体来说，气囊的温度还是比较高的。气体发生器由壳体、点火器、充气剂、滤清器等组成，如图 7-18 所示，用专用螺栓和专用螺母固定在气囊支架上。

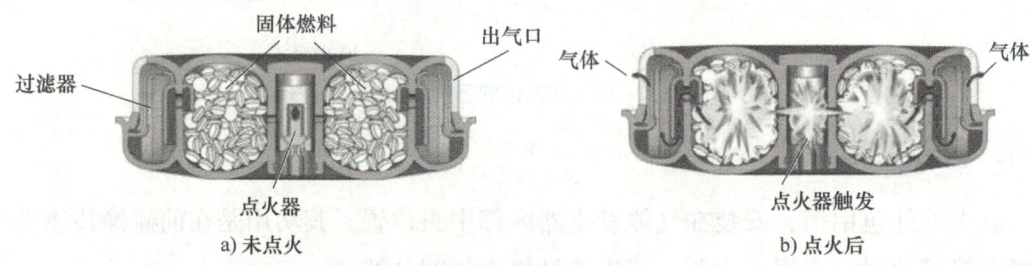

图 7-18　驾驶人气囊单级触发过程

为了能为乘员提供更多的安全保证和减小冲击力，有的轿车在前部使用了两步释放安全气囊（即双级安全气囊），可在大约 30 km/h 碰撞时给予最佳支持。每级释放都有各自的点火器和气体发生器，并在设定的时间内相继起动。根据碰撞的严重程度和种类的不同，两次点火触发的时间间隔约为 5~50 ms。碰撞强度低时比碰撞强度高时双级气囊展开的时间要长一些。一般两个气体发生器都会被点火触发，以避免安全气囊弹开后还有一个充气装置仍处于有源状态，如图 7-19 所示。

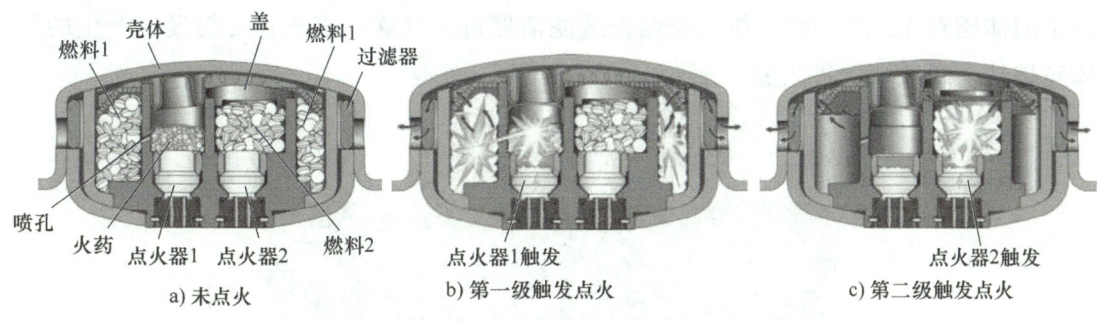

图 7-19　驾驶人气囊双级触发过程

（2）前排乘客气囊气体发生器

前排乘客安全气囊使用的是管形的气体发生器，因此也称管状气体发生器。

1）单级固体燃料气体发生器。触发过程为：点火器触发；点火药被引燃，引燃了的点火药随后就点燃了固体燃料；产生的气体经烧结金属滤清器进入气囊，如图 7-20 所示。

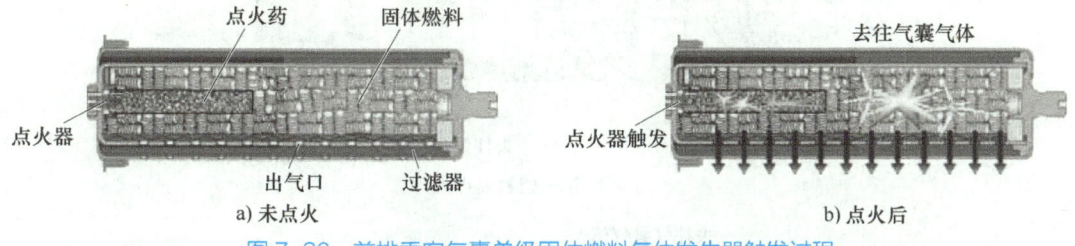

图 7-20　前排乘客气囊单级固体燃料气体发生器触发过程

2）单级混合气体发生器。这种单级混合气体发生器就是一个高压储气瓶，瓶内装有一个点火单元，如图 7-21 所示。这个点火单元内包含有点火器、点火药和固体燃料。触发过程为：点火器触发；点火药被引燃，引燃了的点火药随后就点燃了固体燃料；高压储气瓶内的压力开始升高，直至安全片破裂；产生的气体经烧结金属滤清器进入气囊。

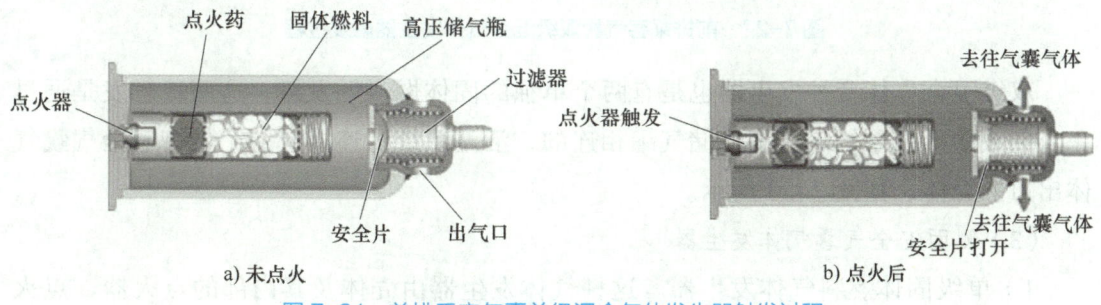

图 7-21　前排乘客气囊单级混合气体发生器触发过程

3）双级混合气体发生器。其点火药是片状剂，图 7-22 所示固体燃料 1 和 2 是空心片状剂。由于采用了空心片状剂这种结构，因此可以更快地点燃全部的固体燃料。触发过程为：点火器 1 触发；点火药 1 被引燃，引燃了的点火药在安全片破裂后就点

145

燃了固体燃料1；产生的气体经烧结金属滤清器进入气囊；点火器2触发；产生的气体经烧结金属滤清器进入囊。

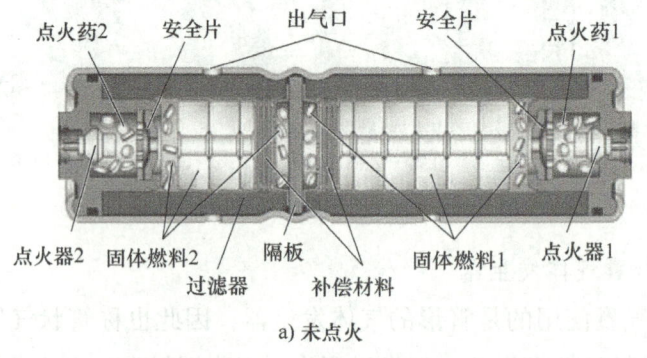

a) 未点火

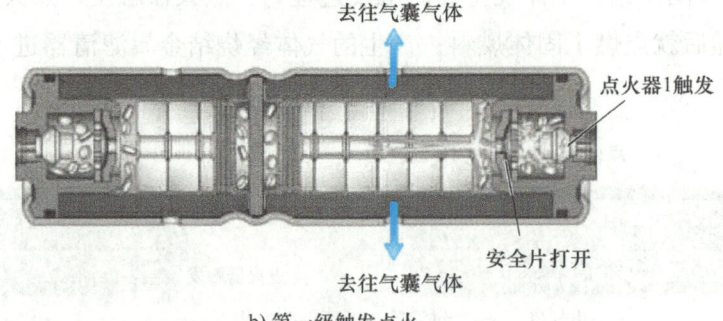

b) 第一级触发点火

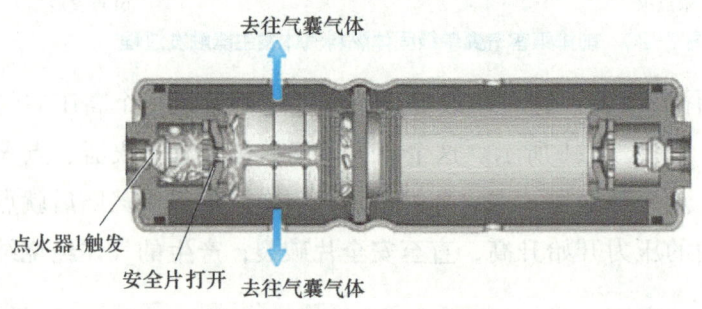

c) 第二级触发点火

图7-22 前排乘客气囊双级混合气体发生器触发过程

双级混合气体变种发生器也是有两个单独的固体燃料触发级，这两级触发是通过一个集成的活塞系统来与高压储气罐相连的，活塞系统上连接有一个带有安全气囊气体出口的壳体，如图7-23所示。

（3）侧面安全气囊气体发生器

1）单级固体燃料气体发生器。这种气体发生器由壳体及其内部的点火器、点火药、固体燃料和烧结金属滤清器构成。触发过程为：点火器触发；点火药被引燃，引燃了的点火药随后就点燃了固体燃料；产生的气体经烧结金属滤清器进入气囊，如图7-24所示。

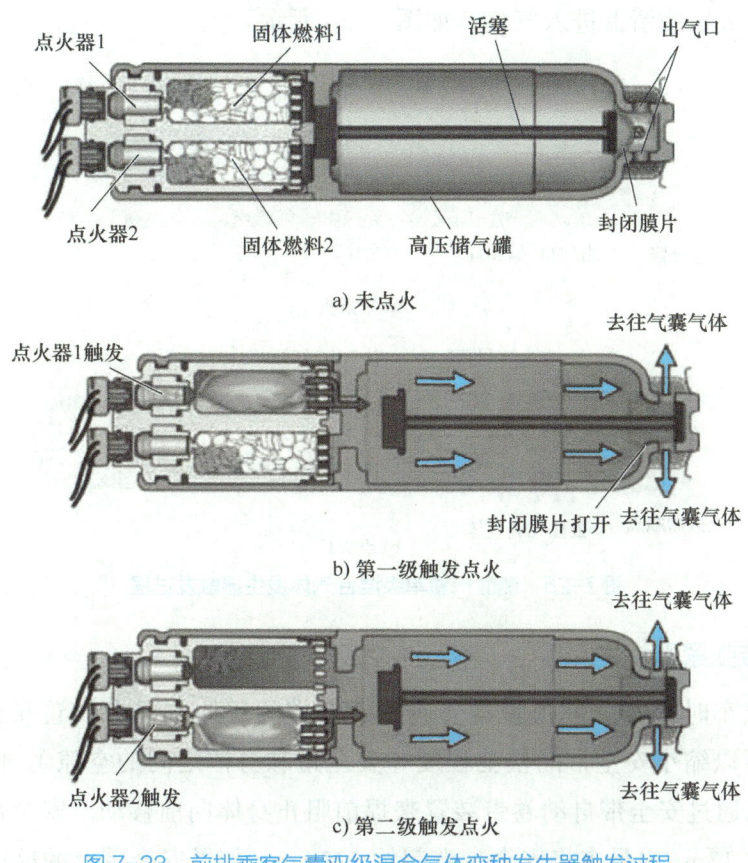

图 7-23　前排乘客气囊双级混合气体变种发生器触发过程

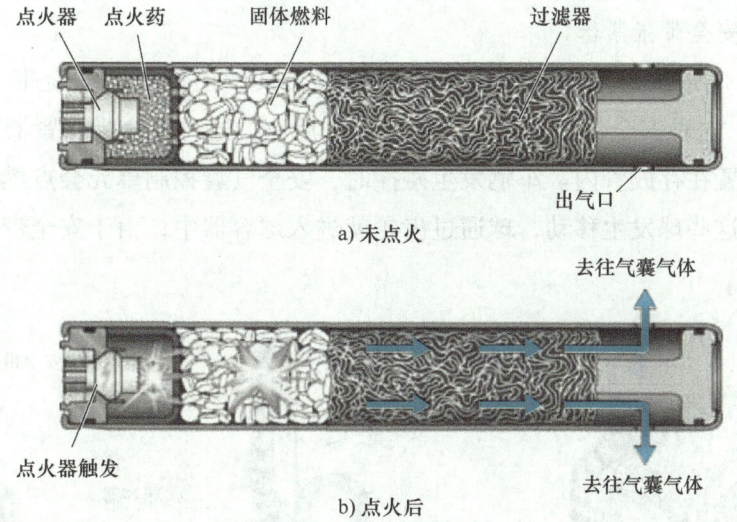

图 7-24　侧面气囊单级固体燃料气体发生器触发过程

2）单级混合气体发生器。它由一个带有点火器、固体燃料和烧结金属滤清器的壳体和同轴法兰连接的高压储气瓶构成。触发过程为：点火器触发并点燃固体燃料；产生的气体冲开了两个安全片，并与高压储气罐内的冷气混合；混合后的气体从高压储气罐经烧结金属滤清器进入气囊,如图 7-25 所示。

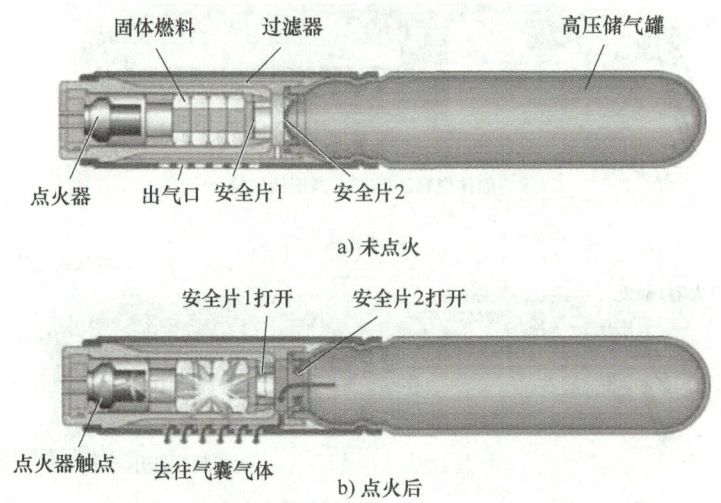

图 7-25　侧面气囊单级混合气体发生器触发过程

7. 安全带张紧器

在发生撞车时,安全带张紧器会逆着安全带的拉伸方向来收卷安全带,这样就可以缩小安全带的松弛程度(安全带和身体之间的空隙)。由此,乘员可以通过安全带自动卷带装置来提前阻止身体向前移动。安全带张紧器能在约 13ms 内最多将安全带卷起约 130mm。如果安全带上的反作用力大于安全带张紧器的力,那么安全带张紧过程就结束了。

(1) 球式安全带张紧器

球式安全带张紧器是一个结构紧凑的总成,其中还包含着安全带力限制器,如图 7-26 所示。这种安全带张紧器可用于前座和后座。这种安全带张紧器是由球来驱动的,这些球放置在存放管内。车辆发生碰撞时,安全气囊控制单元会点燃燃料,膨胀的气体就会使得这些球发生移动,球通过齿轮就进入球容器中;由于安全带卷轴与这个齿

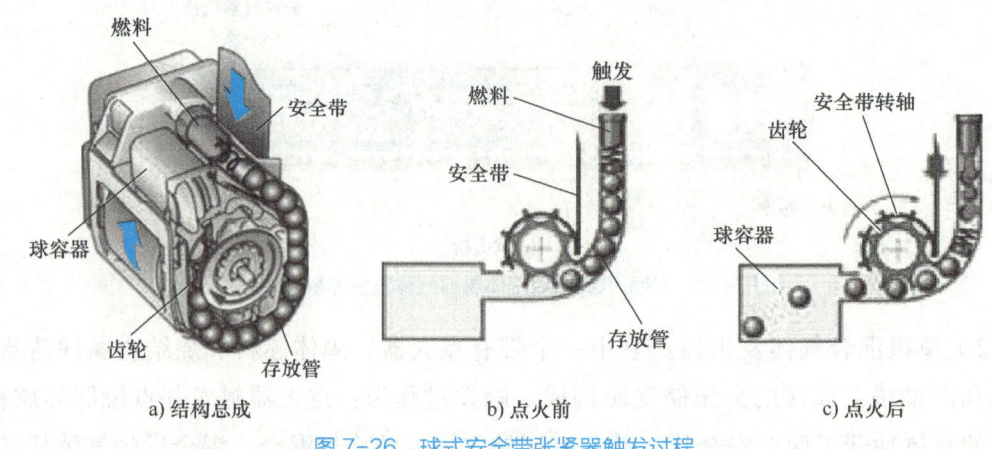

图 7-26　球式安全带张紧器触发过程

轮是刚性连接在一起的，因此这些球的运动就会带动卷轴也运动，于是安全带就收了。

（2）齿条式安全带张紧器

齿条式安全带张紧器与安全带自动卷带装置合成一体。齿条式安全带张紧器可用于驾驶人座椅和前排乘客座椅。安全气囊控制单元的信号将气体发生器的燃料点燃，所产生的压力会推动与齿条相连的活塞向上移动。齿条通过小齿轮来让齿轮1和2转动，如图7-27所示。齿轮2与扭力轴单向离合器的外环是刚性连接的，如果这个外环扭转了，那么就会将滚子向内压，直至滚子卡在外环和扭力轴之间，于是就可传递力了。这个转动就被传递到扭力轴上，安全带则开始收紧。

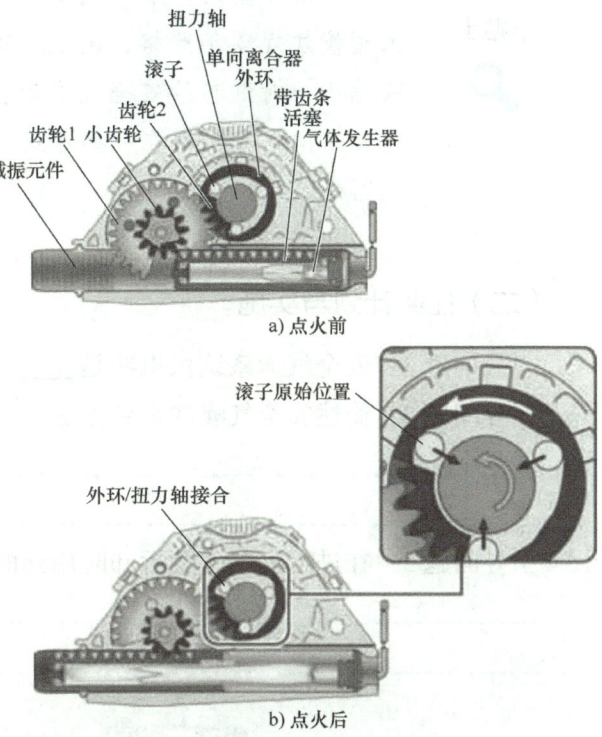

图 7-27　齿条式安全带张紧器触发过程

8. 蓄电池断开元件

当起动用的蓄电池安装在乘员舱内或者行李舱内时，可以使用蓄电池断开元件。这个分离元件的作用是切断蓄电池与起动机和发电机之间的导线连接。在发生交通事故时，如果起动机和发电机导线出现短路，那么断开导线连接就可以防止车辆着火。如果事故使得某个安全气囊触发了，那么蓄电池断开元件会自动被触发而工作。在车尾碰撞事故中，蓄电池断开元件是与安全带张紧器的触发同时触发的。

点燃火药后，蓄电池切断点火器内部会燃烧。燃烧而产生的气体会推动带销子的活塞移动，于是蓄电池与起动机之间的接触就中断了，如图7-28所示。蓄电池切断点火器直接从安全气囊控制单元获取点火信号。

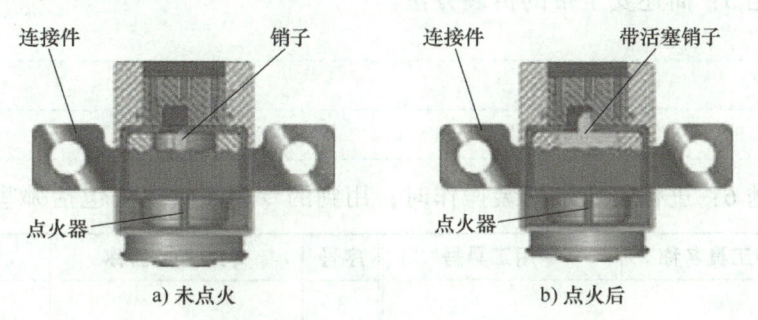

图 7-28　蓄电池断开元件触发过程

> 小贴士
>
> 本任务重点讲解了汽车安全气囊的类型、结构及工作原理。国家碰撞法规逐年严格，测试标准中碰撞速度越来越高、重叠面积越来越小，对汽车的安全性有着极大的提升作用。同时，中国标准也逐渐走向世界，现在一些达到 C-NCAP 五星标准的车辆可直接出口到国外。

（二）任务计划与实施

引导问题 1：安全气囊系统供电线是_____色的。

引导问题 2：简述安全气囊的拆装方法。

引导问题 3：在进行安全气囊拆卸时用到的工具主要包括图 7-29 中的哪几种？

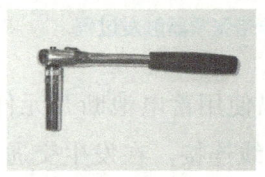
A

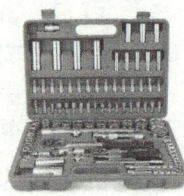
B

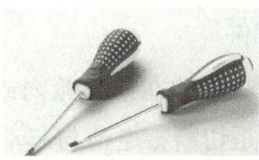
C

D

图 7-29　各种工具

引导问题 4：进行安全气囊 ECU 拆装时有哪些注意事项？

引导问题 5：简述安全带的拆装方法。

引导问题 6：进行安全带拆装操作时，用到的专用工具主要包括哪些？

序号	专用工具名称	专用工具号	序号	专用工具名称	专用工具号
1			3		
2			4		

引导问题 7：进行安全带拆装操作过程中有哪些注意事项？

 **任务技能点 1**

汽车安全气囊系统
检测与维修视频

安全气囊及气囊 ECU 拆装方法

1. 准备工作

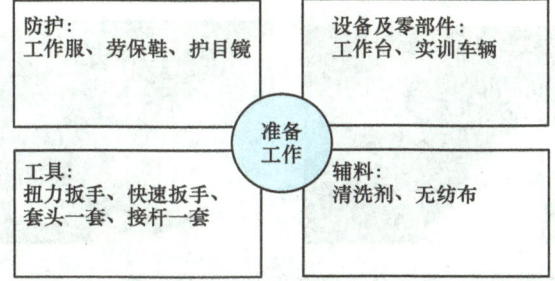

2. 拆装或测量步骤说明

（1）安全气囊的拆装（以福特翼虎为例 CD520）

1）安全气囊的拆卸

① 关闭点火开关，断开车辆蓄电池负极

 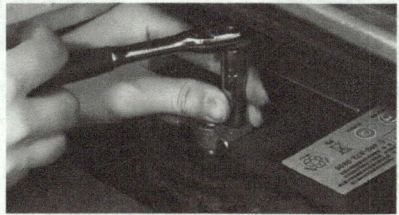

② 拆下转向柱护板，将转向盘沿顺时针方向转动 90°

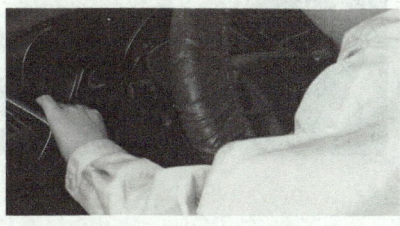 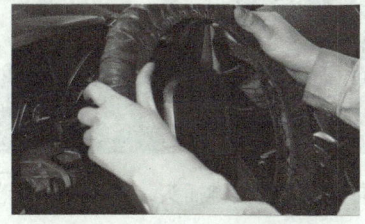

③ 用一字螺钉旋具撬动安全气囊左侧固定卡簧，将转向盘沿逆时针方向将部件旋转 180°

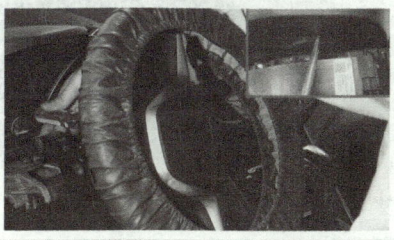 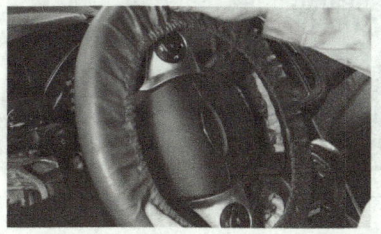

（续）

④用一字螺钉旋具撬动安全气囊右侧固定卡簧，将转向盘转正

⑤双手取出安全气囊，拔下安全气囊插头

 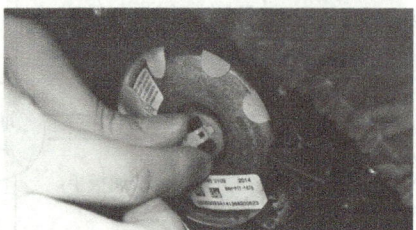

⑥拆下多功能转向盘按键插头，将安全气囊放在指定安全位置

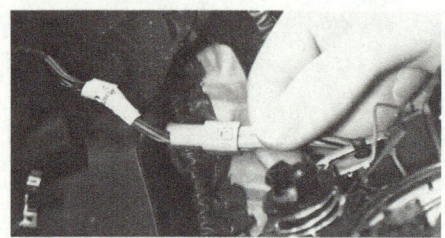 

2）安全气囊的安装
①查看固定弹簧是否处于正确位置

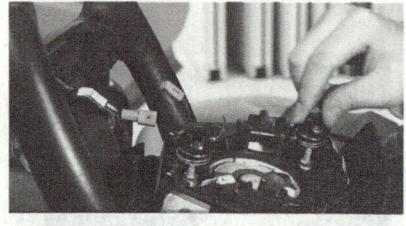 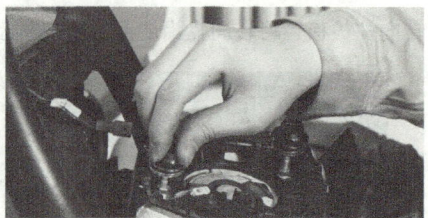

②连接转向盘多功能按键插头，插入安全气囊插头

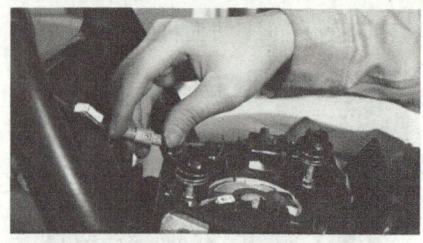 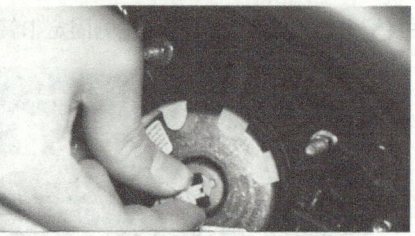

（续）

③慢慢推入安全气囊，使气囊弹簧夹落到转向盘固定器后部，并听到咔嗒声

④安装完毕后，再次推动安全气囊确保其固定在转向盘上

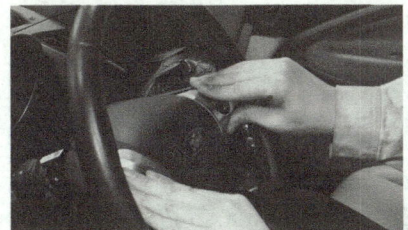

⑤安装转向柱护罩，连接蓄电池负极

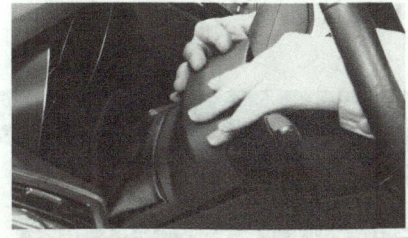

（2）气囊 ECU 的拆装
1）气囊 ECU 的拆卸
①更换气囊 ECU 时，首先需要执行 PMI 程序

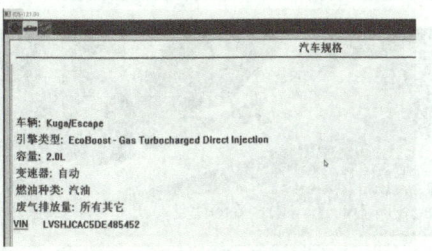

②关闭点火开关，断开车辆蓄电池负极

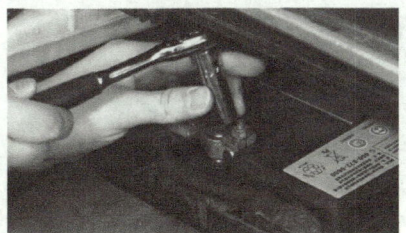

153

（续）

③ 拆卸档位指示灯饰板，断开档位指示灯插头

④ 拆卸中央控制台饰板固定螺栓，取下饰板

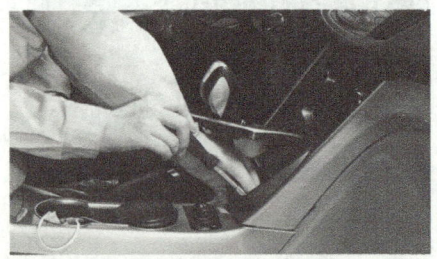 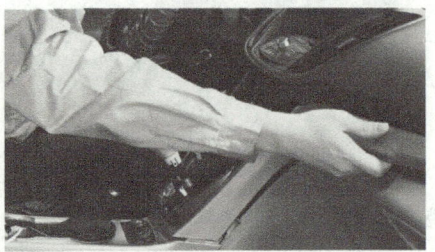

⑤ 拉起驻车制动器，拆卸驻车制动器下方饰板

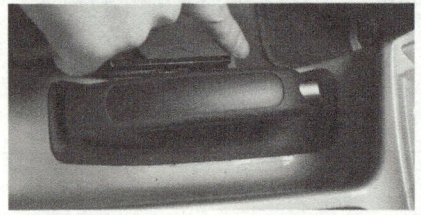 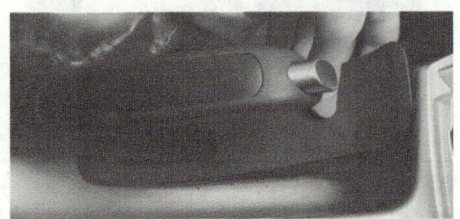

⑥ 拆卸地板控制台上饰板，断开点烟器插头

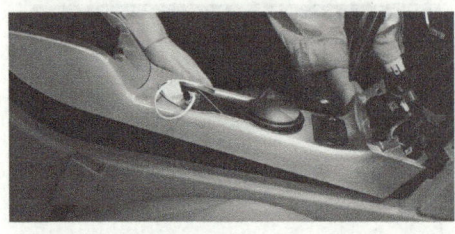 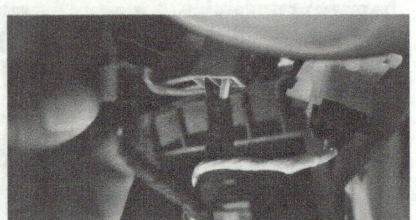

⑦ 拆下左侧地板控制台侧饰板固定销，并取下饰板

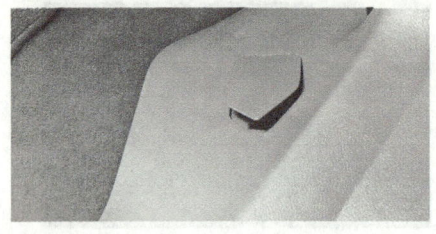 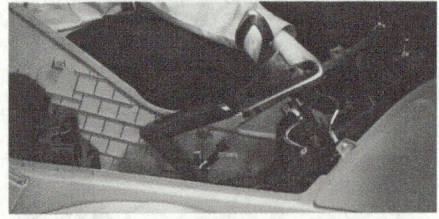

（续）

⑧可以看到气囊ECU位于控制台下方

⑨拆卸气囊ECU固定螺栓及插头，取出气囊ECU

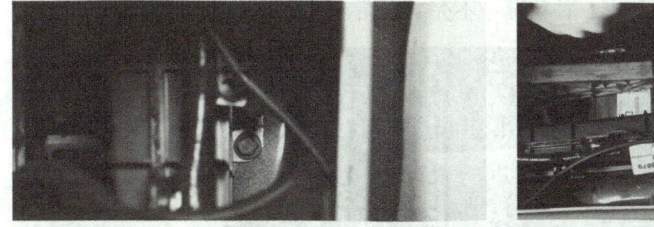

2）气囊ECU的安装
①安装新的气囊ECU，根据拆卸的相反顺序进行安装

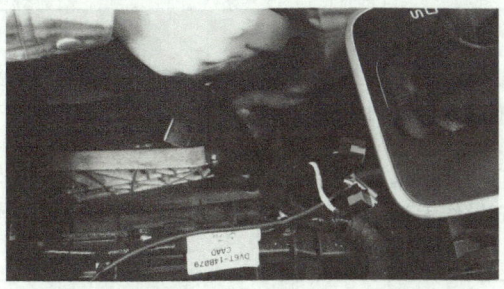

②安装完毕后，连接蓄电池负极，连接诊断仪执行PMI程序

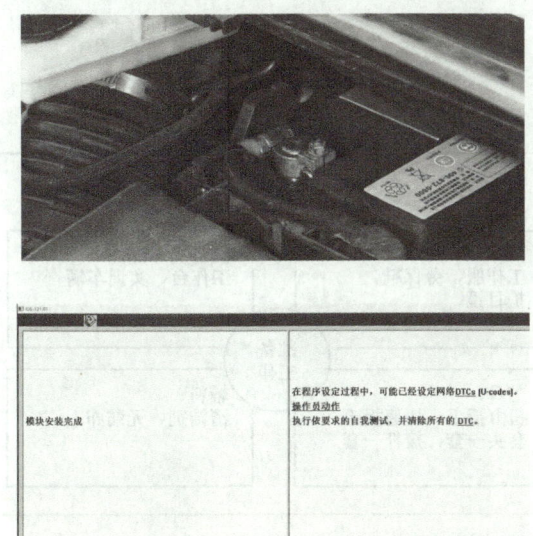

（续）

3）对 SRS 进行程序确认

① 将开启的点火开关关闭，等待 10s 后，打开点火开关，并观察安全气囊警告灯。安全气囊警告灯连续亮起 6s 后接着关闭，此种状况为良好状态

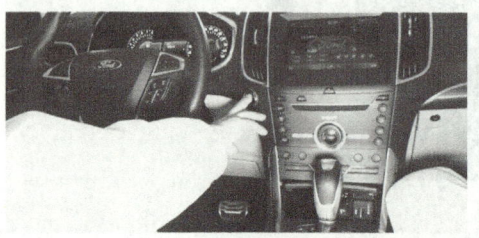 

② 如果安全气囊发生故障，警告灯有三种状况：不亮、常亮、以 5Hz 的频率闪烁

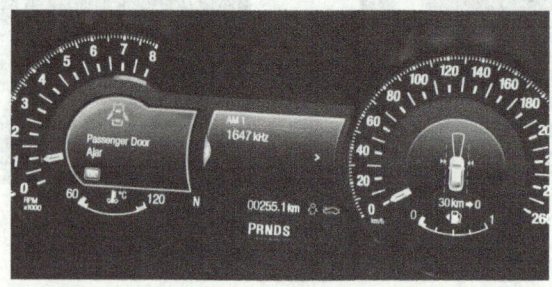

（3）注意事项

1）驾驶人安全气囊模块电气插接件是特有的，且连接时不能颠倒该插接件。将安全气囊插头与安全气囊模块中的插座相匹配，请勿强制将插头推入驾驶人安全气囊模块中，这样可能会导致插头或部件损坏

2）点火开关由关闭到打开后的 30s 内安全气囊警告灯可能会发生闪烁，这是气囊控制单元完成气囊检测的时间；如果警告灯操作无效或发生 SRS 故障，将会发出 5 组 5 声哔哔声的提示音，如果发生上述情况必须进行维修

安全带拆装

1. 准备工作

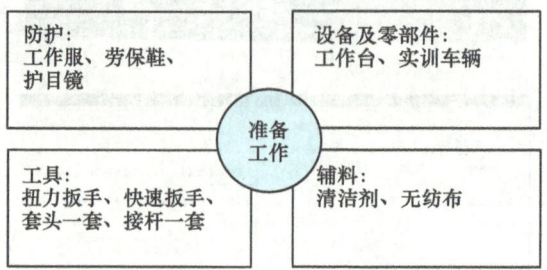

（续）

2. 拆装或测量步骤说明
（1）安全带卡扣的拆装（以福克斯为例）
1）拆卸前排座椅，松开线束固定器

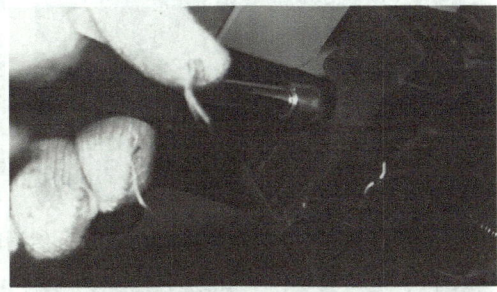

2）断开电气插头，然后拆下螺栓并取下座椅安全带卡扣

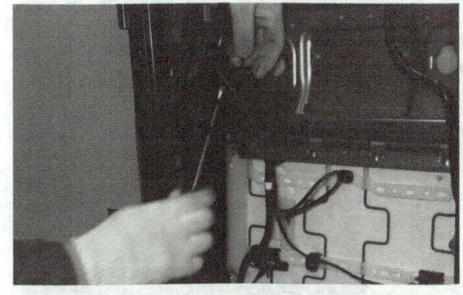
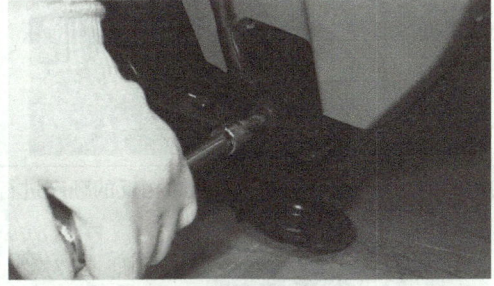

3）安全带卡扣的安装按照相反的顺序进行

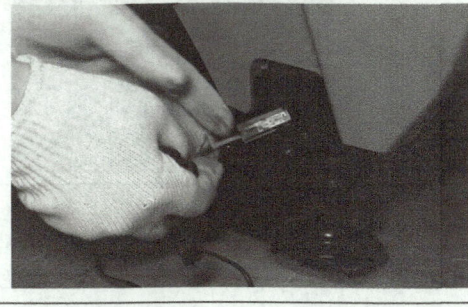
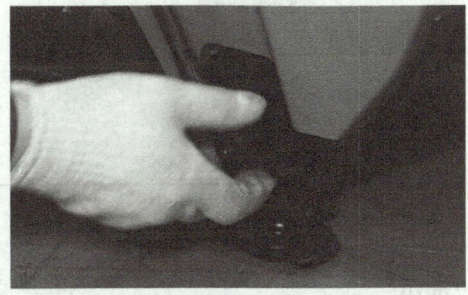

（2）安全带的拆装
1）断开蓄电池接线，拆下安全带引导器固定螺栓

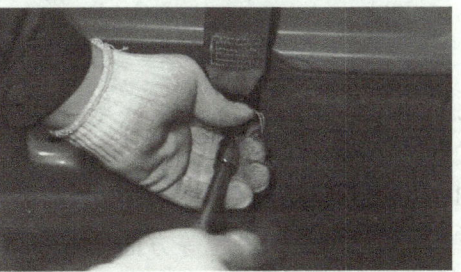

（续）

2）卸下 B 柱上、下装饰板，卸下销式固定器

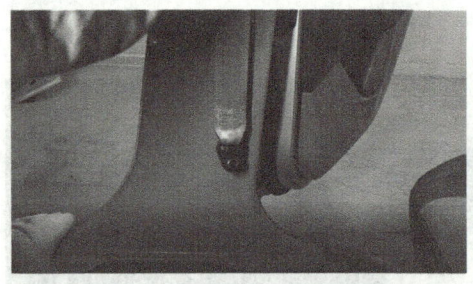 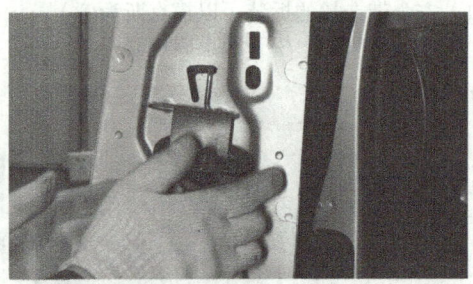

3）拆卸安全带卷收器和预张紧器固定螺栓，然后断开电气插头

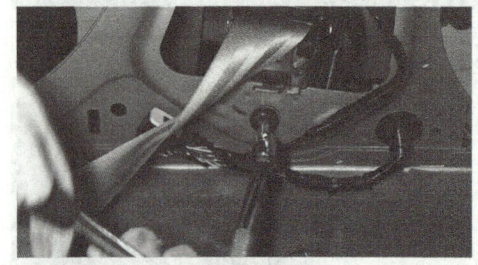 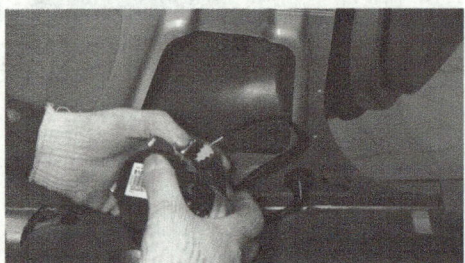

4）安全带拆卸完成，按照与拆卸相反的顺序进行安装，安装完成后要重新连接蓄电池接线，并检查系统是否正常

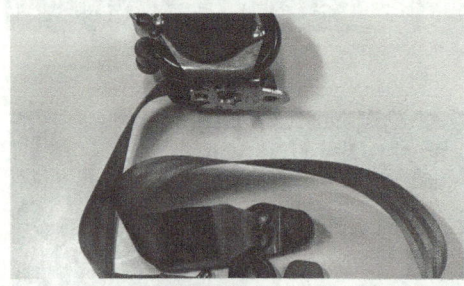 

> **小提示**
>
> 1. 驾驶人安全气囊模块电气插接件是特有的，在连接时不能颠倒该插接件。
> 2. 安全气囊插头不能用万用表直接测量，防止气囊爆炸。
> 3. 拔插安全气囊插头时，要断开蓄电池负极，防止气囊爆炸。

（三）任务评价反馈

1）小组自评表能够让小组成员对各自的信息检索能力、任务认知程度、参与状态、学习方法和工作过程等方面进行评价，从记忆、领会、应用、分析、反馈全方位评估自己对知识的学习及掌握情况。

活动过程评价小组自评表

班级		组名		日期	
评价指标	评价要素			分数	分数评定
信息检索	能有效利用网络资源、工作手册查找有效信息；能用自己的语言有条理地去理解、表述所学知识；能将查找到的信息有效地转换到工作中			10	
任务认知	是否熟悉各自的工作岗位，认同工作价值；在工作中，是否获得满足感			10	
参与状态	与教师、同学之间是否相互尊重、理解、平等相待；与教师、同学之间是否能够保持多向、丰富、适宜的信息交流			10	
	探究学习、自主学习不流于形式，处理好合作学习和独立思考的关系，做到有效学习；能够提出有意义的问题或能发表个人见解；能按要求正确操作；能够倾听、协助分享			10	
学习方法	工作计划、操作技能是否符合规范要求；是否获得了进一步发展的能力			10	
工作过程	遵守管理规程，操作过程符合现场管理要求；平时上课的出勤情况和每次完成学习任务情况；善于多角度思考问题，能主动发现、提出有价值的问题			15	
思维状态	是否能发现问题、提出问题、分析问题、解决问题、创新解决问题方法			10	
自评反馈	按时按质完成学习任务；较好地掌握了专业知识点；具有较强的信息分析能力和理解能力；具有较为全面严谨的思维能力并能条理清晰表述成文			25	
自评分数					
有益的经验和做法					
总结反思建议					

2）小组互评表能够让小组成员从信息检索能力、任务认知程度、参与状态、学习方法和工作过程等方面对其他小组进行评价，通过互相评价环节，学习其他小组的长处，弥补自己小组的不足。

活动过程评价小组互评表

班级		被评组名		日期	
评价指标	评价要素			分数	分数评定
信息检索	该组能有效利用网络资源、工作手册查找有效信息			10	
	该组能用自己的语言有条理地去理解、表述所学知识			5	
	该组能将查找到的信息有效地转换到工作中			5	
任务认知	该组是否熟悉各自的工作岗位,认同工作价值			5	
	该组成员在工作中获得满足感			5	
	该组能处理好合作学习和独立思考的关系,做到有效学习			5	
	该组提出有意义的问题或发表个人见解,按要求正确操作,能够倾听、协助分享			5	
	该组积极参与学习任务,并在过程中综合运用信息技术的能力得到提高			5	
学习方法	该组工作计划、操作技能符合规范要求			5	
	该组获得了进一步发展的能力			5	
工作过程	该组遵守管理规程,操作过程符合现场管理要求			10	
	该组平时上课的出勤情况和每次完成学习任务情况			10	
	该组善于多角度思考问题,能主动发现、提出有价值的问题			10	
思维状态	该组是否能发现问题、提出问题、分析问题、解决问题、创新解决问题方法			5	
自评反馈	该组能严肃认真地对待自评,并能独立完成自测试题			10	
	自评分数				
简要评述					

3)教师评价的内容主要包括小组出勤状况、信息收集能力、计划制订是否完善、工作过程是否规范等,能够帮助学生更好地理解学习任务,促进对任务知识点、技能点的消化和吸收。

教师评价表

班级		组名		姓名	
出勤情况					
评价指标	评定要素			分数	分数评定
职业素养	坚持社会主义核心价值观			5	
	具备信息素养			5	
	具备探究学习、终身学习能力			5	
	在实操过程中体现劳模精神、劳动精神、工匠精神			5	
	具备良好的职业道德和环保意识			5	
道德品质	遵守实训场所、场地等公共场所的管理规定，自觉维护秩序			5	
	在公共场所举止文雅、文明礼貌			5	
	爱护公物，保护公共设施			5	
信息检索	能够顺利完成教师安排的任务，快速找到有效信息，并转化到工作中去			5	
任务认知	能够读懂文字的表达内容			5	
	能够满足岗位工作要求、掌握工作流程、熟悉注意事项			5	
参与状态	与教师、同学之间相互尊重、理解			5	
	能够做到独立思考、表达自己想法			5	
	能够按照要求正确操作，能够倾听对方表达的内容，乐于分享			5	
学习方法	能够按照工作内容的紧急情况合理制订计划			5	
	能够按要求完成工作计划，且操作符合规范			5	
工作过程	操作符合安全规定			5	
	操作符合流程规范			5	
	能够协助他人完成工作			5	
思维状态	工作过程思维清晰，对工作结果正确预判，对其他相关工作有帮助			5	
师评分数					
综合评价					

三、任务拓展信息

充气式安全带

充气式安全带动画

充气式安全带是美国福特汽车公司研发出的一种带气囊的汽车后座安全带，可更好地保护乘客安全。这种新式安全带的独特之处是，其气囊内置于安全带从卡扣到乘客肩膀的位置，一旦发生碰撞，汽车就会发出信号释放气囊，此时安全带气囊与人体躯干的接触面积较未展开气囊时提升 5 倍，大大增加了受力面积，使得安全带在束缚躯干惯性前冲时对身体的压强大大降低，防止安全带在束缚中引起的二次伤害。

学习任务 8
全车防碰撞预警系统检测与维修

一、任务说明

任务描述	要进行后面任务的学习，需要对防碰撞预警系统工作原理有基本认识，做好任务准备

任务案例引入视频

任务所属模块课程	● 动力系统检修　　　　　　　　　　（　　） ● 变速器与传动系统检修　　　　　　（　　） ● 转向悬架系统检修　　　　　　　　（　　） ● 制动安全系统检修　　　　　　　　（ √ ） ● 电器与控制系统检修　　　　　　　（　　） ● 空调与舒适系统检修　　　　　　　（　　） ● 动力与底盘网关控制系统检修　　　（　　） ● 车身与娱乐网关控制系统检修　　　（　　）
任务对应工作领域	● 汽车动力与驱动系统工作领域　　　　　　（　　） ● 汽车转向悬架与制动安全系统工作领域　　（ √ ） ● 汽车电子电气与空调舒适系统工作领域　　（　　） ● 汽车全车网关控制与娱乐系统工作领域　　（　　）
是否为拓展更新任务	是（　　）/ 否（ √ ）

任务育人目标描述
● 树牢安全意识，杜绝安全隐患   ● 培养勇于争先的精神

职业技能（能力）要求描述		
行为	能对防碰撞预警系统进行检测与装配	
条件	车辆/设备：装备防碰撞预警系统的实训车辆	
^	工具及场地要求： 维修工位4个、配套维修手册4本、工具箱（内包含诊断仪、万用表）4个、零件车4个、工作灯4个、手套若干、无纺布若干、维修工作台4个	
标准与要求	● 树立分析问题、解决问题的信心；提高沟通协调、团队合作的能力；强化安全生产、规范操作的意识 ● 能描述防碰撞预警系统工作过程原理，了解常见问题及掌握检查方法 ● 能检查、更换防碰撞预警系统的传感器、控制单元	
成果	完成防碰撞预警系统的检测及传感器、控制单元的更换	

二、任务学习与实施

（一）任务引导与学习

引导问题1：倒车雷达系统通常由_____、_____、_____组成。

引导问题2：根据图8-1，试简述倒车雷达工作原理。

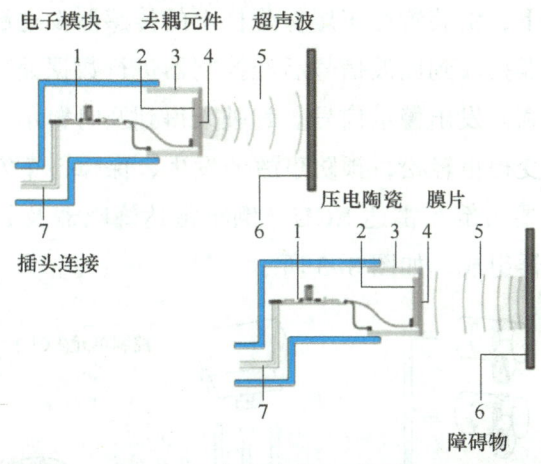

图8-1　超声波传感器工作过程

引导问题3：根据图8-2，试简述前向防碰撞预警系统工作原理。

图8-2　前向防碰撞预警系统示意图

> 知识链接

1. 倒车雷达系统组成

倒车雷达系统又称驻车辅助系统,一般由超声波传感器、控制器和显示器等部分组成。现在市场上的倒车雷达大多采用超声波测距原理,驾驶人在倒车时启动倒车雷达,在控制器的控制下,由装置在车尾保险杠上的传感器发送超声波,遇到障碍物后产生回波信号,传感器接收到回波信号后经控制器进行数据处理,判断出障碍物的位置,由显示器显示距离并发出警示信号。驾驶人得到及时警示,从而在倒车时做到心中有数,使倒车操作变得更轻松,预防事故的发生,保障行车安全。

倒车雷达系统主要由倒车雷达ECU、倒车雷达蜂鸣器及数个安装在(后)保险杠上的倒车雷达传感器组成,如图8-3所示。

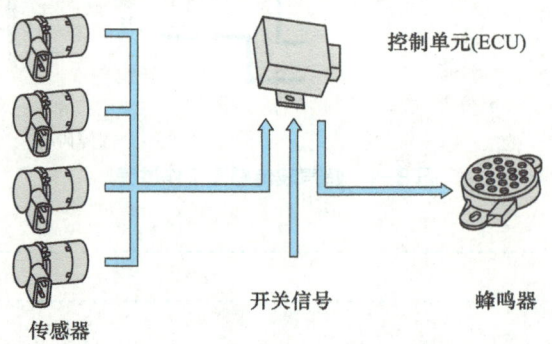

图8-3 倒车雷达系统图

(1)传感器

倒车雷达传感器俗称探头,安装在前、后保险杠上,采用由外向内嵌入式安装。各传感器的安装位置都有规定,不能装错,否则可能引起误报警,如图8-4所示。目前车载倒车雷达传感器多为超声波传感器,用于发射和接收超声波信号。

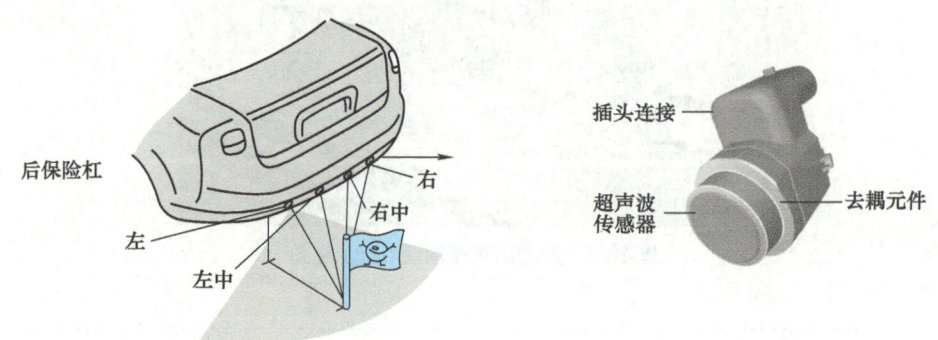

图8-4 倒车雷达传感器分布

(2)倒车雷达ECU

倒车雷达ECU根据发射和接收超声波的时间差计算障碍物的距离,根据障碍物距离的不同发出不同的警报声。当车辆挂入倒车档时，倒车雷达 ECU 使用超声波传感器监控后保险杠周围的区域，如果监控区域内检测到物体，声音报警装置就会发出声音警告。系统能够探测到比较坚硬的固体障碍物，同时也能探测到铁丝网和栅栏之类的物体。当障碍物接近某个后侧部区域时，在距离小于一定距离时系统将给予提示。其安装位置如图 8-5 所示。

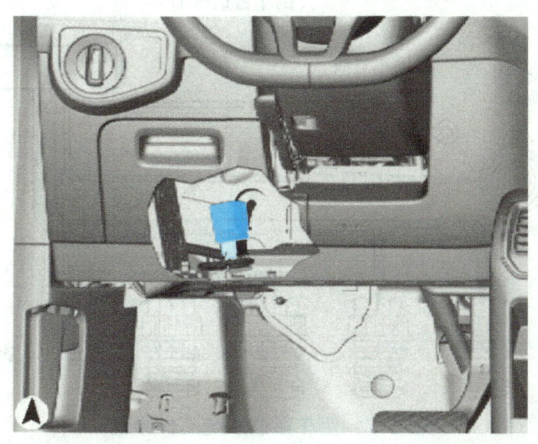

图 8-5　倒车雷达 ECU 安装位置

（3）蜂鸣器

蜂鸣器接收倒车雷达控制单元的控制信号，根据距离远近显示距离值，并提供不同级别的距离警报声。其报警范围如图 8-6 所示。

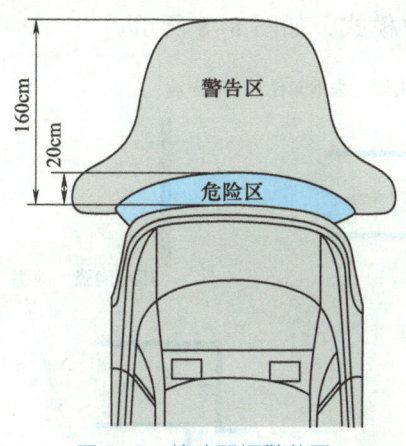

图 8-6　蜂鸣器报警范围

2. 倒车雷达系统原理

当车辆挂入倒档时，倒车雷达 ECU 使用超声波传感器监控后保险杠周围的区域，传感器发出一束短促的超声波脉冲，当脉冲遇到障碍物时就会发生反射，传感器将会收到反射回波。超声波在常温下、空气中的传播速度是一定的（约为 340m/s），接收器内 CPU 根据发射与接收波之间的时间间隔，计算出传感器与障碍物之间的距离

（障碍物的距离 = 发收时间差 × 声速 /2）。然后经过计算处理，判断反射回波是由哪一个传感器接收到的，并根据距离，发出缓急不同的警报声。倒车雷达系统工作原理如图 8-7 所示。

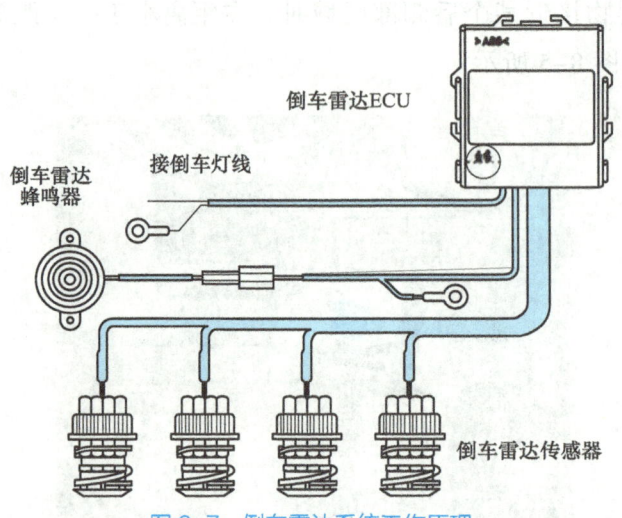

图 8-7　倒车雷达系统工作原理

超声波传感器发射超声波脉冲，障碍物反射这些超声波脉冲（回声脉冲）。超声波传感器接收并放大这些回声脉冲，这些被放大的回声脉冲被转换成一种数字信号。每个超声波传感器都有一套电子装置以及一根连接相应控制单元的数据导线。控制单元在打开点火开关时将当前的车辆数据提供给超声波传感器，超声波传感器根据信号确定组合收发模式或纯接收模式，如图 8-8 所示。

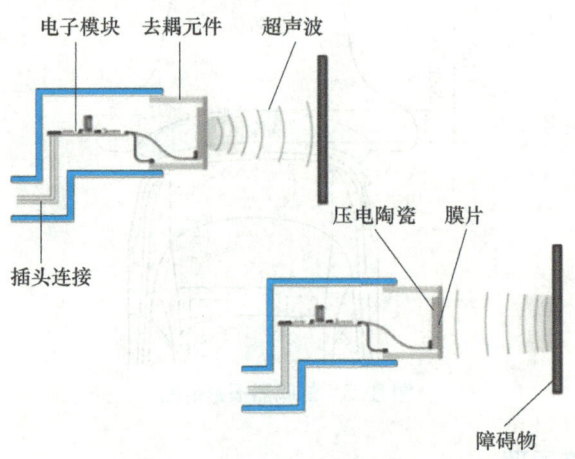

图 8-8　超声波传感器工作过程

在组合收发模式下，一个保险杠内的超声波传感器首先一次发出一个超声波脉冲包。然后，超声波传感器将接收有感知范围内的一个目标所反射回来的回声脉冲。该回声脉冲在超声波传感器得到加强，然后作为数字信号转发至泊车辅助系统控制单元,泊车辅助系统控制单元根据回声脉冲的运行时间计算出目标距离。

在接收模式中,超声波传感器将接收相邻超声波传感器所发出的回声脉冲。泊车辅助系统控制单元通过多个超声波传感器的信号分析,计算出车辆和目标之间的最小距离。

所有的超声波传感器都有自己的电子装置,所有的超声波传感器都有一个共同的电源和接地。

3. 前向碰撞预警系统组成

前向碰撞预警系统(FCW)主要由行车信息采集单元(毫米波雷达)、电子控制单元、人机交互单元(警告灯、转向盘振动装置)组成。毫米波雷达探测前车与本车之间的相对位置、速度,将信息传送给控制单元,控制单元进行计算分析,得出结果,如图 8-9 所示。如果存在碰撞风险,车辆会通过警告灯、声音、转向盘振动等方式提醒驾驶人进行减速。

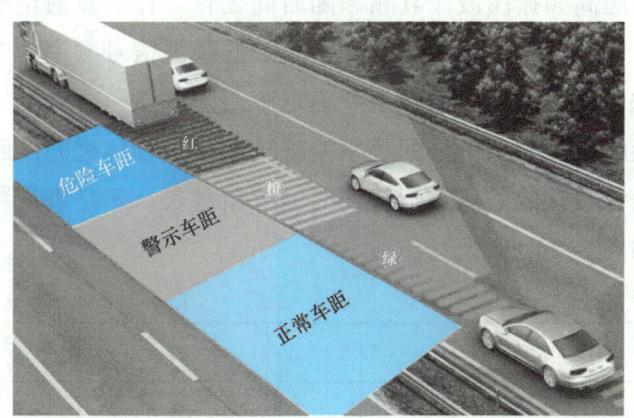

图 8-9 前向碰撞预警系统工作示意图

4. 前向碰撞预警系统工作原理

前向碰撞预警系统(FCW)能够通过雷达系统来时刻监测前方车辆,判断本车与前车之间的距离、方位及相对速度,当存在潜在碰撞危险时对驾驶人进行警告。FCW 系统本身不会采取任何制动措施去避免碰撞或控制车辆。

碰撞预警的传感器通常是毫米波雷达,一般安装在车辆前方格栅处。毫米波雷达是一种天线集成技术,在电路板上集成了阵列天线,通过发射和接收电磁波来检测物体的距离和速度。毫米波雷达通过发射、接收雷达信号可以获得前方障碍的位置、速度,但无法获得障碍物的大小。毫米波雷达的工作频段不同,其探测前方的距离也不同。一般短程毫米波雷达的工作频段是 24GHz,有效探测距离 50m;中远程雷达的工作频段是 77GHz,有效探测距离 100~200m。毫米波雷达结构如图 8-10 所示。

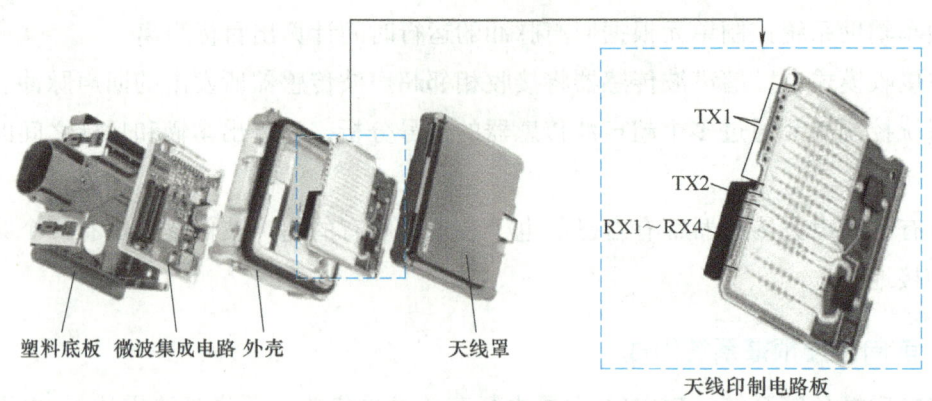

图 8-10 毫米波雷达结构

毫米波雷达依靠电磁波工作，电磁波以光速进行传播。雷达（Radar）是一种给物体定位的电子手段，其基本原理就是物体表面会反射电磁波。反射回来的那部分电磁波就被当作一种"回声"而接收。

将连续发射的超高频振荡波（其频率随时间变化）作为发射信号。频率变化（调频）速率为每毫秒 200MHz，作为"运输工具"的载波信号频率为 76.5GHz，通过比较发射信号和接收（反射）信号的频率差确定车距。

发射信号和接收（反射）信号的频率差直接取决于物体之间的距离。物体之间的距离越大，反射信号被接收前所"运行的时间"就越长，于是发射频率和接收频率之间的差就越大，如图 8-11 所示。

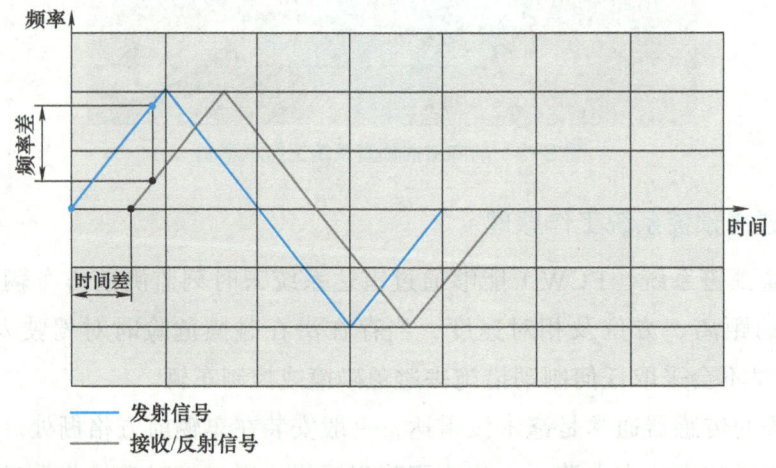

图 8-11 车距测量原理

前车车速通过"多普勒效应"计算得出。如果发射出波的物体与反射波的物体之间的距离减小了，那么反射波的频率就提高了；反之，若距离增大，那么这个频率就降低。电子装置分析这个频率变化，从而得出前车的车速。前车越走越快，与后车的距离增大了。根据"多普勒效应"，接收（反射）信号的频率（Δf_D）就降低了。由次会导致在信号的上升沿（Δf_1）和下降沿（Δf_2）之间产生一个不同的差频，车距调节控制单元会分析这种差别，如图 8-12 所示。

图 8-12 车速测量原理

车辆 ECU 根据前方车辆的距离、速度，本车的车速，计算出当前工况下，是否与前方车辆存在碰撞风险。如果存在碰撞风险，预警系统执行器工作。执行器的工作形式主要包括仪表盘灯光闪烁、蜂鸣器持续报警等，提醒驾驶人注意前方车辆。FCW 系统工作逻辑框图如图 8-13 所示。

FCW 系统完全依赖于驾驶人做出决策并执行相应操作，系统作用在报警提示方面。伴随着技术发展和完善，由单纯的依赖前向毫米波雷达逐渐转变为采用毫米波雷达和视觉传感器相融合的工作方式完成功能。通过毫米波雷达探测到前方障碍物的位置、速度信息，结合本车当前车速，ECU 对获得的信息进行计算，如果计算结果为存在碰撞风险，则预警系统工作，输出碰撞提示；反之则正常行驶。

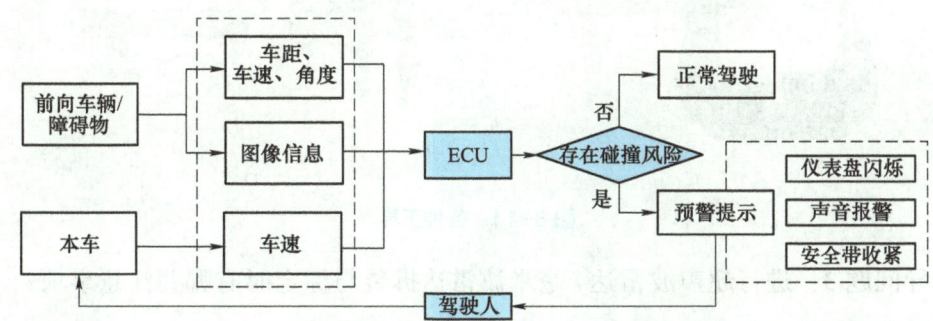

图 8-13 FCW 系统工作逻辑框图

小贴士：本任务重点讲解了前向碰撞预警系统、倒车雷达系统的结构及工作原理，随着智能汽车的大规模普及，先进驾驶辅助系统已经在家用汽车中大规模普及。同时，我国将智能汽车领域上升为国家战略高度，走在世界的前沿，未来学生将有很大的用武之地。

（二）任务计划与实施

引导问题 1：简述全车防碰撞预警系统组成及工作原理。

_____
_____
_____

引导问题 2：在进行超声波雷达／毫米波雷达拆装与标定时用到的工具主要包括图 8-14 中的哪几种？

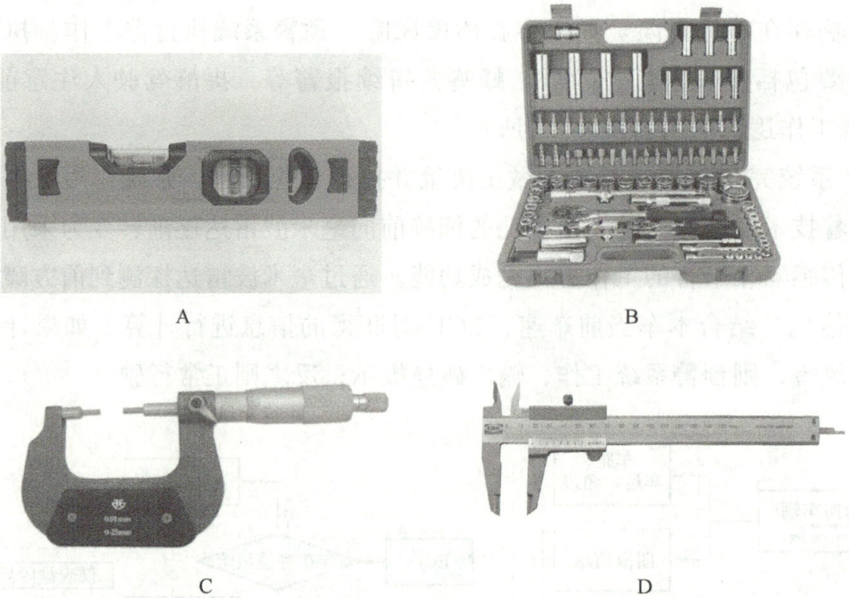

_____
_____
_____

图 8-14　各种工具

引导问题 3：进行超声波雷达／毫米波雷达拆装与标定时有哪些注意事项？

_____
_____
_____
_____

任务技能点

全车防碰撞预警系统检测与维修视频

超声波雷达 / 毫米波雷达拆装方法

1. 准备工作

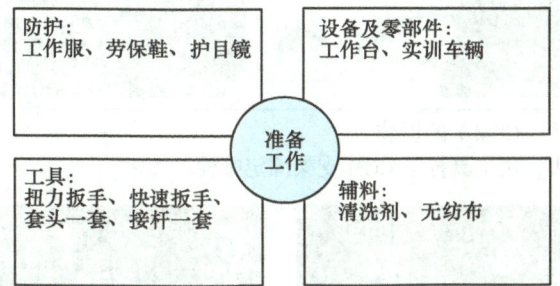

防护：
工作服、劳保鞋、护目镜

设备及零部件：
工作台、实训车辆

工具：
扭力扳手、快速扳手、套头一套、接杆一套

辅料：
清洗剂、无纺布

准备工作

2. 拆装或测量步骤说明

（1）前部雷达的拆卸（以锐界车型为例）

1）拆卸保险杠下方固定螺栓，举升车辆

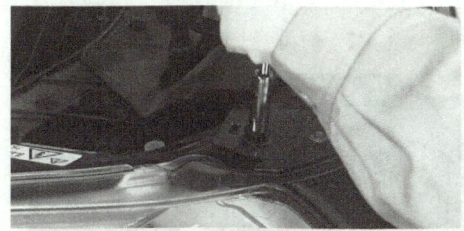

2）拆卸左右轮胎内衬固定螺栓，拆卸两侧杠角固定螺栓

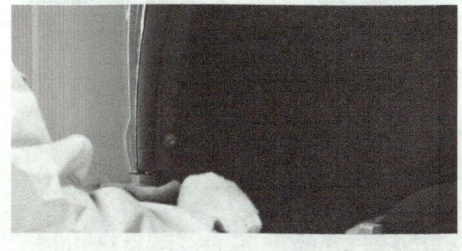
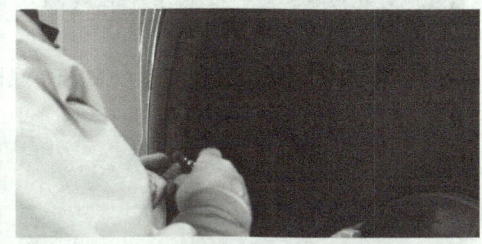

3）拆卸保险杠下方固定螺栓，将保险杠取下，并断开电气插头

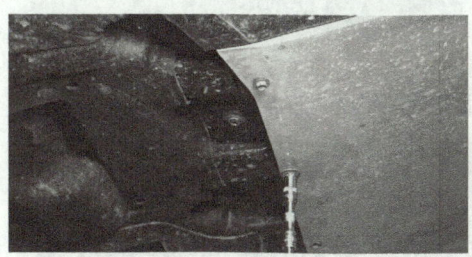
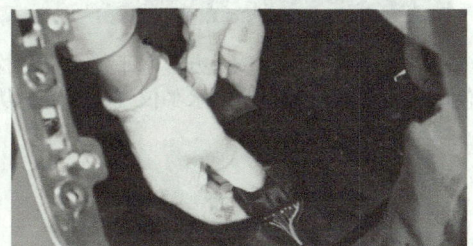

（续）

4）依次拆卸保险杠上的前雷达传感器

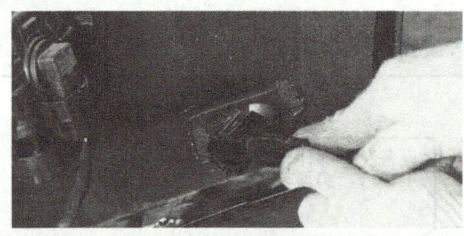 

（2）福特中央控制模块（CCM）的拆装

1）断开CCM电气插头，用工具拧下CCM支架固定螺栓

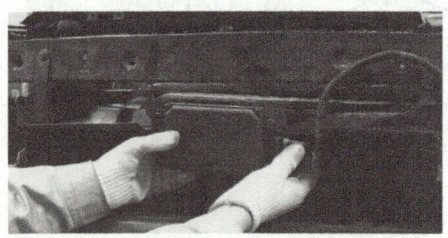 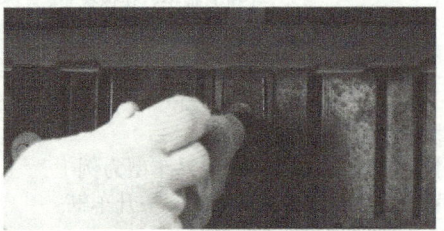

2）安装CCM，并拧紧固定螺栓，连接CCM电气插头

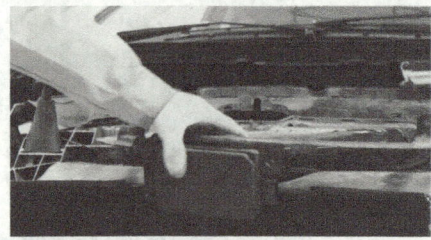 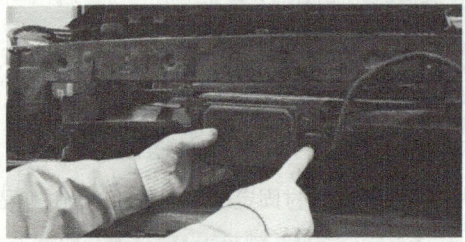

（3）CCM的校准

1）将车辆开上四轮定位工位，找到CCM调整螺栓

 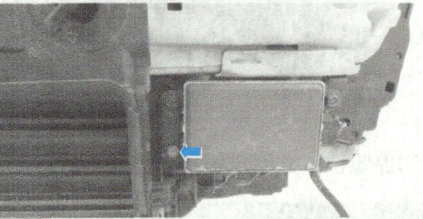

2）在CCM的表面放置一个方形水平仪组合，检查对齐情况，将方形水平仪组合保持在CCM的表面，使用E20转动螺钉，观察水平仪气泡位置，从而调整倾斜度，直至CCM垂直和平衡

（续）

3）起动发动机，连接诊断仪，按照诊断仪上的说明执行 CCM 自动校准程序

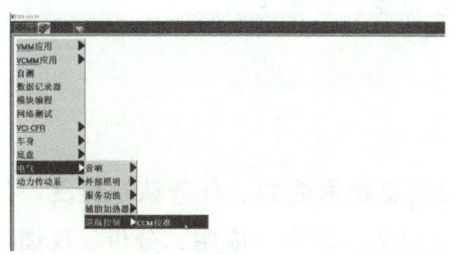 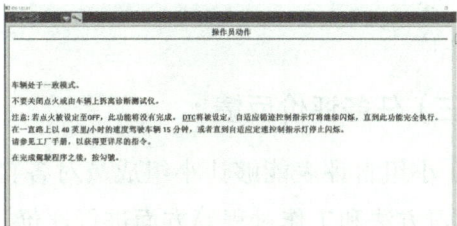

（4）前部雷达的安装
1）依次安装前保险杠上的雷达传感器，并插上电气插头

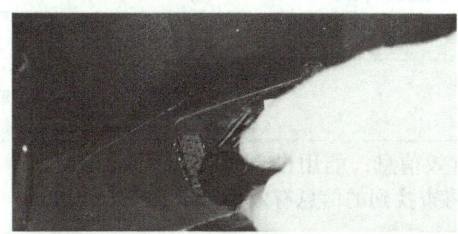 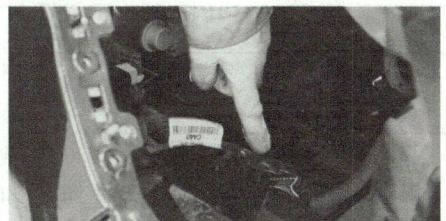

2）将前保险杠安装于车辆上，并紧固保险杠四周固定螺栓

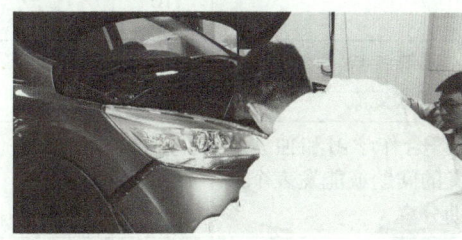 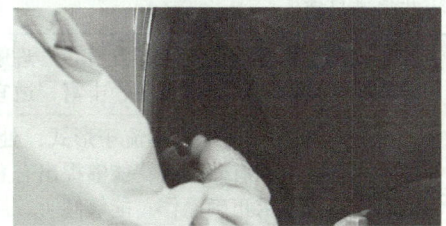

3）降下车辆，安装保险杠上端盖板及固定螺栓

 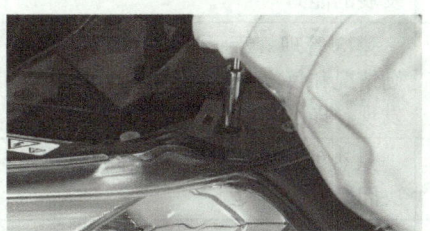

（5）注意事项
1）为了对齐 CCM，必须移除前保险杠以便接触到传感器，并且车辆必须位于车轮定位工位以保持车辆水平
2）CCM 的水平对齐为软件校准，不需要人工调节这一过程，扫描工具通过可编程参数中的 CCM 程序校准 CCM
3）安装时应将传感器正确地放入固定槽中，使其固定于前保险杠上

> **小提示**
> 1. 超声波雷达安装后不需要标定。
> 2. 前向毫米波雷达安装后需要进行标定。

（三）任务评价反馈

1）小组自评表能够让小组成员对各自的信息检索能力、任务认知程度、参与状态、学习方法和工作过程等方面进行评价，从记忆、领会、应用、分析、反馈全方位评估自己对知识的学习及掌握情况。

活动过程评价小组自评表

班级		组名		日期	
评价指标	评价要素			分数	分数评定
信息检索	能有效利用网络资源、工作手册查找有效信息；能用自己的语言有条理地去理解、表述所学知识；能将查找到的信息有效地转换到工作中			10	
任务认知	是否熟悉各自的工作岗位，认同工作价值；在工作中，是否获得满足感			10	
参与状态	与教师、同学之间是否相互尊重、理解、平等相待；与教师、同学之间是否能够保持多向、丰富、适宜的信息交流			10	
	探究学习、自主学习不流于形式，处理好合作学习和独立思考的关系，做到有效学习；能够提出有意义的问题或能发表个人见解；能按要求正确操作；能够倾听、协助分享			10	
学习方法	工作计划、操作技能是否符合规范要求；是否获得了进一步发展的能力			10	
工作过程	遵守管理规程，操作过程符合现场管理要求；平时上课的出勤情况和每次完成学习任务情况；善于多角度思考问题，能主动发现、提出有价值的问题			15	
思维状态	是否能发现问题、提出问题、分析问题、解决问题、创新解决问题方法			10	
自评反馈	按时按质完成学习任务；较好地掌握了专业知识点；具有较强的信息分析能力和理解能力；具有较为全面严谨的思维能力并能条理清晰表述成文			25	
自评分数					
有益的经验和做法					
总结反思建议					

2）小组互评表能够让小组成员从信息检索能力、任务认知程度、参与状态、学习方法和工作过程等方面对其他小组进行评价，通过互相评价环节，学习其他小组的长处，弥补自己小组的不足。

活动过程评价小组互评表

班级		被评组名		日期	
评价指标	评价要素			分数	分数评定
信息检索	该组能有效利用网络资源、工作手册查找有效信息			10	
	该组能用自己的语言有条理地去理解、表述所学知识			5	
	该组能将查找到的信息有效地转换到工作中			5	
任务认知	该组是否熟悉各自的工作岗位，认同工作价值			5	
	该组成员在工作中获得满足感			5	
	该组能处理好合作学习和独立思考的关系，做到有效学习			5	
	该组提出有意义的问题或发表个人见解，按要求正确操作，能够倾听、协助分享			5	
	该组积极参与学习任务，并在过程中综合运用信息技术的能力得到提高			5	
学习方法	该组工作计划、操作技能符合规范要求			5	
	该组获得了进一步发展的能力			5	
工作过程	该组遵守管理规程，操作过程符合现场管理要求			10	
	该组平时上课的出勤情况和每次完成学习任务情况			10	
	该组善于多角度思考问题，能主动发现、提出有价值的问题			10	
思维状态	该组是否能发现问题、提出问题、分析问题、解决问题、创新解决问题方法			5	
自评反馈	该组能严肃认真地对待自评，并能独立完成自测试题			10	
自评分数					
简要评述					

3）教师评价的内容主要包括小组出勤状况、信息收集能力、计划制订是否完善、工作过程是否规范等，能够帮助学生更好地理解学习任务，促进对任务知识点、技能点的消化和吸收。

教师评价表

班级		组名		姓名	
出勤情况					
评价指标	评定要素			分数	分数评定
职业素养	坚持社会主义核心价值观			5	
	具备信息素养			5	
	具备探究学习、终身学习能力			5	
	在实操过程中体现劳模精神、劳动精神、工匠精神			5	
	具备良好的职业道德和环保意识			5	
道德品质	遵守实训场所、场地等公共场所的管理规定，自觉维护秩序			5	
	在公共场所举止文雅、文明礼貌			5	
	爱护公物，保护公共设施			5	
信息检索	能够顺利完成教师安排的任务，快速找到有效信息，并转化到工作中去			5	
任务认知	能够读懂文字的表达内容			5	
	能够满足岗位工作要求、掌握工作流程、熟悉注意事项			5	
参与状态	与教师、同学之间相互尊重、理解			5	
	能够做到独立思考、表达自己想法			5	
	能够按照要求正确操作，能够倾听对方表达的内容，乐于分享			5	
学习方法	能够按照工作内容的紧急情况合理制订计划			5	
	能够按要求完成工作计划，且操作符合规范			5	
工作过程	操作符合安全规定			5	
	操作符合流程规范			5	
	能够协助他人完成工作			5	
思维状态	工作过程思维清晰，对工作结果正确预判，对其他相关工作有帮助			5	
师评分数					
综合评价					

学习任务 9
车道保持系统检测与维修

一、任务说明

任务描述	要进行后面任务的学习，需要对车道保持系统工作原理有基本认识，做好任务准备		
任务所属模块课程	● 动力系统检修	(	)
	● 变速器与传动系统检修	(	)
	● 转向悬架系统检修	(	)
	● 制动安全系统检修	(✓	)
	● 电器与控制系统检修	(	)
	● 空调与舒适系统检修	(	)
	● 动力与底盘网关控制系统检修	(	)
	● 车身与娱乐网关控制系统检修	(	)
任务对应工作领域	● 汽车动力与驱动系统工作领域	(	)
	● 汽车转向悬架与制动安全系统工作领域	(✓	)
	● 汽车电子电气与空调舒适系统工作领域	(	)
	● 汽车全车网关控制与娱乐系统工作领域	(	)
是否为拓展更新任务	是（　）/ 否（ ✓ ）		
任务育人目标描述			
● 激发求知探索精神 ● 培养奋勇争先精神			
职业技能（能力）要求描述			
行为	能对车道保持系统进行检测与装配		
条件	车辆/设备：装备车道保持系统的实训车辆		
	工具及场地要求： 维修工位 4 个、配套维修手册 4 本、工具箱（内包含诊断仪、万用表）4 个、零件车 4 个、工作灯 4 个、手套若干、无纺布若干、维修工作台 4 个		
标准与要求	● 树立分析问题、解决问题的信心；提高沟通协调、团队合作的能力；强化安全生产、规范操作的意识 ● 能描述车道保持系统工作过程原理，了解常见问题及掌握检查方法 ● 能检查、更换车道保持系统控制单元，能进行摄像头标定		
成果	完成车道保持系统的检测与控制单元的更换		

任务案例引入视频

二、任务学习与实施

（一）任务引导与学习

引导问题1：先进驾驶辅助系统的一个重要组成部分是车道保持系统，请简述车道保持系统的作用。

_____
_____
_____

引导问题2：根据图9-1，试简述车道保持系统的工作原理。

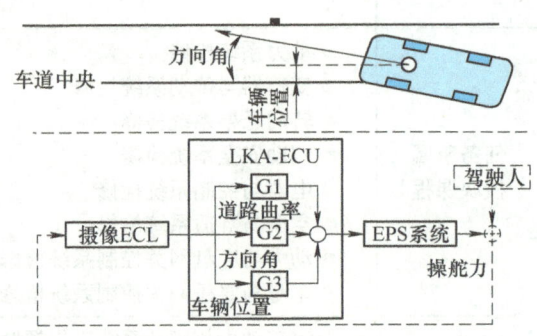

a) 车道线识别　　　　　　　　　　　b) 转角控制

图9-1　车道保持系统原理

a) _____
_____
b) _____
_____

知识链接

车道保持系统

车道保持系统动画

车道保持系统可以帮助驾驶人将车辆保持在原车道上行驶。用摄像头来识别车道边界线。车辆行驶时，如果车道保持系统识别出了车道两侧的边界线，那么该系统就处于"时刻准备工作"的状态。如果车辆行驶中靠近了识别出的某条车道边界线（车辆可能就要驶离车道了），计算机会给出报警信号和纠偏指令，转向盘就会发生振动，对驾驶人进行提醒，同时会向ESP系统发出指令，转向系统工作，使得车辆保持在车道内行驶（图9-2）。如果在车辆横过车道边界线之前拨动了转向灯，那么就不会发出这种振动提醒，因为系统认为这是驾驶人主动变道，系统不会对转向系统进行控制。

图 9-2　车道保持系统

车道保持系统的核心问题是车道线识别和转角控制执行。

（1）车道线识别

在前风窗内侧的上方安装有一个摄像头。摄像头能实时录制前方的视频，视频是由一帧帧的图像组成，因此对视频的车道线检测本质上是对图像的车道线进行检测。为了得到相对理想的车道线边缘，利用车道的边缘特征对车道图像进行形态学处理，如图 9-3a 所示，对车道区域实现准确的边缘检测，最后通过定位车道线、车道线拟合完成对车道线的识别，如图 9-3b 所示。

a) 图像二值化处理　　　　　　　　　　　b) 车道线提取

图 9-3　车道线识别

（2）转角控制执行

通过摄像头的画面处理，得出当前车辆相对车道线的位置，偏离的方向和速度，当车辆靠近识别出的边界线且要驶离该车道时，系统会通过声音和图像对驾驶人进行提醒。驾驶人没有打转向灯并且没有操作转向盘的情况下，车辆发生了车道偏离且车辆速度达到一定数值（乘用车一般定为 65km/h），系统在发出警告信号的同时，还会发出辅助控制（纠偏）命令。接到决策系统的辅助控制命令后，由 EPS 系统或电动机输出转向助力，使得车辆保持在道路内行驶。转向助力的大小和时长，由车道半径、车速、偏离方向、偏离速度等参数（由不同传感器给出，由计算机计算出来）控制执行系统，如图9-4所示。

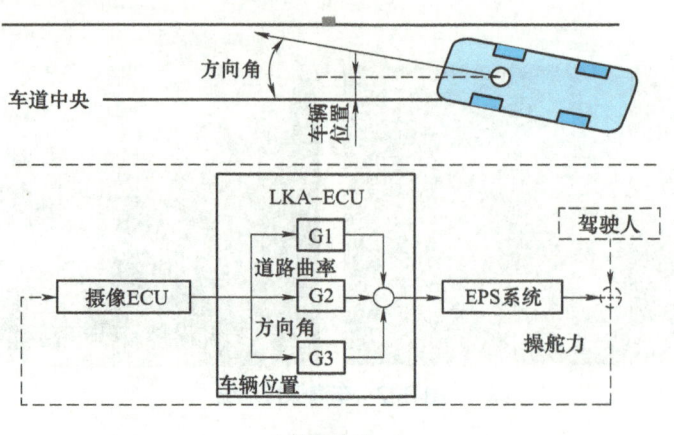

a) 转角计算

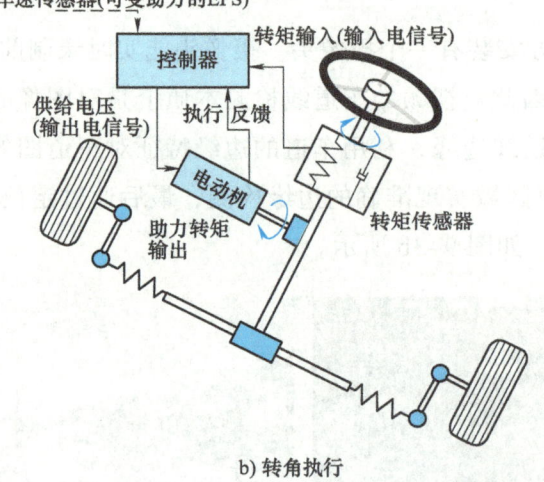

b) 转角执行

图9-4 车道保持系统转角控制

> 小贴士
>
> 本任务重点讲解了车道保持系统的结构及工作原理，随着车辆电动智能化越来越普及，各种附加功能随之增多，机械故障相对较少，电子故障相应增多。大家要时刻保持学习的态度，提升自身的专业技能，做好"汽车医生"。

（二）任务计划与实施

引导问题1：简述车道保持系统组成及工作原理。

引导问题2：后视镜拆装和摄像头标定时有哪些注意事项？

任务技能点

后视镜拆装和摄像头标定方法

1. 准备工作

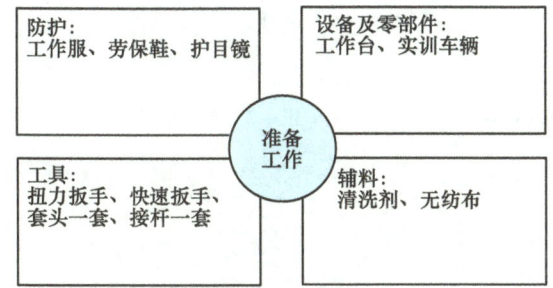

2. 拆装或测量步骤说明

（1）图像处理模块（IPMA）的拆装（以福特锐界为例）

1）福特锐界汽车的图像处理模块集成于车内后视镜中，拆卸时首先要连接 IDS 诊断仪，上传 IPMA 配置到扫描工具（此步骤仅适用于安装新的后视镜）

2）取下后视镜上、下保护饰板，拆卸后视镜电气插头

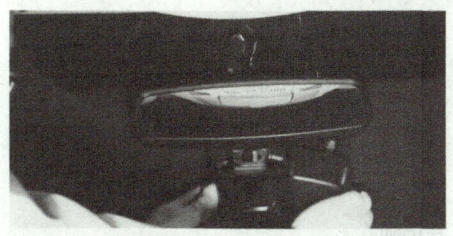
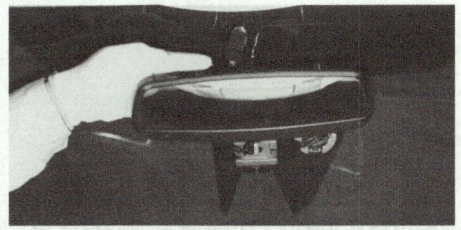

3）双手扶住后视镜下端，逆时针旋转后视镜总成（避免后视镜掉落砸伤仪表台），取下后视镜总成

（续）

4）按照与拆卸相反的顺序对后视镜总成进行安装，连接诊断仪从扫描工具中下载 IPMA 配置到新的 IPMA 中，对新安装的后视镜总成进行标定

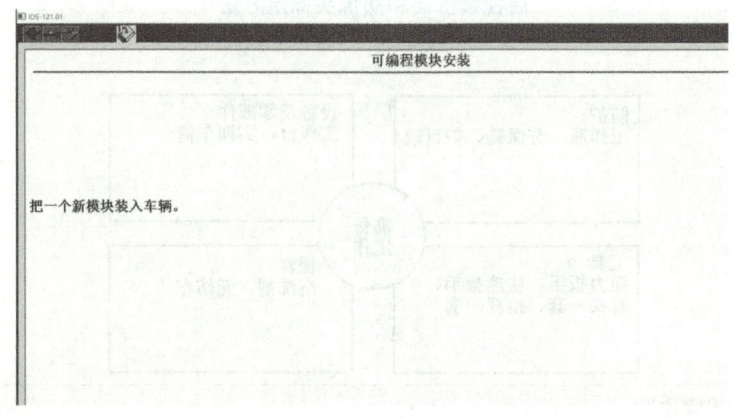

（2）车道保持系统摄像头的标定

1）连接 IDS 诊断仪，将车辆行驶至 64km/h 以上，使用扫描工具开始标定程序，该程序完成需要大约 10min

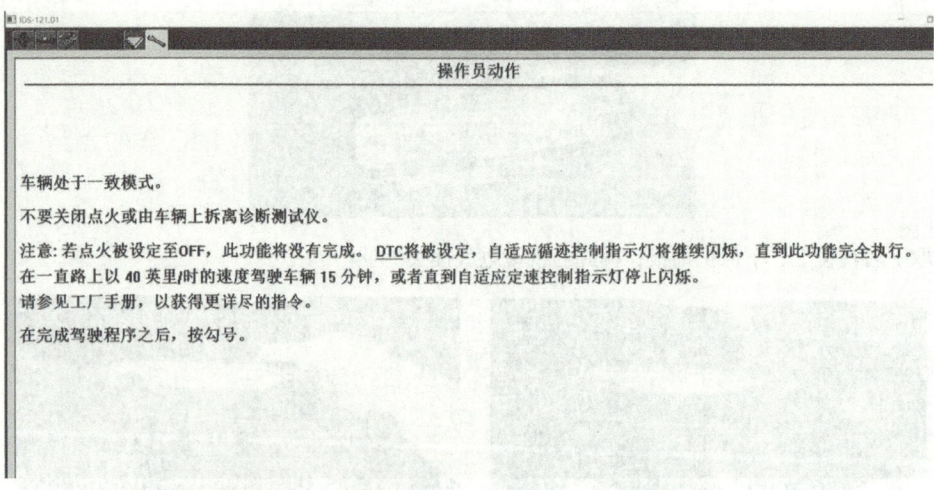

2）如果中途标定失败，请检查室内后视镜是否安装正确

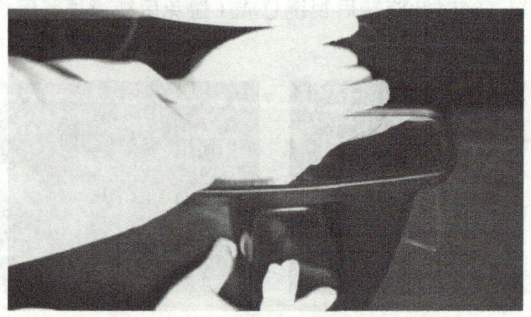

小提示 进行 IPMA 摄像头标定程序应该在发生以下情况时进行：更换风窗玻璃，变更轮胎规格，悬架维修、校准或改装，前气囊展开，更换室内后视镜。

（三）任务评价反馈

1）小组自评表能够让小组成员对各自的信息检索能力、任务认知程度、参与状态、学习方法和工作过程等方面进行评价，从记忆、领会、应用、分析、反馈全方位评估自己对知识的学习及掌握情况。

活动过程评价小组自评表

班级		组名		日期	
评价指标	评价要素			分数	分数评定
信息检索	能有效利用网络资源、工作手册查找有效信息；能用自己的语言有条理地去理解、表述所学知识；能将查找到的信息有效地转换到工作中			10	
任务认知	是否熟悉各自的工作岗位，认同工作价值；在工作中，是否获得满足感			10	
参与状态	与教师、同学之间是否相互尊重、理解、平等相待；与教师、同学之间是否能够保持多向、丰富、适宜的信息交流			10	
	探究学习、自主学习不流于形式，处理好合作学习和独立思考的关系，做到有效学习；能够提出有意义的问题或能发表个人见解；能按要求正确操作；能够倾听、协助分享			10	
学习方法	工作计划、操作技能是否符合规范要求；是否获得了进一步发展的能力			10	
工作过程	遵守管理规程，操作过程符合现场管理要求；平时上课的出勤情况和每次完成学习任务情况；善于多角度思考问题，能主动发现、提出有价值的问题			15	
思维状态	是否能发现问题、提出问题、分析问题、解决问题、创新解决问题方法			10	
自评反馈	按时按质完成学习任务；较好地掌握了专业知识点；具有较强的信息分析能力和理解能力；具有较为全面严谨的思维能力并能条理清晰表述成文			25	
自评分数					
有益的经验和做法					
总结反思建议					

2）小组互评表能够让小组成员从信息检索能力、任务认知程度、参与状态、学习方法和工作过程等方面对其他小组进行评价，通过互相评价环节，学习其他小组的长处，弥补自己小组的不足。

活动过程评价小组互评表

班级		被评组名		日期	
评价指标	评价要素			分数	分数评定
信息检索	该组能有效利用网络资源、工作手册查找有效信息			10	
	该组能用自己的语言有条理地去理解、表述所学知识			5	
	该组能将查找到的信息有效地转换到工作中			5	
任务认知	该组是否熟悉各自的工作岗位，认同工作价值			5	
	该组成员在工作中获得满足感			5	
	该组能处理好合作学习和独立思考的关系，做到有效学习			5	
	该组提出有意义的问题或发表个人见解，按要求正确操作，能够倾听、协助分享			5	
	该组积极参与学习任务，并在过程中综合运用信息技术的能力得到提高			5	
学习方法	该组工作计划、操作技能符合规范要求			5	
	该组获得了进一步发展的能力			5	
工作过程	该组遵守管理规程，操作过程符合现场管理要求			10	
	该组平时上课的出勤情况和每次完成学习任务情况			10	
	该组善于多角度思考问题，能主动发现、提出有价值的问题			10	
思维状态	该组是否能发现问题、提出问题、分析问题、解决问题、创新解决问题方法			5	
自评反馈	该组能严肃认真地对待自评，并能独立完成自测试题			10	
自评分数					
简要评述					

3）教师评价的内容主要包括小组出勤状况、信息收集能力、计划制订是否完善、工作过程是否规范等，能够帮助学生更好地理解学习任务，促进对任务知识点、技能点的消化和吸收。

教师评价表

班级		组名		姓名	
出勤情况					
评价指标	评定要素			分数	分数评定
职业素养	坚持社会主义核心价值观			5	
	具备信息素养			5	
	具备探究学习、终身学习能力			5	
	在实操过程中体现劳模精神、劳动精神、工匠精神			5	
	具备良好的职业道德和环保意识			5	
道德品质	遵守实训场所、场地等公共场所的管理规定，自觉维护秩序			5	
	在公共场所举止文雅、文明礼貌			5	
	爱护公物，保护公共设施			5	
信息检索	能够顺利完成教师安排的任务，快速找到有效信息，并转化到工作中去			5	
任务认知	能够读懂文字的表达内容			5	
	能够满足岗位工作要求、掌握工作流程、熟悉注意事项			5	
参与状态	与教师、同学之间相互尊重、理解			5	
	能够做到独立思考、表达自己想法			5	
	能够按照要求正确操作，能够倾听对方表达的内容，乐于分享			5	
学习方法	能够按照工作内容的紧急情况合理制订计划			5	
	能够按要求完成工作计划，且操作符合规范			5	
工作过程	操作符合安全规定			5	
	操作符合流程规范			5	
	能够协助他人完成工作			5	
思维状态	工作过程思维清晰，对工作结果正确预判，对其他相关工作有帮助			5	
	师评分数				
综合评价					

学习任务 10
防盗系统检测与维修

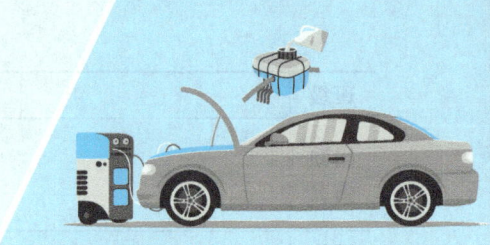

一、任务说明

任务描述	要进行后面任务的学习，需要对防盗系统工作原理有基本认识，做好任务准备	 任务案例引入视频

任务所属模块课程	● 动力系统检修　　　　　　　　　　　　　　（　） ● 变速器与传动系统检修　　　　　　　　　　（　） ● 转向悬架系统检修　　　　　　　　　　　　（　） ● 制动安全系统检修　　　　　　　　　　　　（√） ● 电器与控制系统检修　　　　　　　　　　　（　） ● 空调与舒适系统检修　　　　　　　　　　　（　） ● 动力与底盘网关控制系统检修　　　　　　　（　） ● 车身与娱乐网关控制系统检修　　　　　　　（　）

任务对应工作领域	● 汽车动力与驱动系统工作领域　　　　　　　　（　） ● 汽车转向悬架与制动安全系统工作领域　　　（√） ● 汽车电子电气与空调舒适系统工作领域　　　（　） ● 汽车全车网关控制与娱乐系统工作领域　　　（　）

是否为拓展更新任务	是（　）/否（√）

任务育人目标描述	
● 树立安全意识 ● 培养一丝不苟、专注执着精神	

职业技能（能力）要求描述	
行为	能对防盗系统进行检测与装配
条件	车辆/设备：装备防盗系统的实训车辆
	工具及场地要求： 维修工位4个、配套维修手册4本、工具箱（内包含诊断仪、万用表）4个、零件车4个、工作灯4个、手套若干、无纺布若干、维修工作台4个
标准与要求	● 树立分析问题、解决问题的信心；提高沟通协调、团队合作的能力；强化安全生产、规范操作的意识 ● 能描述防盗系统工作过程原理，了解常见问题及掌握检查方法 ● 能检查、更换门锁及防盗系统控制单元
成果	完成防盗系统的检测与控制单元、门锁的更换

二、任务学习与实施

（一）任务引导与学习

引导问题 1：什么是主动防盗？主动防盗的工作状态包括什么？

_____
_____
_____

引导问题 2：坐在车内的驾驶人启动主动防盗后，使用钥匙打开点火开关，此时主动防盗系统将会如何反应？为什么？

_____
_____
_____
_____

> 知识
> 链接

防盗系统动画

1. 防盗系统的组成

电子防盗系统是具有报警、切断发动机点火电路、油路、控制制动和变速等功能的电子系统，一般由与电控（中央）门锁系统联动的防盗安全报警系统和防盗车辆行驶系统组成。其主要部件包括防盗保险装置、防盗报警装置、防盗车辆行驶装置。

防盗保险装置主要由车门锁、发动机舱盖锁、行李舱盖（尾门）锁、车门开启传感器、转向机锁止机构、变速杆锁止机构、安全指示灯、警告喇叭、报警蜂鸣器及有关电器元件等组成。当非法打开车门、接通起动电路（不用遥控器或开门钥匙、点火钥匙）起动发动机时，防盗报警装置便会发出报警信号，其形式包括：喇叭或蜂鸣器断续发出鸣叫（可达 3min）；外部可见的前照灯、尾灯等忽明忽暗的反复闪亮等。若盗贼非法进入车内，在发出报警信号的同时，起动电路被断路，发动机无法起动；点火电路被断路，发动机无法起动；供油电路被断路，发动机无法起动；转向机被锁止，汽车无法转向；变速杆被锁止，汽车无法挂档。

主动防盗系统以中控锁系统为基础，通过对门锁及车门的状态进行监控，实现对车辆的保护，如图 10-1 所示。因该系统可主动防止以非正常手段进入车辆的情况，故称之为主动防盗系统。该系统的工作状态包括主动防盗系统的启动、触发、恢复。

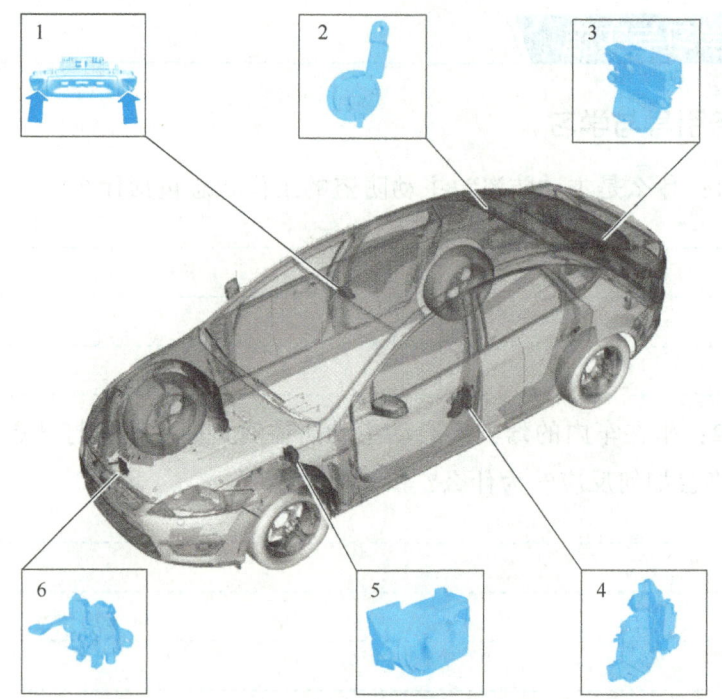

图 10-1 主动防盗系统组成

1—侵入传感器 2—防盗警告喇叭 3—尾门锁 4—车门锁 5—防盗警告喇叭 6—发动机舱盖锁

（1）主动防盗系统的启动

当车门（包括发动机舱盖和尾门）关闭状态下，使用遥控器关闭中控锁 20s 后，主动防盗系统启动；或使用机械钥匙关闭中控锁后 20s，主动防盗系统启动。主动防盗系统启动后，系统会监测车门位置、前门门锁位置、发动机舱盖位置、尾门（行李舱盖）位置、尾门锁位置，以及对音响系统状态进行监控，以防止非法进入车辆或破窗偷盗音响等。发动机舱盖位置传感器安装于发动机舱盖锁内部，对其位置进行监测，如图 10-2 所示。车门锁中集成有车门位置传感器、机械锁芯位置传感器等，这些传感器对车门位置与锁芯位置进行监控。

图 10-2 发动机舱盖位置传感器

（2）主动防盗系统的触发

防盗报警系统启动后，系统会监控车门微动开关、发动机舱盖开关和尾门开关。当系统处于启动状态下车门、发动机舱盖或尾门被非法打开，此时相应的开关或电路就会通知控制单元，控制单元将触发主动防盗。主动防盗系统被触发后，报警蜂鸣器将鸣响 30s 并伴随危险警告灯闪烁 5min。

在防盗启动状态下，断开音响系统插头（图10-3）或接通点火开关也将导致主动防盗系统触发。在主动防盗系统被触发后，控制单元会将该信息传输给动力控制单元，以启动被动防盗系统。

（3）主动防盗系统的恢复

主动防盗触发后，解除防盗使车辆退出主动防盗保护，这种情况我们称之为防盗解除。具体方法如下：在主动防盗系统触发状态下，按动合法遥控钥匙的开锁按钮（图10-4），主动防盗系统将解除防盗；使用机械钥匙操纵外部门锁，向解锁方向旋转一次；使用合法的被动防盗系统（PATS）钥匙，打开点火开关。

图10-3 拆卸音响插头

图10-4 防盗解除

2. 被动防盗系统的组成

被动防盗系统主要由点火开关、接收器线圈、防盗钥匙以及控制单元组成。点火开关在被动防盗系统中的作用是控制给模块、执行器和传感器供电；接收器线圈安装于点火开关后侧；遥控钥匙中安装有应答器，应答器的工作不需要电池，依靠打开点火开关或者起动发动机时接收收发器的信号产生的感应电压供电；控制单元为仪表模块。

当点火开关打开后，发动机控制单元、仪表模块以及收发器工作；收发器通过环形线圈将交流射频信号发送给应答器线圈；应答器产生交流感应电压，通过内部电路转换成直流电压为电容充电，同时依靠此电能驱动芯片电路工作，将认证编码转换成交流电压脉冲信号，通过环形天线发送给收发器；收发器将此编码转换成数字信息传送给仪表模块；仪表模块产生一个随机数，随同应答器与仪表模块系统最后一次通信所存储的值一起进行编码。这个数据编码通过收发器传送给应答器；应答器对这个编码进行解码，还原出随机数通过收发器返还给仪表模块；仪表模块系统将产生的随机数与应答器传递回来的计算结果比较，如果二者一致，则钥匙认证通过，发动机控制单元允许发动机起动，如果二者不一致则认证不通过，发动机控制单元将不允许发动机起动。被动防盗系统原理如图10-5所示。

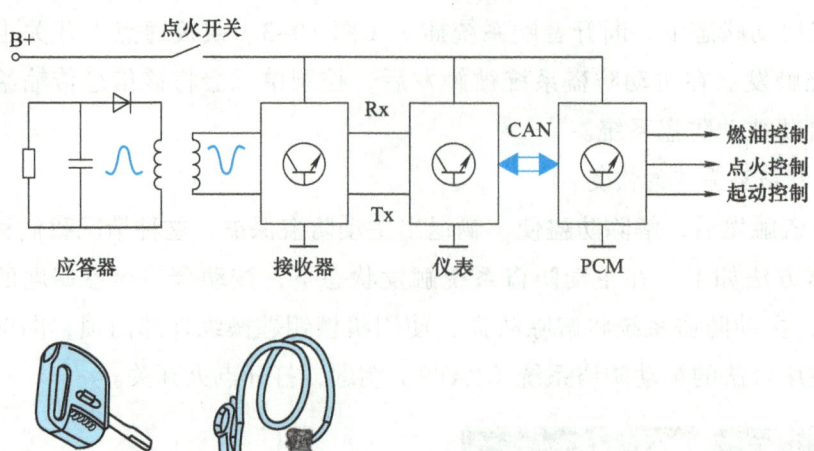

图 10-5 被动防盗系统原理

小贴士

本任务重点讲解了汽车防盗系统的类型、结构及工作原理。防盗系统伴随着汽车产业的发展产生的,最早的汽车是没有防盗系统的,起动机的电源通电,起动机就会工作。后来人们对汽车安全性越来越重视,智能车锁、钥匙认证、人脸识别等功能逐步增加,防止车辆非法起动。

(二)任务计划与实施

引导问题1:车辆防盗模块安装后的注意事项有哪些?

引导问题2:简述车钥匙匹配的方法。

任务技能点

防盗系统检测与维修视频

防盗模块的拆装与匹配方法

1. 准备工作

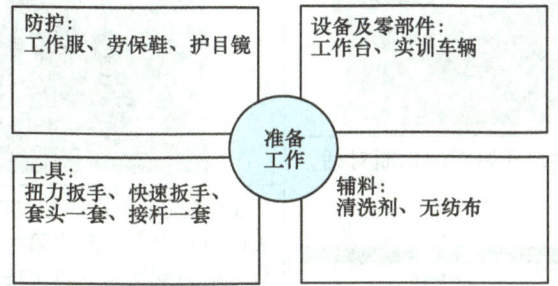

2. 拆装或测量步骤说明

（1）车辆发动机控制模块（PCM）的拆装（以翼虎为例）

1）PCM 控制单元的拆卸

① 连接 IDS 诊断仪，使用可编程模块安装程序将 PCM 信息下载到工具里

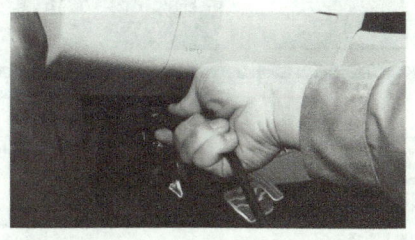

② 关闭点火开关使车辆静置 1min，松开车轮固定螺栓

③ 举升车辆至合适位置，拧下车轮固定螺栓并取下车轮

④ 拆卸左侧车轮内衬饰板固定螺钉并取下饰板

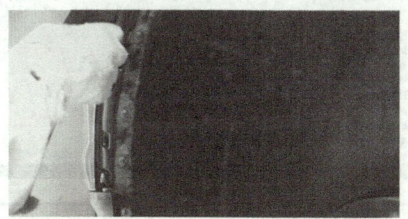

⑤ 将 PCM 从固定槽中取出，拆卸 PCM 插头，取出控制单元

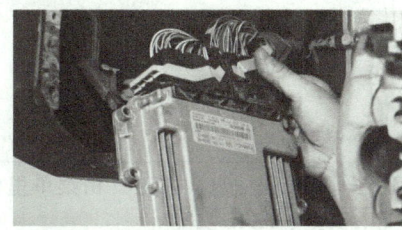

2）PCM 控制单元的安装

① 将新的 PCM 按照拆卸的相反顺序进行安装，连接 IDS 诊断仪

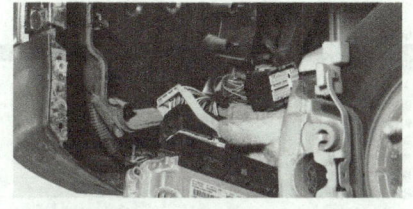

② 使用模块编程安装程序从诊断工具中下载 PCM 信息，对被动防盗系统进行重新匹配

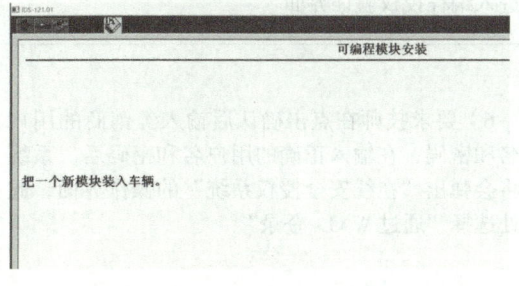

（续）

（2）车辆防盗系统的匹配

1）使用 IDS 连接车辆，打开点火开关

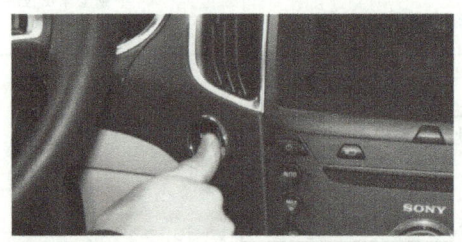

2）启动 IDS 诊断软件，开始新的诊断对话，确定车辆信息

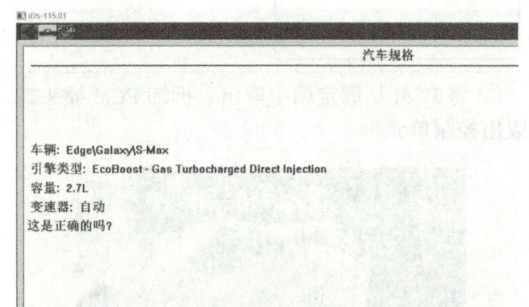

3）确定车辆里程信息，在工具箱菜单里依次选择车身、安全、PATS 功能

4）开启 PATS 功能菜单，在 PATS 菜单中选择"清除并设定钥匙"菜单

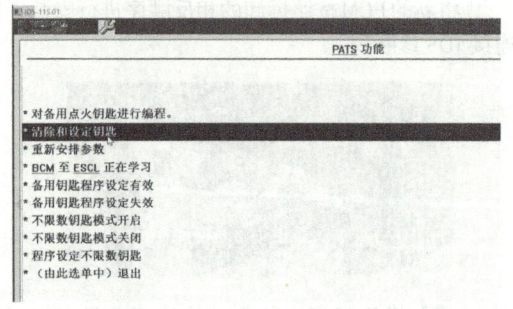

5）按照 IDS 中的提示，关闭点火开关，此时进入编程授权验证界面

6）要求技师在点击确认后输入经销商的用户名和密码，在输入正确的用户名和密码后，系统将会弹出"在线安全授权系统"的操作界面，此处选择"通过 WXLs 登录"

7）完成编程授权后，系统提示此程序需要准备两把钥匙，此处点击对勾，接下来进入钥匙编程界面，按照免钥匙车辆的编程提示将第一把钥匙放入应急起动槽中

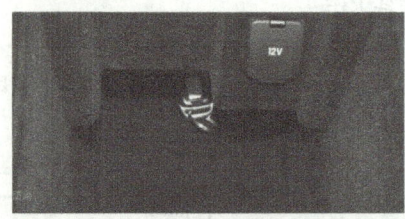

8）按点火开关一次，完成第一把钥匙的编程，关闭点火开关，拿出第一把钥匙，把第二把钥匙放入应急起动槽，再次按点火开关一次，完成第二把钥匙的编程

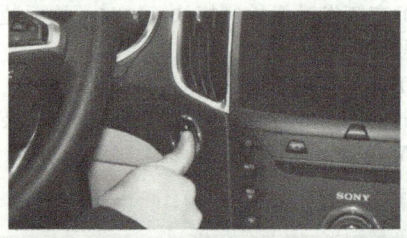

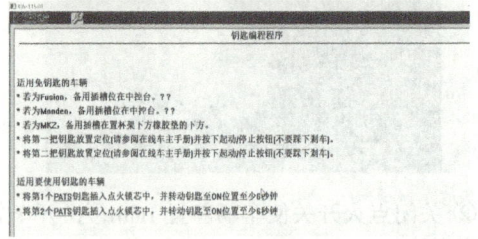

9）系统提示两把钥匙匹配成功，选择退出菜单 PATS 功能，结束钥匙匹配操作

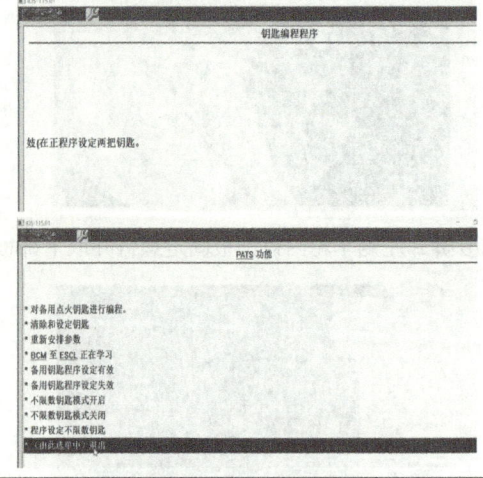

> **小提示**
> 1. 更换防盗模块后，需要用诊断仪对被动防盗系统重新匹配。
> 2. 更换车钥匙，需要通过诊断仪让汽车应答器与车钥匙重新匹配。

（三）任务评价反馈

1）小组自评表能够让小组成员对各自的信息检索能力、任务认知程度、参与状态、学习方法和工作过程等方面进行评价，从记忆、领会、应用、分析、反馈全方位评估自己对知识的学习及掌握情况。

活动过程评价小组自评表

班级		组名		日期	
评价指标	评价要素			分数	分数评定
信息检索	能有效利用网络资源、工作手册查找有效信息；能用自己的语言有条理地去理解、表述所学知识；能将查找到的信息有效地转换到工作中			10	
任务认知	是否熟悉各自的工作岗位，认同工作价值；在工作中，是否获得满足感			10	
参与状态	与教师、同学之间是否相互尊重、理解、平等相待；与教师、同学之间是否能够保持多向、丰富、适宜的信息交流			10	
	探究学习、自主学习不流于形式，处理好合作学习和独立思考的关系，做到有效学习；能够提出有意义的问题或能发表个人见解；能按要求正确操作；能够倾听、协助分享			10	
学习方法	工作计划、操作技能是否符合规范要求；是否获得了进一步发展的能力			10	
工作过程	遵守管理规程，操作过程符合现场管理要求；平时上课的出勤情况和每次完成学习任务情况；善于多角度思考问题，能主动发现、提出有价值的问题			15	
思维状态	是否能发现问题、提出问题、分析问题、解决问题、创新解决问题方法			10	
自评反馈	按时按质完成学习任务；较好地掌握了专业知识点；具有较强的信息分析能力和理解能力；具有较为全面严谨的思维能力并能条理清晰表述成文			25	
自评分数					
有益的经验和做法					
总结反思建议					

2）小组互评表能够让小组成员从信息检索能力、任务认知程度、参与状态、学习方法和工作过程等方面对其他小组进行评价，通过互相评价环节，学习其他小组的长处，弥补自己小组的不足。

活动过程评价小组互评表

班级		被评组名		日期	
评价指标	评价要素			分数	分数评定
信息检索	该组能有效利用网络资源、工作手册查找有效信息			10	
	该组能用自己的语言有条理地去理解、表述所学知识			5	
	该组能将查找到的信息有效地转换到工作中			5	
任务认知	该组是否熟悉各自的工作岗位，认同工作价值			5	
	该组成员在工作中获得满足感			5	
	该组能处理好合作学习和独立思考的关系，做到有效学习			5	
	该组提出有意义的问题或发表个人见解，按要求正确操作，能够倾听、协助分享			5	
	该组积极参与学习任务，并在过程中综合运用信息技术的能力得到提高			5	
学习方法	该组工作计划、操作技能符合规范要求			5	
	该组获得了进一步发展的能力			5	
工作过程	该组遵守管理规程，操作过程符合现场管理要求			10	
	该组平时上课的出勤情况和每次完成学习任务情况			10	
	该组善于多角度思考问题，能主动发现、提出有价值的问题			10	
思维状态	该组是否能发现问题、提出问题、分析问题、解决问题、创新解决问题方法			5	
自评反馈	该组能严肃认真地对待自评，并能独立完成自测试题			10	
	自评分数				
简要评述					

3）教师评价的内容主要包括小组出勤状况、信息收集能力、计划制订是否完善、工作过程是否规范等，能够帮助学生更好地理解学习任务，促进对任务知识点、技能点的消化和吸收。

教师评价表

班级		组名		姓名	
出勤情况					

评价指标	评定要素	分数	分数评定
职业素养	坚持社会主义核心价值观	5	
	具备信息素养	5	
	具备探究学习、终身学习能力	5	
	在实操过程中体现劳模精神、劳动精神、工匠精神	5	
	具备良好的职业道德和环保意识	5	
道德品质	遵守实训场所、场地等公共场所的管理规定，自觉维护秩序	5	
	在公共场所举止文雅、文明礼貌	5	
	爱护公物，保护公共设施	5	
信息检索	能够顺利完成教师安排的任务，快速找到有效信息，并转化到工作中去	5	
任务认知	能够读懂文字的表达内容	5	
	能够满足岗位工作要求、掌握工作流程、熟悉注意事项	5	
参与状态	与教师、同学之间相互尊重、理解	5	
	能够做到独立思考、表达自己想法	5	
	能够按照要求正确操作，能够倾听对方表达的内容，乐于分享	5	
学习方法	能够按照工作内容的紧急情况合理制订计划	5	
	能够按要求完成工作计划，且操作符合规范	5	
工作过程	操作符合安全规定	5	
	操作符合流程规范	5	
	能够协助他人完成工作	5	
思维状态	工作过程思维清晰，对工作结果正确预判，对其他相关工作有帮助	5	
师评分数			
综合评价			

学习任务 11
巡航控制系统检测与维修

一、任务说明

任务描述	要进行后面任务的学习,需要对巡航控制系统工作原理有基本认识,做好任务准备  任务案例引入视频
任务所属模块课程	● 动力系统检修　　　　　　　　　　　　(　　) ● 变速器与传动系统检修　　　　　　　　(　　) ● 转向悬架系统检修　　　　　　　　　　(　　) ● 制动安全系统检修　　　　　　　　　　(　√) ● 电器与控制系统检修　　　　　　　　　(　　) ● 空调与舒适系统检修　　　　　　　　　(　　) ● 动力与底盘网关控制系统检修　　　　　(　　) ● 车身与娱乐网关控制系统检修　　　　　(　　)
任务对应工作领域	● 汽车动力与驱动系统工作领域　　　　　　　(　　) ● 汽车转向悬架与制动安全系统工作领域　　(　√) ● 汽车电子电气与空调舒适系统工作领域　　(　　) ● 汽车全车网关控制与娱乐系统工作领域　　(　　)
是否为拓展更新任务	是(　　)/否(　√)
任务育人目标描述	
● 弘扬工匠精神 ● 培养耐心韧性	
职业技能(能力)要求描述	
行为	能对巡航控制系统进行检测与装配
条件	车辆/设备:装备巡航控制系统的实训车辆 工具及场地要求: 维修工位4个、配套维修手册4本、工具箱(内包含诊断仪、万用表)4个、零件车4个、工作灯4个、手套若干、无纺布若干、维修工作台4个
标准与要求	● 树立分析问题、解决问题的信心;提高沟通协调、团队合作的能力;强化安全生产、规范操作的意识 ● 能描述巡航控制系统工作过程原理,了解常见问题并掌握检查方法 ● 能检查、更换巡航控制开关、毫米波雷达,能进行雷达标定
成果	完成巡航控制系统的检测与巡航控制开关、毫米波雷达的更换、标定

二、任务学习与实施

（一）任务引导与学习

引导问题 1：自适应巡航的设定条件是什么？

引导问题 2：简述自适应巡航的工作原理。

引导问题 3：简述自适应巡航的取消方式。

> **知识链接**

巡航控制系统动画

1. 巡航控制系统的组成

自适应巡航控制系统（Adaptive Cruise Control，ACC）的基本功能是自动调整车辆的速度，保持驾驶人所选定的与前车的距离。车上装有一个雷达传感器，用于测定与前车的车距和前车的车速。如果车距大于驾驶人设定的值，那么车就会加速，直至车速达到驾驶人设定的车速值；如果车距小于驾驶人设定的值，那么车就会减速，减速可通过降低输出功率、换档或必要时施加制动来实现。在某些情况下，还是需要驾驶人来操纵制动器工作。

图 11-1 所示为奥迪车型的主动巡航控制系统构成。车距控制传感器 G259 发射出调频信号，然后接收反射回来的信号，车距调节控制单元 J428 处理这些雷达信号以及其他输入信号，从中确定雷达视野中出现的相关前车，于是前车的位置、车速以及当前的车距也就确定。根据这些参数确定应如何来进行调节，调节数据发送至多点喷射控制单元 J220、自动变速器控制单元 J217 以及 ESP 控制单元 J104。数据经车

距调节 CAN 总线和数据总线诊断接口 J533（网关）传送到驱动 CAN 总线上。

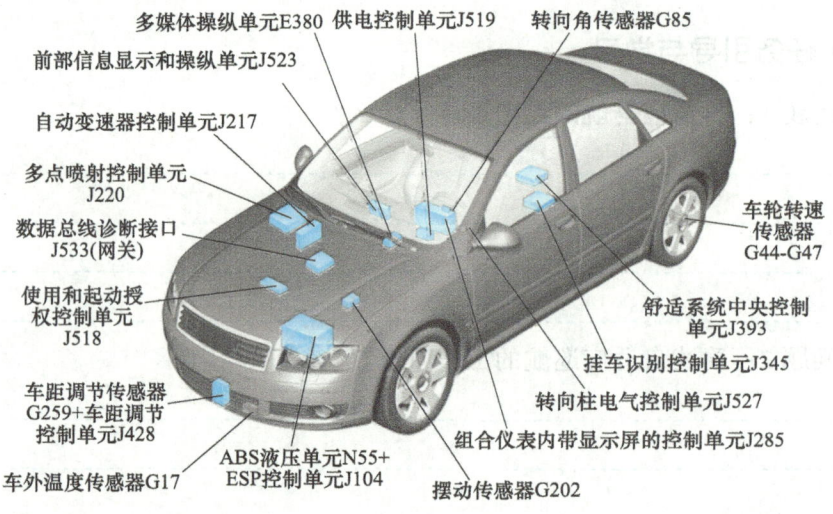

图 11-1 奥迪车型 ACC 系统构成

大众车型的 ACC 系统集成在动力传动系统的电子装置内，数据通过动力传动系统 CAN 总线在发动机电控系统、ESP 和变速器控制系统之间进行交换。为了确保行车道预报信息足够的准确性，来自车轮传感器的速度信号从 ABS 控制单元直接传递给车距控制传感器，如图 11-2 所示。

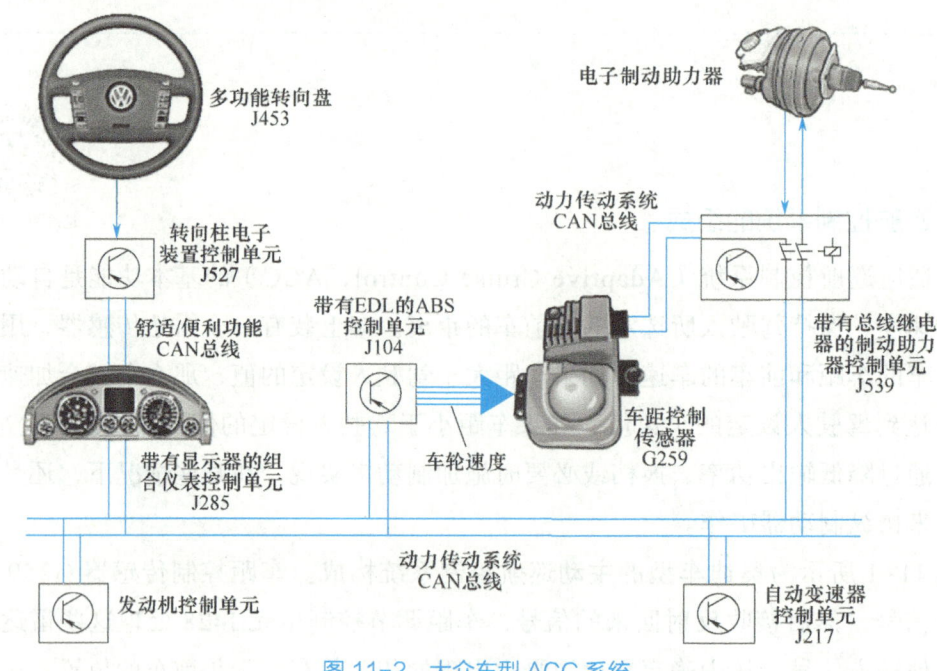

图 11-2 大众车型 ACC 系统

图 11-3 所示为车距控制传感器的结构。

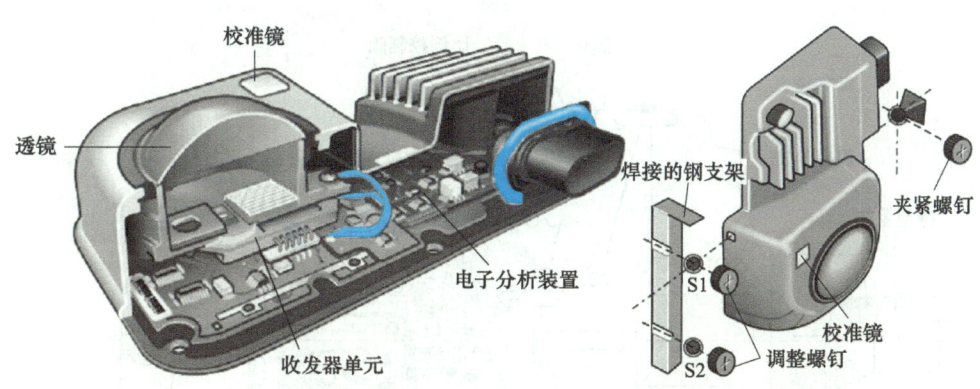

图 11-3 车距控制传感器

制动助力器控制单元（图 11-4）的作用是控制制动压力的建立和释放。由于防盗安全方面的原因，车距控制传感器的总线接口不能直接停用，只能通过制动助力器控制单元关闭。车距控制传感器以及相关的 CAN 总线接口安装在车辆的外部区域，因此可以查询防盗锁止系统代码。为避免影响防盗锁止系统的功能，需要利用制动助力器控制单元里面的 CAN 总线继电器执行专门的开启程序。

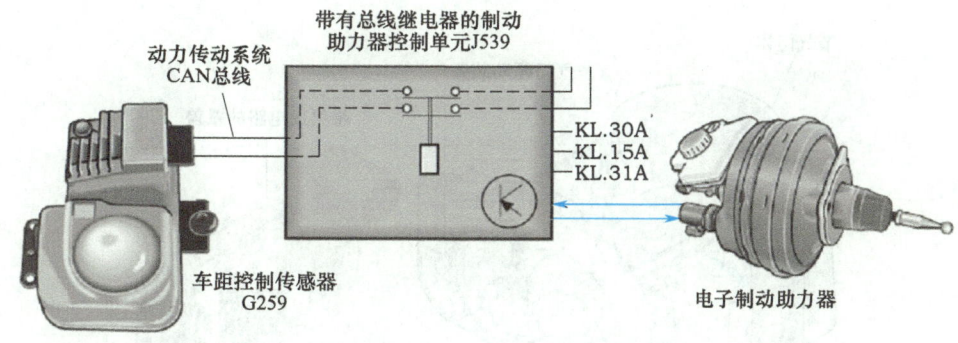

图 11-4 制动助力器控制单元功能图

为获得较高的制动效果，用压力传感器测量制动主缸上的制动压力，从而对其进行控制。在控制过程开始阶段，压力控制器受膜片位置的控制。在电动触发的制动操作过程中，制动踏板随之运动。释放开关用于区分制动器是否为电动触发。因为是一个安全性的关键部件，所以其设计包括常闭触点和常开触点（两路开关），以便确定非工作位置和工作位置。电子制动助力器结构如图 11-5 所示。

巡航控制 ECU 控制电动机的工作，使电动机顺时针或逆时针旋转，从而改变节气门的开度（图 11-6）。当 ECU 控制电动机工作时，电动机轴上的蜗杆带动电磁离合器外圆上的蜗轮旋转。蜗轮通过电磁离合器带动小齿轮旋转，小齿轮带动主减速器齿扇转动。齿扇通过齿扇轴带动控制臂转动，控制臂通过拉索使节气门开大或关小。控制臂的位置通过与转动轴相连的位置传感器进行检测。

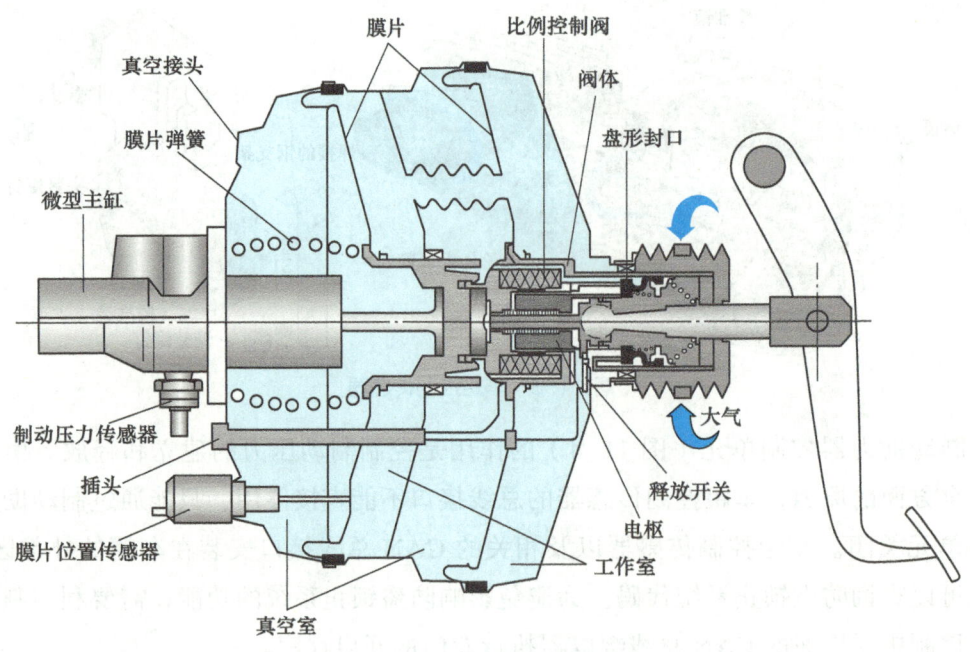

图 11-5 电子制动助力器结构

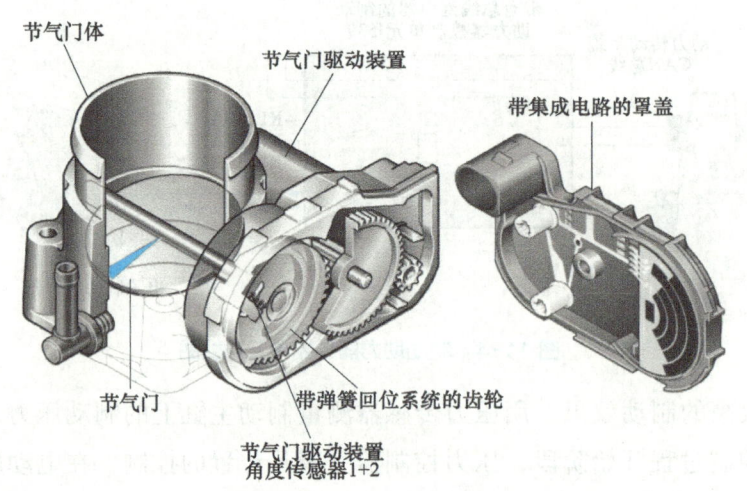

图 11-6 电子节气门执行器

2. 自适应巡航控制系统的原理

自适应巡航控制系统工作时必须使用的信息有与前车的车距、前车的车速、前车的位置以及选择车辆。ACC 系统是通过一个基于毫米波（频率为 f 的波运行一个周期需要一个波长 λ，车距控制传感器的发射频率为 $f=76.5 \mathrm{GHz}$，其波长 $\lambda=3.92\mathrm{mm}$，频率范围约为 30~150GHz 的波称为毫米波）雷达技术的传感器进行距离测量的。该传感器依靠电磁波工作，电磁波以光速进行传播。雷达是一种给物体定位的电子手段，其基本原理就是物体表面会反射电磁波。反射回来的那部分电磁波就被当作一种"回声"而接收。

1）与前车的车距。将连续发射的超高频振荡波（其频率随时间变化）作为发射信号，频率变化（调频）速率为每毫秒 200MHz，作为"运输工具"的载波信号频率为 76.5GHz。通过这种方法只需简单地比较一下发射信号和接收（反射）信号的频率差，就可以确定车距（图 11-7）。

发射信号和接收（反射）信号的频率差直接取决于物体之间的距离。物体之间的距离越大，反射信号被接收前所"运行的时间"就越长，于是发射频率和接收频率之间的差就越大。

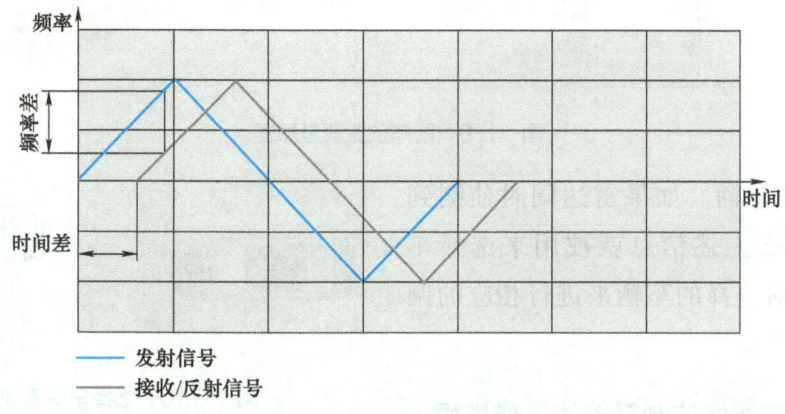

图 11-7 车距测量原理

2）前车的车速。前车车速的确定，应用一种被称为"多普勒效应"的物理效应，对反射出波的物体相对于发射出波的物体是处于静止还是运动状态，有着本质的区别。如果发射出波的物体与反射波的物体之间的距离减小了，那么反射波的频率就提高了；如果距离增大，那么这个频率就降低。电子装置分析这个频率变化，从而得出前车的车速。前车越走越快，与后车的距离增大了，根据"多普勒效应"，接收（反射）信号的频率（Δf_D）就降低了。由次会导致在信号的上升沿（Δf_1）和下降沿（Δf_2）之间产生一个不同的差频，车距调节控制单元会分析这种差别（图 11-8）。

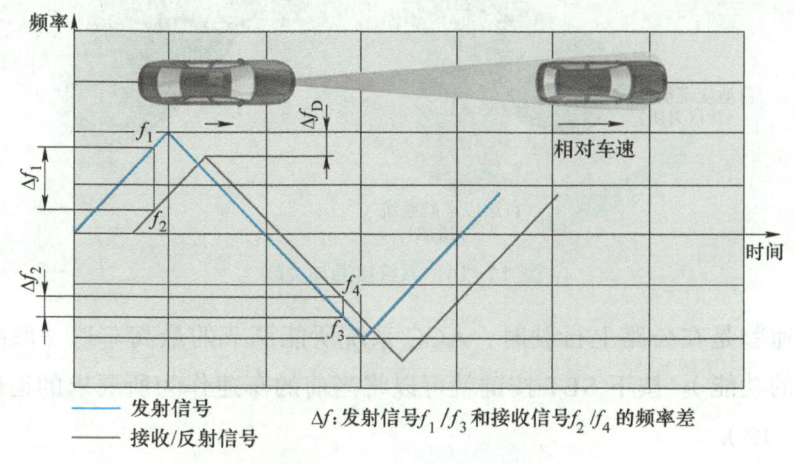

Δf：发射信号 f_1/f_3 和接收信号 f_2/f_4 的频率差

图 11-8 车速测量原理

3）前车的位置。雷达信号呈叶片状向外扩散，信号的强度随着与车上发射器的距离而在纵向和横向降低。要想确定车辆位置，还需要一个信息，就是本车与前车相对运动的角度。这个角度信息是通过一个三束雷达获得的。各个雷达束接收（反射）信号的振幅比（信号强度）传递的就是这个角度信息（图11-9）。

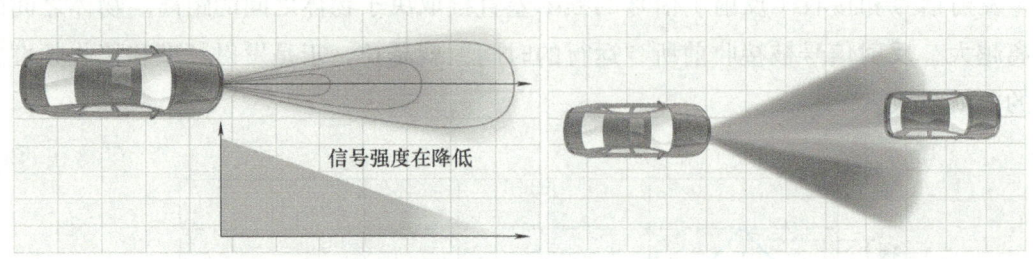

图11-9 前车位置测量原理

4）选择车辆。如果雷达同时侦测到多辆车，那么上述信息就被用来选择车辆，以便针对选择的车辆来进行相应的调节（图11-10）。

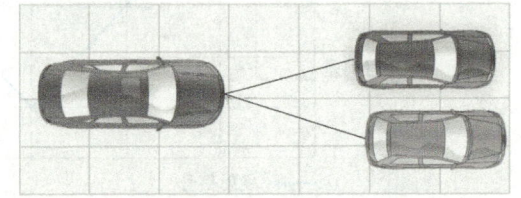

图11-10 选择车辆原理

3. 自适应巡航控制系统的工作过程

起动发动机后，ACC系统会处于BEREIT模式（操纵杆在ON）或AUS模式（操纵杆在OFF位置）。该系统在接通后就处于BEREIT模式，这时仪表上还没有显示任何信息，只有在按下SET按键后，系统才会真正进入AKTIV模式（图11-11）。

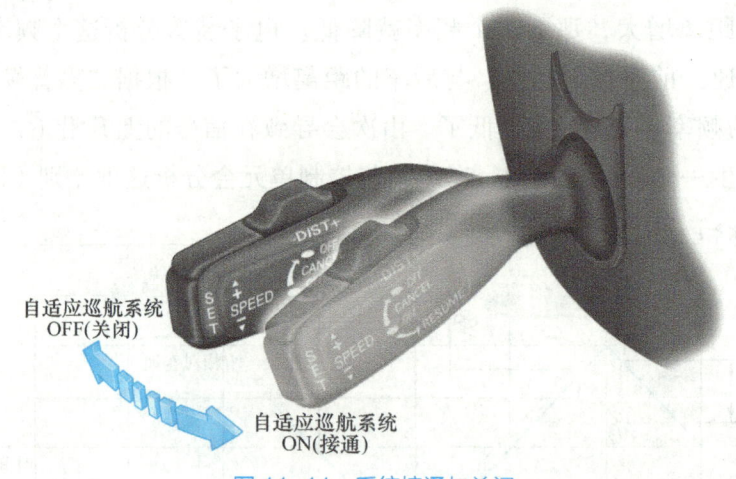

图11-11 系统接通与关闭

巡航车速就是在公路上行驶时，ACC系统所能调节的最高车速（取决于巡航车速控制系统的功能）。按下SET按键就可以将当前的车速作为所要求的巡航车速存储起来（图11-12）。

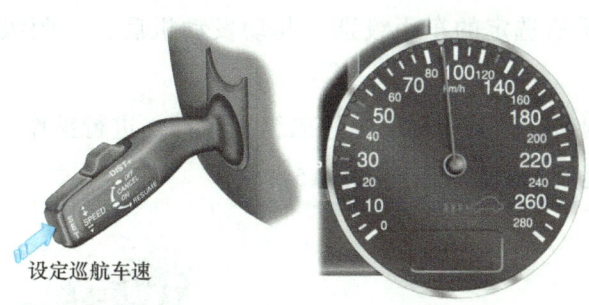

图 11-12　设定巡航车速

如果识别出前车,仪表上会显示出来。在 ACC 系统工作的过程中(车速为 30~200km/h),驾驶人可以向上推操纵杆(增速)或向下推操纵杆(减速)来改变已设定的巡航车速。已经改变了的巡航车速由仪表上相应的 LED 图标指示出来。向 + 或 – 方向拨动操纵杆,每拨一次,设定的巡航车速就变动一次,变动量为车速表刻度盘上的一个格(图 11-13)。

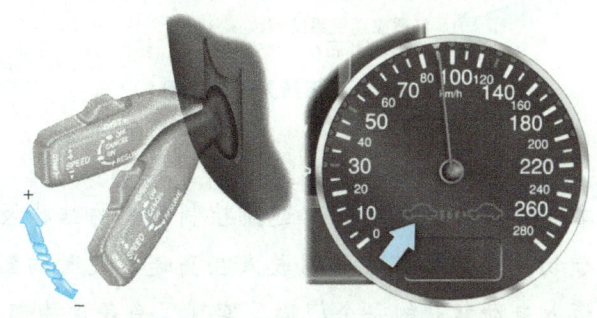

图 11-13　识别前车加减速

与前车之间的车距设定有四个级别(图 11-14)。ACC 系统设定的车距取决于当时的车速,随着车速的提高,车距也增大。操纵杆上滑动开关每推动一次,车距就提高或降低一级。所选定的巡航车距就确定了车辆加速时的动力性能。选定的巡航车距短时显示在仪表中央显示屏上。按键第一次按下中央显示屏就接通。显示出的两车之

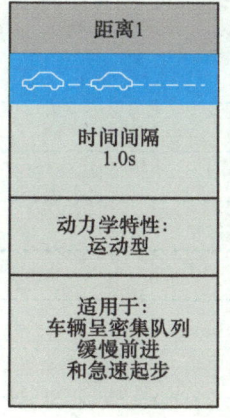
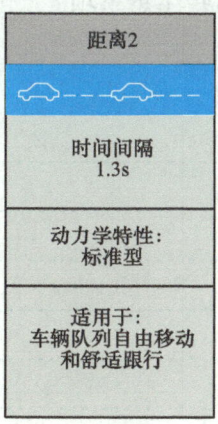
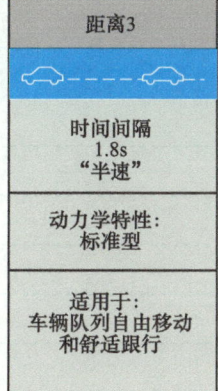
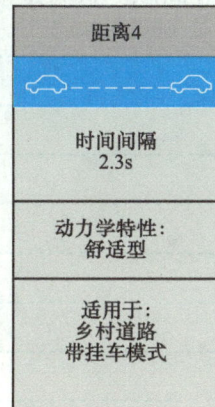

图 11-14　设定巡航车距

间的横条数目就表示所选定的车距级别。起动发动机后,车距级别可由驾驶人进行调整。

自适应巡航控制系统的关闭可以通过操纵操纵杆,进行操作,也可以通过踩下制动踏板关闭自适应巡航控制系统(图 11-15)。

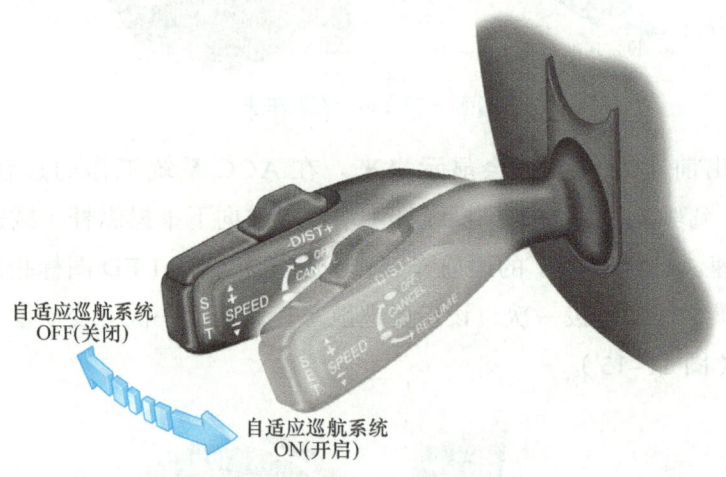

图 11-15　系统开启与关闭

> **小贴士**
>
> 本任务重点讲解了汽车巡航控制系统的结构及工作原理。自适应巡航功能极大地减轻了驾驶人在高速驾驶时的驾驶疲劳感,也是汽车迈入自动驾驶的一个门槛,实现了有条件的部分无人驾驶功能。目前一些自主品牌的车型如红旗 H9、荣威 MARVEL R 等已具备无人驾驶功能,未来我国在这个领域会越做越强。

(二)任务计划与实施

引导问题:进行巡航控制开关拆装有哪些注意事项?

_____
_____
_____
_____
_____
_____

任务技能点

巡航控制开关拆装检修

1. 准备工作

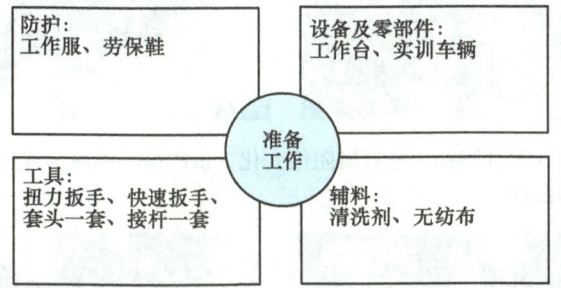

2. 拆装或测量步骤说明

（1）巡航控制开关的拆卸（以福特翼虎为例）

1）关闭车辆点火开关，使车辆静置1min，拆卸驾驶人正面安全气囊，将气囊放于规定位置

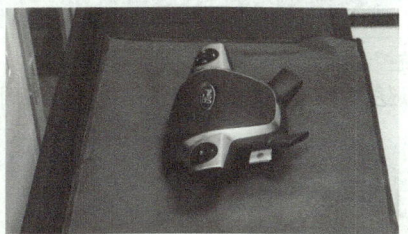

2）使用合适工具拆卸巡航控制开关固定螺钉，取下巡航控制开关并断开其电气插头

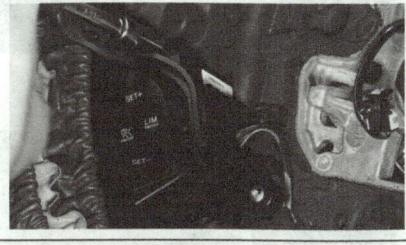
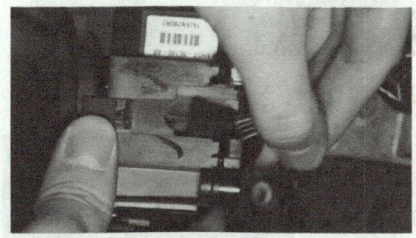

（2）巡航控制开关的检修

1）将巡航开关放于工作台上，用万用表测量开关的电阻变化

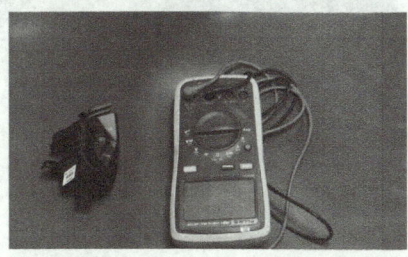
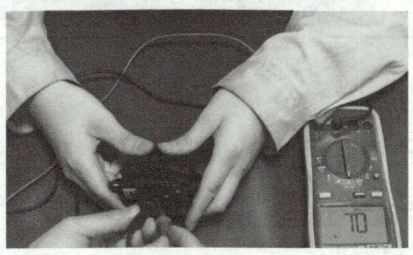

（续）

2）万用表使用前要对其进行校准，将万用表的单位调到电阻档，测量巡航控制开关 2 号针脚和 4 号针脚阻值变化，依次按下距离 + 或距离 – 按键，万用表的数值会变小，否则证明开关损坏

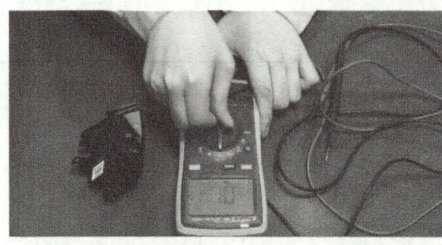 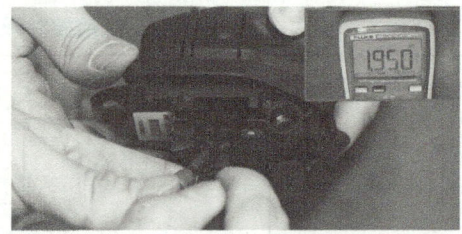

3）测量巡航控制开关 3 号针脚和 4 号针脚阻值变化，依次按下速度 + 或速度 – 按键，万用表的数值会变小，否则证明开关损坏

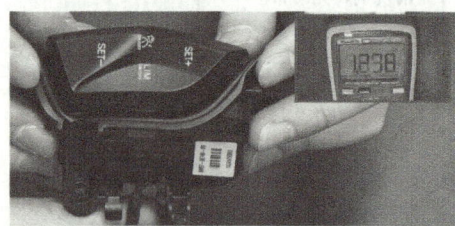 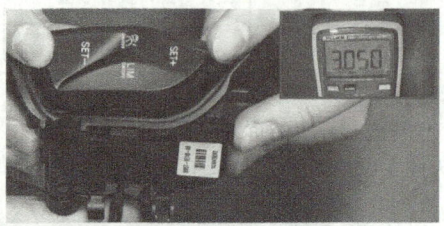

（3）巡航控制开关的安装
1）连接巡航控制开关插头，将巡航控制开关固定在转向盘左侧

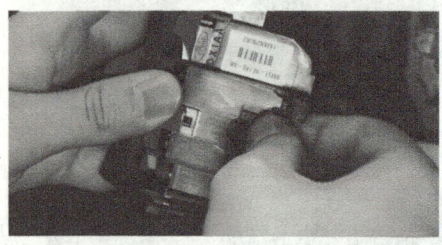 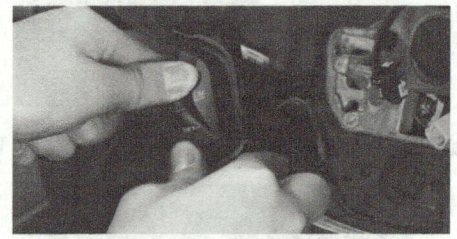

2）拧紧固定螺钉，安装驾驶人正面安全气囊

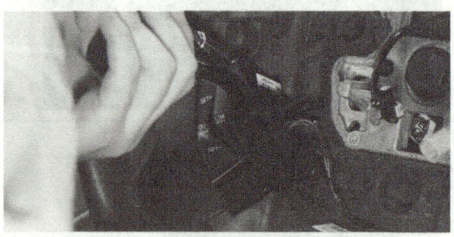 

小提示

1. 巡航控制开关一般在转向盘面板或者拨杆上。
2. 毫米波雷达探测的距离为 100~200m。

（三）任务评价反馈

1）小组自评表能够让小组成员对各自的信息检索能力、任务认知程度、参与状态、学习方法和工作过程等方面进行评价，从记忆、领会、应用、分析、反馈全方位评估自己对知识的学习及掌握情况。

活动过程评价小组自评表

班级		组名		日期	
评价指标	评价要素			分数	分数评定
信息检索	能有效利用网络资源、工作手册查找有效信息；能用自己的语言有条理地去理解、表述所学知识；能将查找到的信息有效地转换到工作中			10	
任务认知	是否熟悉各自的工作岗位，认同工作价值；在工作中，是否获得满足感			10	
参与状态	与教师、同学之间是否相互尊重、理解、平等相待；与教师、同学之间是否能够保持多向、丰富、适宜的信息交流			10	
	探究学习、自主学习不流于形式，处理好合作学习和独立思考的关系，做到有效学习；能够提出有意义的问题或能发表个人见解；能按要求正确操作；能够倾听、协助分享			10	
学习方法	工作计划、操作技能是否符合规范要求；是否获得了进一步发展的能力			10	
工作过程	遵守管理规程，操作过程符合现场管理要求；平时上课的出勤情况和每次完成学习任务情况；善于多角度思考问题，能主动发现、提出有价值的问题			15	
思维状态	是否能发现问题、提出问题、分析问题、解决问题、创新解决问题方法			10	
自评反馈	按时按质完成学习任务；较好地掌握了专业知识点；具有较强的信息分析能力和理解能力；具有较为全面严谨的思维能力并能条理清晰表述成文			25	
自评分数					
有益的经验和做法					
总结反思建议					

2）小组互评表能够让小组成员从信息检索能力、任务认知程度、参与状态、学习方法和工作过程等方面对其他小组进行评价，通过互相评价环节，学习其他小组的长处，弥补自己小组的不足。

活动过程评价小组互评表

班级		被评组名		日期	
评价指标	评价要素			分数	分数评定
信息检索	该组能有效利用网络资源、工作手册查找有效信息			10	
	该组能用自己的语言有条理地去理解、表述所学知识			5	
	该组能将查找到的信息有效地转换到工作中			5	
任务认知	该组是否熟悉各自的工作岗位，认同工作价值			5	
	该组成员在工作中获得满足感			5	
	该组能处理好合作学习和独立思考的关系，做到有效学习			5	
	该组提出有意义的问题或发表个人见解，按要求正确操作，能够倾听、协助分享			5	
	该组积极参与学习任务，并在过程中综合运用信息技术的能力得到提高			5	
学习方法	该组工作计划、操作技能符合规范要求			5	
	该组获得了进一步发展的能力			5	
工作过程	该组遵守管理规程，操作过程符合现场管理要求			10	
	该组平时上课的出勤情况和每次完成学习任务情况			10	
	该组善于多角度思考问题，能主动发现、提出有价值的问题			10	
思维状态	该组是否能发现问题、提出问题、分析问题、解决问题、创新解决问题方法			5	
自评反馈	该组能严肃认真地对待自评，并能独立完成自测试题			10	
自评分数					
简要评述					

3）教师评价的内容主要包括小组出勤状况、信息收集能力、计划制订是否完善、工作过程是否规范等，能够帮助学生更好地理解学习任务，促进对任务知识点、技能点的消化和吸收。

教师评价表

班级		组名		姓名	
出勤情况					
评价指标	评定要素			分数	分数评定
职业素养	坚持社会主义核心价值观			5	
	具备信息素养			5	
	具备探究学习、终身学习能力			5	
	在实操过程中体现劳模精神、劳动精神、工匠精神			5	
	具备良好的职业道德和环保意识			5	
道德品质	遵守实训场所、场地等公共场所的管理规定,自觉维护秩序			5	
	在公共场所举止文雅、文明礼貌			5	
	爱护公物,保护公共设施			5	
信息检索	能够顺利完成教师安排的任务,快速找到有效信息,并转化到工作中去			5	
任务认知	能够读懂文字的表达内容			5	
	能够满足岗位工作要求、掌握工作流程、熟悉注意事项			5	
参与状态	与教师、同学之间相互尊重、理解			5	
	能够做到独立思考、表达自己想法			5	
	能够按照要求正确操作,能够倾听对方表达的内容,乐于分享			5	
学习方法	能够按照工作内容的紧急情况合理制订计划			5	
	能够按要求完成工作计划,且操作符合规范			5	
工作过程	操作符合安全规定			5	
	操作符合流程规范			5	
	能够协助他人完成工作			5	
思维状态	工作过程思维清晰,对工作结果正确预判,对其他相关工作有帮助			5	
	师评分数				
综合评价					